经典战史回眸 抗战系列

关山悲歌

太原保卫战

胡博 王戡 著

武汉大学出版社

图书在版编目(CIP)数据

关山悲歌:太原保卫战/胡博,王戡著. —武汉:武汉大学出版社,
2016.11

经典战史回眸. 抗战系列

ISBN 978-7-307-18883-9

Ⅰ.关… Ⅱ.①胡… ②王… Ⅲ.太原会战(1937)—史料
Ⅳ.E296.931

中国版本图书馆 CIP 数据核字(2016)第 277473 号

责任编辑:王军风 责任校对:鄢春梅 版式设计:马 佳

出版发行:**武汉大学出版社** (430072 武昌 珞珈山)

(电子邮件:cbs22@whu.edu.cn 网址:www.wdp.com.cn)

印刷:武汉中科兴业印务有限公司

开本:720×1000 1/16 印张:16.75 字数:339 千字

版次:2016 年 11 月第 1 版 2016 年 11 月第 1 次印刷

ISBN 978-7-307-18883-9 定价:40.00 元

目　　录

序 表里山河

每当提到山西，"表里山河"这个来自《左传》的词汇都会穿越时间浮现出来。两千年来，人们似乎没有找到过更准确的评价来代替。太行山脉隔绝了山西高原与河北平原，只留太行八径作为通道；黄河自西南两面环绕山西，东岸则有吕梁山脉雄峙，自古便是易守难攻的地区。山西北部虽然门户较为开阔，也有内外两道长城可做依托。民国以来历次军阀混战之中，还没有哪支军队能攻入山西腹地搅个天翻地覆。

20世纪工业化进入山西最明显的标志是铁路，特别是从大同经太原抵达蒲州风陵渡的同蒲铁路，成为纵贯山西南北的干线，连通了大同盆地、太原盆地与运城盆地，为军队在省内的调动提供极大的便利。只要控制同蒲铁路，便可将南方的部队和物资向北源源输送，依托太行山打击纵贯华北平原的动脉平汉铁路。可以说，如果想打通平汉铁路，必须打通同蒲铁路。

其实，同蒲铁路并未真正抵达大同。1937年7月7日卢沟桥事变爆发时，同蒲铁路还有8公里便能从十里河南岸连接大同城。这天，太原绥靖公署主任阎锡山在日记里写下"恨敌骄"：已过九一八，今

▲太原城远景。

▲同蒲正太铁路示意图。

日卢沟桥，我未现代化，国中任敌骄。言语中不无事业未竟的感叹。

卢沟桥事变后，中日间局势的变化远非九一八可比。7月31日，国民政府军事委员会委员长蒋介石发表《告抗战全体将士书》，宣称"自从九一八以后，我们愈忍耐退让，他们愈凶横压迫，得寸进尺，了无止境，到了今日，我们忍无可忍，退无可退了。我们要全国一致起来与倭寇拼个他死我活！"次日，阎锡山准备动身前往南京参加军事会议，并在日记中写下"扶病南行参国计，但求此去不空回"。

几天的会议让阎锡山感慨良多。8月4日的日记说"国家事太大，误下补救难，卅年当国者，罪尤实难宽"，6日说"我骄奢淫逸，消耗数十年。日本则励精图治，积蓄数十年。我不得已而抗战，何能说有无把握"。但局势的变化已经不容得从"有无把握"上衡量了。8月7日，蒋介石、汪精卫及国民政府主席林森，召集五院院长、行政院各部部长、军委会各部门长官和阎锡山、白崇禧、刘湘、何健、余汉谋等地方实力派代表召开国防党政联席会议，讨论战和问题，做出最后决定——"战争是最后的决心，我方针照原定方针进行，进退迟速之间由中央作主，何时战亦由中央决定，各省与中央取一致进行，无异言异心"。蒋介石日记中的记载更加简明"决定主战"。

就在同一天，日本"中国驻屯军"也做出了占领平津地区之后的第二期作战计划，决定"席卷察哈尔省，进入山西省北部及绥远地区"。8月8日，阎锡山飞返太原，当日的日记只有六个字"决计易——定策难"。

局势的变化已经不容得阎锡山再仔细定策了。抗战初期出版的《中国抗战地理》一书中，作者许卓山评价山西"进可以攻，则平汉线的敌军不敢长驱直下；退可以守，则华北的军事重心仍能保存"。但是，已经决定入侵山西北部的日军中国驻屯军以重兵向南口进犯，关东军也出兵进犯张家口。8月26日，南口、张家口同时陷落，日军开始南进山西。8月28日，阎锡山亲自前往太和岭口督战，试图在大同进行决战，但仓促间部队未能集中，只得匆匆放弃。许卓山评论"南口是察南的门户，同时也可说是晋北的前线。南口不

▲ 蒋介石与阎锡山（1936年在太原）。

守，察南完结，而晋北的天镇、高阳以至大同，当然也保不住了"。随后，阎锡山又组织部队在平型关准备会战，但因日军攻占茹越口、繁峙，守军交通线被切断，集中在平型关当面的部队被迫继续南撤。阎锡山在9月28日的日记中写道"撤兵令下意凄凉，指挥杂军愧无方，原由平行复南口，孰意茹越殡鉴堂（注：鉴堂指第203旅少将旅长梁鉴堂，他在茹越口与日军作战时阵亡）"。

10月初，阎锡山依托五台山和宁武山区，以同蒲铁路沿线的忻口为中心，组织起新的防御阵线，迎战日军的攻势，为时一个月的忻口会战就此爆发。与此同时，日军也不再把目标限定于山西省北部。10月1日，新成立的日军华北方面军接到来自东京的"敕命"，"着以一部进行山西北部作战，攻占太原"。

一场大战未息，又一场大战即将来临。

▲太原城内的将军府大街。

第一章　太原城内

　　1937年11月2日是个没有什么特别的日子，在山西省的省会太原，商铺依然开业，学校上下课的铃声也照常响起，整座城市像往常一样秩序井然。但如果细心观察，会发现几道城门内，等待接受检查后出城的大车排起了队，同蒲铁路太原站里带着大小包袱的市民也比往常更多。城内的主要路口上已经做好了简易的防御工事，交通要道还架设了高射机枪，尖锐的防空警报声不时响起又解除。城墙上以往只有零零星星的军警巡防，这时也以几米一人的密度站上了荷枪实弹士兵。除此之外，太原市还宣布实施夜间宵禁，街口摆上了拒马，墙上也贴着宵禁的告示。入夜后，军警巡逻的频率增加了许多，还出现了封锁一条胡同挨户搜捕汉奸嫌犯的场景。

　　这一切都在向人们预示着，战争的阴

▲太原街景一。

云已经笼罩在这座古城上了。

人们议论的话题，在气氛影响下自然是围绕着战争的进程为焦点。这里说的战争，指的是中日之战，一场两国之间并没有正式宣战，却已经打得如火如荼的战争。

话题的来源有三种，一种是政府公开对外的宣传，一种是发行报纸的报道，还有一种则是传言。说起这三种来源，谁都说不好哪个才是正确的。比如说山西省政府和第2战区司令长官部的发言人，从8月份开始就不断向公众发布重创日军的消息，报纸的报道也大致相同，区别是增加了山西军政首脑阎锡山誓言保卫家乡父老的言论，以及前线将士的英雄事迹。至于传言的来源就说不清了，它既有声称从军政人员或军队听来的消息，也有自行根据形势推断的消息，更甚者还有日军间谍故意散播的消息。如此种种，莫衷一是，谁都说不清楚，战况到底发展成什么样，但聪明人根据官方不断公布的"胜利转进"消息，已经察觉出些许端倪，那就是国军正在日军的攻势下节节败退。

事实上确实如此。自从七七事变爆发以来，华北战区的中国军队被装备精良并占据绝对火力优势的日军打得连战连败。自从7月28日与日军全线交战开始，仅过了两天，北平和天津就陷于敌手。此后日军大举南下，兵分三路，先后攻占河北重镇保定、察哈尔重镇张家口。进入山西的这一路日军，则一路西进，不到一个月就已经打到了忻口！而忻口距山西省省会——太原，只有90公里。于是太原市民的议论话题就只能是忻口能不能守住，以及太原到底安不安全了。

▲太原街景二。

这忻口到底能不能守住了？要是被日本人打下来，那太原就真的危险了。

我觉得没有问题，几十年下来了，有哪路军队打到太原的？还不是被我们阎主任的部队给挡在忻口以北了嘛。前几天阎主任不是从前线回来了吗？他肯定有办法。

日本人不一样，大同悄无声息就丢了，雁门关也没消息了。你就看那报纸上说姜玉贞旅长战死原平，看到那是一个旅都搭在里面了吗？这一次我看悬乎。

南京方面不是已经调部队过来增援了吗，应该能挡住吧？

中央军也不顶用！你看他们在保定打的，那么大一个军事重镇，一天不到就丢了，还有上海那边投进去多少部队了？形势也不看好。别说太原，南京这次也悬啊！

已经有人离开太原了，我看日本人还没打过来，我们也赶紧跑吧。

再等等看，太原毕竟是阎主任的"家"，他怎么可能愿意放弃？忻口已经守了超过半个月，日本人也不可能一直打顺风仗啊。

对，对，都过去半个月了，忻口还在我们手上，娘子关那边不也顶住了，我觉得阎主任一定会有办法的，毕竟这里是他的"家"！

众人口中的"阎主任"，便是在8月20日被军事委员会正式任命为第2战区司令长官的阎锡山。由于阎锡山长期担任太原绥靖公署主任，第2战区司令长官部又是和太原绥署两块牌子一套班子，所以包

▲第2战区司令长官阎锡山。

阎锡山抗战简历（注1）

阎锡山，山西省五台县人，字伯川。出生于1883年10月8日。1908年12月毕业于日本东京陆军士官学校中华队第六期步兵科。1935年4月2日任陆军一级上将（注2）。1952年10月22日退役。1960年5月23日在台湾省台北市病逝。他获得的勋章有：青天白日勋章、一等宝鼎勋章、一等云麾勋章、自由金质勋章（美）、胜利勋章、忠勤勋章、一等景星勋章、一等卿云勋章、河图勋章、国民革命军誓师十周年纪勋章。

1931年9月时在五台赋闲。12月当选国民党中央执行委员。

1932年2月20日出任太原绥靖公署上将主任。

1935年12月18日兼任军事委员会副委员长。

1936年2月13日兼任绥境盟旗地方自治指导长官公署指导长官。9月18日兼任山西省牺牲救国同盟会会长。

1937年8月20日调任第2战区上将司令长官。

1938年1月1日兼任军事委员会委员。2月16日兼任民族革命同志会会长。

1939年6月兼任第2战区游击总指挥。

1944年5月兼任山西省军管区司令（至抗战胜利）。

注1：本简历介绍相关信息范围为1931年9月至1945年9月，后同。

注2：国民政府时期的军队对军官实行两套等级制度，分别称为官位制度（1935年正式实行）和职阶制度（或称职级、军阶）。如某人的职阶是"少将师长"，其官位受任官年限制约，很可能是"陆军步兵上校"或"陆军步兵中校"。某人的职阶是"上校团长"，其官位仅为"陆军步兵中校"或"陆军步兵少校"。陆军校、尉官的官位有兵种之分（如步兵上校、骑兵中校、炮兵少校、工兵上尉、辎重兵中尉、装甲兵少尉），职阶则没有（如少将旅长、上校团长、中校营长、少尉排长）。由于两套等级制度都模仿西方国家的军衔等级划分，导致不明情况者将两套制度混为一谈，并衍生出"临时军衔"一说。本条目中，"陆军一级上将"即为官位，后文中的"上将主任"、"上将司令长官"即为职阶。本书凡是涉及中国军队的军官履历，都同此例，不再另行说明。

括军队在内的大部分人都还是习惯性地称他为"阎主任"。

此时此刻，位于府东街（现属杏花岭区）的第2战区司令长官部内，被太原民众寄予厚望的阎锡山正坐立不安地来回踱步。虽然主导舆论的《中央日报》、《山西日报》、《晋阳日报》等媒体都在不断往好的方向报道，但战局究竟发展到哪一步，他阎锡山心里是再清楚不过的。

日军攻到忻口，政府方面再怎么宣传，都无法隐瞒。于是在宣传的重点上只能突出守军如何慷慨激昂，如何浴血奋战。事实上在10月13日到11月2日这半个多月中，中国军队确实在忻口将日军第5师团等部暂时挡了下来，但付出的伤亡也

是巨大的。第9军军长郝梦龄、第54师师长刘家麒、独立第5旅旅长郑廷珍以下2万余官兵阵亡，另有3万4千余人负伤。这还只是忻口，娘子关那边其实已经被日军占领，守军在付出了阵亡1万2千余人，伤1万3千余人的代价下退守寿阳，日军第20师团则在尾随追击中。这些事实，太原市的普通民众自然无法知晓。阎锡山心里明白，娘子关一失，东面屏障已经完全丧失，他的部队就算在北面的忻口再怎么坚持，太原也是朝不保夕。

早在第2战区正式成立时，军事委员会委员长蒋介石就曾发来电报，他指出"山西抗战关系到全国战局，必须保持山西抗战阵地，坚持时间越长越好，最少要

▲第2战区司令长官部大门。

坚持一个半月"。为达成这个目标，蒋介石承诺派兵增援。

在挑选入晋部队时，他特地选择中央军旁系部队或地方杂牌军。在这些部队中，除了第14军是中央军嫡系外，其余如第1军团、第14军团、第3军、第9军、第15军、第17军、第94师，以及从四川出发的第22集团军都属于中央军旁系或地方军。蒋介石的这个做法就是要让晋绥军知道，"我们这次来不是要夺取山西，而是真心帮你们打日本人的"。此外，蒋介石还特地补充了晋绥军一批军火，其中最具代表性的当属德式钢盔和ZB-26轻机枪，这是专供调整师（俗称德械师）所用。连这种装备都愿意提供，足见蒋介石的诚意。

其实不管南京方面做出何种表态，阎锡山肯定是要用尽全力来保卫山西，毕竟山西是他的地盘，太原更是他的家。对于阎锡山来说，山西尤其是太原如果不保，那他苦心经营了25年的根据地就没了，今后还怎么与蒋介石的中央政权抗衡呢？

阎锡山提出了"守土抗战"的口号，这与蒋介石在一年后提出的"焦土抗战"

▲蒋介石（右二）视察太原结束后阎锡山（左二）亲至机场送行。

是完全不一样的。阎锡山明白，只有守住地盘，才有可能持久作战，如果连地盘都没了，还打个"甚仗"？对此，他忍痛舍弃了来之不易的绥远，将驻绥主力调回山西参战。他又枪毙了擅自放弃天镇的心腹爱将——第61军军长李服膺，借以向全省军民表明自己坚决抗战、寸土必争的决心。

现实是残酷的，无论是晋绥军还是中央军，在山西的对日作战中都遭到了惨重损失。大同会战流产了，平型关会战又告失败。现阶段的忻口会战，虽然暂时在北面与日军陷入僵持阶段，但东面的日军却从娘子关继续西进，并在阳泉突破了川军的防线。阎锡山因此不得不在一天前，也就是11月1日晚上8时许向忻口守军下达

▲阎锡山下令枪毙李服膺的有关报道。

李服膺抗战简历

　　李服膺，山西省崞县（现属原平市）人，字慕颜。出生于1896年10月12日。1918年9月毕业于保定陆军军官学校第五期步兵科。1935年4月8日任陆军中将。1937年10月3日因弃守天镇在山西省太原市被执行枪决。他获得的勋章有：三等宝鼎勋章、四等云麾勋章、国民革命军誓师十周年纪勋章。

　　1931年9月时任第68师中将师长。

　　1937年7月19日升任第61军中将军长。

了准备"向莱水坞、青龙镇、天门关一线转移"的指示。

一个艰难的选择，摆在了阎锡山面前。太原，是守？还是不守？

第二章　太原的命运

1937年11月2日下午2时,一次决定太原命运的军事会议在第2战区司令长官部召开了。

参加会议的有第2战区司令长官阎锡山、参谋长朱绶光、参谋处处长楚溪春、军法执行总监张培梅、第6集团军总司令杨爱源、第7集团军总司令兼第35军军长傅作义、第14集团军总司令卫立煌、第9军军长郭寄峤、第14军军长李默庵、第17军军长高桂滋、第61军军长陈长捷,以及部分师长和独立旅、团的部队长,他们大部分都是参加过忻口会战的将领。

会议的主题,自然是商讨太原的撤守问题。但开场时,阎锡山却先点名询问第19军军长王靖国是否到场。

王靖国和阎锡山一样都是山西五台人。同李服膺一样,他们都位列阎氏"五虎将"之一。要说地位,王比李高。在一

王靖国抗战简历

王靖国,山西省五台县人,字治安。出生于1893年8月29日。1918年9月毕业于保定陆军军官学校第五期步兵科。1935年4月8日任陆军中将。1952年12月1日在山西省太原市病逝。他获得的勋章有:二等宝鼎勋章、三等宝鼎勋章、一等云麾勋章、二等云麾勋章、三等云麾勋章、胜利勋章、忠勤勋章、国民革命军誓师十周年纪勋章。

1931年9月时任第70师中将师长。

1936年6月1日升任第19军中将军长兼第70师师长。

1937年11月2日辞去师长兼职。

1939年8月10日升任第13集团军中将总司令(至抗战胜利)。

个月前的崞县、原平保卫战中，王靖国败了。他的第19军伤亡惨重，临时调拨指挥的第196旅更是几近全旅覆没。按理说，王靖国是尽力了，但他怕军法，担心步李服膺的后尘，所以在接到参加军事会议的电报后，只命军参谋长梁培璜为代表前往出席。

在听到阎锡山询问王靖国是否与会后，梁培璜立即站起来解释军长无法出席会议的原因——正在收容整理部队，稳定军心。对此，阎锡山轻轻地"哼"了一下，随即命令军法执行总监张培梅在会后派人跟随梁培璜返回第19军集结地，"以正军法！"

阎锡山的这个命令，让梁培璜以及在座诸人都倒吸一口冷气，他们心里暗想

"王靖国这次是免不了去鬼门关走一遭了"。

事实上阎锡山并不打算处理王靖国，枪毙李服膺已经让他痛心疾首，再杀一名爱将，于心不忍。但在会议上需要作出一个姿态，他需要向与会将领，尤其是外省各部的军事主官都传达一个信息。"接下来的作战如果谁再后退，别怪我阎某人不客气！"这种表面文章，倒是把张培梅玩了一回，当他于1938年再次提出枪毙王靖国以正军法被拒后，便走上了自杀抗议的道路。

结束了王靖国一事的小插曲后，参谋长朱绶光开始介绍目前的形势。内容无非是娘子关失守，忻口已经失去了坚守的意义。随后，阎锡山正式转入会议主题。日

朱绶光抗战简历

朱绶光，湖北省襄阳县（现襄阳市）人，字兰荪。出生于1886年10月20日。1908年12月毕业于日本东京陆军士官学校中华队第六期步兵科。1936年1月22日任陆军中将。1937年4月10日加陆军上将衔。1948年2月14日在山西省太原市病逝。他获得的勋章有：二等宝鼎勋章、国民革命军誓师十周年纪勋章。

1931年9月时在五台赋闲。

1932年4月1日出任太原绥靖公署中将参谋长。

1937年8月22日调任第2战区上将参谋长。

1939年6月15日调任绥境蒙旗自治指导长官公署上将副指导长官。

1942年10月调任蒙藏委员会委员。

1944年1月调任军事参议院上将参议（至抗战胜利）。

军兵临太原已经无法避免，太原城该不该守呢？阎氏话语既出，与会人员便开始议论起来。其实在太原守与不守这个问题上，根本就不需要讨论。太原是山西省会，又是整个华北地区继保定之后的又一个军事重镇。如果太原不战而弃，那无论是对华北战局还是全国战局来看，都将极大地影响军心和民心。所以，太原一定要守，而且守的时间越长越好。

在解决了守的问题后，怎么守？成为了会议的焦点。

对于怎么守，阎锡山其实早就想好了一个方案。在参谋长朱绶光最后说出确定坚守太原的结果后，阎锡山就命朱氏退到一边，开始说起他的防守初案。

阎锡山建议以太原为据点，依城野战，将日军第5师团阻挡在太原以北、第20师团阻挡在太原以东，争取足够的时间掩护太原市民和众多物资的转移。为了达成这个目的，由忻口方向撤退下来的部队，应该以主力进驻太原北郊的防御工事，抽调一部守备汾河西岸各个山头的防御工事；由娘子关方向撤退下来的部队，应该进驻太原东郊以及以东各山头的防御工事；另挑选可靠部队担负太原城防任务。参与防守的部队，应该互相配合，依靠已经在城内囤积的可供半年使用的弹药粮食储备，在战区长官部的统一指挥下与日军打持久战。

阎锡山虽然是以"建议"的形式提出，但他并没有给与会将领发言机会，就又立即询问下一个议题。那就是由谁来担负守太原的指挥之责。

阎锡山的本意是由南京派来的卫立煌来担负这个重担。他甚至已经下达了除第6集团军之外的所有第2战区部队全部交给卫氏来指挥的决定。卫立煌是南京方面的代表，又是蒋介石所信任的一员虎将。将太原交给卫立煌，一方面是表达与南京拉近关系的态度，另一方面也考虑到太原一旦丢失，也可以将责任丢给卫氏来负，阎锡山大不了依靠晋西南继续打持久战。如此一举两得，何乐而不为？

对于阎锡山投来的期盼目光，卫立煌根本无动于衷，因为他对刚才的防守"建议"并不赞同。卫立煌不愿意为一个自己根本不认可的方案来挑起防守太原的重胆。他选择了沉默。

对于卫立煌的冷淡态度，阎锡山极感失望，他只能向与会将领逐一望去，希望能够有人主动站出来承担这个重任。在座诸人都知道，以目前的战况来看，太原是不可能长期固守住的。无论怎么打，太原被日军占领只是一个时间问题。在这种情况下，没人愿意出来承担丢失太原的责任，毕竟他们都不想成为李服膺第二。他们只能一个个低下头，学卫立煌那样默不作声了。

"难道要我这个老头子亲自坐镇太原吗？"阎锡山见没有一人愿意挺身而出，气得叫了起来。

参谋长朱绶光见状，只得打起圆场，其实他的心里倒是有一个合适人选。朱绶光说道，"要担负这个艰巨而光荣的任

卫立煌抗战简历

卫立煌，安徽省合肥县（现合肥市）人，字俊如。出生于1897年2月16日。1931年10月毕业于南京陆军大学特别班第一期。1935年4月4日任陆军中将。1936年9月26日加陆军上将衔。1939年5月2日晋任陆军二级上将。1960年1月17日在北京市病逝。他获得的勋章有：青天白日勋章、一等宝鼎勋章、二等宝鼎勋章、三等宝鼎勋章、二等云麾勋章、自由金质勋章（美）、胜利勋章、忠勤勋章、国民革命军誓师十周年纪勋章。

1931年9月时在陆军大学深造。10月2日出任第14军上将军长。

1934年2月13日升任第5路军上将总指挥兼第14军军长。

1935年11月当选国民党中央执行委员。12月15日兼任第21师师长。

1936年4月1日辞去师长兼职。

1937年4月26日兼任豫苏皖三省军事整理委员会委员。9月7日调任第14集团军上将总司令。11月3日兼任第2战区前敌总司令。12月9日升任第2战区上将副司令长官兼第14集团军总司令。

1939年1月9日调任第1战区上将司令长官兼第2战区副司令长官、第14集团军总司令。9月20日兼任河南省政府主席、河南省军管区司令。10月7日兼任河南全省保安司令。同月24日辞去集团军总司令兼职。

1940年4月9日兼任冀察战区总司令。

1942年1月12日调任军事委员会委员长西安办公厅上将主任。4月兼任军事委员会委员。

1943年11月23日调任中国远征军上将代理司令长官。

1944年7月20日实任中国远征军上将司令长官。

1945年1月1日晋颁一等宝鼎勋章。2月3日调任盟军中国战区陆军总司令部（总司令何应钦）上将副总司令（至抗战胜利）。

务，必须有崇高的威望和卓越的指挥能力，还得有守城的丰富经验才行"。

朱绥光的话虽短，但实际上给守太原的人选定了三个条件。一是威望、二是能力、三是守城经验要丰富。在这第一和第二个条件中，在座将领有很多都具备，然而符合第三个条件的，就只剩下一个人了。他就是傅作义。

傅作义，字宜生，山西省荣河县安昌村人（该村现属临猗县）人。时年42岁，

时任绥远省政府主席、第7集团军上将总司令兼第35军军长。在众多晋绥军将领中，傅作义为人沉稳，擅统兵，有大将之才。他的部队不仅能攻，更擅守。在著名的涿州保卫战中，傅作义以一师7000余人，力敌奉军5万余众，成功坚守三个月。涿州一战，位列民国前四大守城战之一，不仅奠定了傅作义在晋绥军中的地位，更使他的名字响遍全国。

1930年中原大战结束后，阎锡山反

傅作义抗战简历

傅作义，山西省荣河县（现临猗县）人，字宜生。出生于1895年6月27日。1918年9月毕业于保定陆军军官学校第五期步兵科。1935年4月3日任陆军二级上将。1974年4月19日在北京市病逝。他获得的勋章有：国光勋章、青天白日勋章、一等宝鼎勋章、二等宝鼎勋章、一等云麾勋章、二等云麾勋章、自由金质勋章（美）、胜利勋章、忠勤勋章、三等采玉勋章、一等景星勋章、二等景星勋章、一等卿云勋章、河图勋章、国民革命军誓师十周年纪勋章。

1931年9月时任绥远省政府主席兼第35军上将军长、第73师师长。12月28日兼任绥远全省保安司令。

1933年2月兼任第7军团总指挥。6月28日免去军团总指挥兼职。

1936年5月29日专任第35军上将军长。

1937年8月20日升任第7集团军上将总司令兼第35军军长。11月3日兼任太原守备司令。12月9日升任第2战区北路军上将总司令兼第35军军长。

1939年1月20日升任第8战区上将副司令长官兼第35军军长。

1944年1月18日辞去军长兼职。

1945年8月12日升任第12战区上将司令长官（至抗战胜利）。

▲傅作义（左一）和杨爱源（左二）陪同阎锡山（左三）检阅部队。

蒋失败下野，晋绥军被迫向南京投诚，原本14个军被缩编成4个，傅作义以其威望和战功，成为当时的山西"四巨头"（指当时担任军长的四人，另外三人是第32军军长商震、第33军军长徐永昌、第34军军长杨爱源）之一。此后他率部垦戍绥远，并以此为根据地逐渐壮大自己的部队。此后怀柔、百灵庙等地，都给日伪军以重创，这使他成为抗战全面爆发之前，唯一一位与日军有过作战经验的晋绥军高级将领。由傅作义挑起保卫太原的大梁，确是最理想的人选。

会议之初，傅作义的想法和其他人是一样的。第35军在1936年的晋绥整军计划中被阎锡山故意削弱，傅作义明白，这是阎锡山对他产生了怀疑，通过整军来削弱自己。1932年阎锡山重回山西时，

"四巨头"就成为阎氏收回兵权的阻碍。如今，商震和徐永昌都在阎锡山的打压下投奔南京而去。杨爱源有自知之明，他主动解除兵权，成为一个空头军长。总算是傅作义从未对阎锡山有过违抗，所以在整军中，只是裁撤了一个师和一个旅的番号，原本6个团的基干没有动摇。

抗战全面爆发后，阎锡山虽然调35军回山西作战。但该军6个团，有2个被留在绥远，4个在忻口分成两路作战，可见阎锡山对傅作义的防范日益明显。在这种情况下，傅作义又怎么会愿意留在太原"守死"呢？所以他也同样选择了沉默。可是朱绶光在发言中的种种"暗示"，使傅作义成为与会众人的焦点。傅作义发现，所有人的目光都在看着自己。

"也罢，军人保家卫国本来就是职责

傅作义将军死守太原

奔军政机关及学校移至临汾

（中央社）临汾七日电　晋省当局以太原省会势将成为敌人攻击目标且最近一週以来敌机在奔市恣意轰炸几竟日不警报中乃决定将厅署政各机关及学校团体一律撤退至临汾但此举并非放弃太原保卫太原现由傅作义……单望镇死守中撤调查由并迁来此阎之机关团体已逐八十余處廉临汾人口突增二万余人（中央社）

▲中央社对傅作义保卫太原的报道。

所在。在此危急关头再不出面，怎么对得起曾经栽培过自己的'阎主任'，又怎么对得起那些翘首以盼的军民呢？"想到这里，傅作义终于站了起来，他大声说道，"弃土莫如守土光荣，太原城，我守！"

　　傅作义这一表态，阎锡山笑了，卫立煌和其他各将领也都松了一口气。终于，他们都能脱离太原这个是非之地了。

　　阎锡山对傅作义其实是有疑虑的，但在目前的情况下，傅氏确实是承担防守太原之责的理想人选。既然如此，阎锡山自然不能再对傅作义苛刻对待，他一边大加赞赏傅作义的勇气，一边指示朱绶光，将第73师和第101师以及此时位于太原的步兵、炮兵、工兵、宪兵等部全都划归傅作义指挥。不仅如此，阎锡山还表示调集更多的部队保卫太原城，统由傅作义指挥。阎锡山希望，傅作义能够依靠太原数年构筑起来的坚固防御工事，将日军阻挡三个月。为他将来重新集结部队，实施战略反攻打下基础。确定了守城人选后，阎锡山不再征询卫立煌的意见，就直接任命他为第2战区前敌总指挥，要卫氏全盘负责太原东北郊以及太原城的指挥之责。

历时3个多小时军事会议终于结束了。会议的结果是，太原要守，由傅作义守城，由卫立煌负责全局指挥，全部守军将依靠坚固的防御工事与日军打一场新的会战。不过对于卫立煌来说，他对这个防御计划是持保留意见的。

散会后，阎锡山于当天晚上正式命令

忻口前线各部开始交替掩护后撤，并向南京发电表明放弃忻口的理由。电文如下：

即到。南京蒋委员长钧鉴：吉密。我东路军黄部（指由第2战区副司令长官黄绍竑指挥的部队）退至寿阳以东附近地区后，连日被敌猛攻，仍不能支持，不得不准其逐次向西撤退。在此千钧一发时机，若不速令西路军卫部（指由第14集团军总司令卫立煌指挥的部队）向南转进，一旦敌突至阳曲城下，不特该城防部队陷于孤立，难以固守，即卫部后方，亦感莫大胁迫，攻守两难。为策万全计，已拟以依城野之目的，令卫部于冬（指11月2日）晚向莱水坞、青龙镇、天门关之线转进，占领阵地，与敌决战。除撤退及占领阵地详情另电呈报外，谨先奉闻。山。江子。参

▲在东山视察的阎锡山（打×者）。

战。印。

中共中央代表周恩来当时也参加了这次军事会议，对傅氏愿意承担保卫太原之责给予了高度赞扬。会后，周恩来对傅作义说："我愿代表中国共产党还有全民族，诚恳地对你说一句话。抗日战争胜利的基础，在于广大人民群众之深厚的伟大力量。请你保重。"

对于周恩来的这些话，傅作义表示感谢，并铭记于心。当他返回位于平民中学的司令部时，立即叫来秘书长王克俊，经自己重新复述后由王氏记录在案。一年后，傅作义重返绥远展开长达七年的艰苦抗战，靠的就是绥远军民一心的深厚力量。

第三章　傅家军与日军

这一夜，傅作义辗转难眠，第二天一早阎锡山就会正式对外宣布自己为太原守备司令，这一任命将会使他与太原城死死地绑在一起。傅作义知道，太原的沦陷只是一个时间问题，关键是他到底能守多久。他不禁开始回想起自己的戎马生涯。

傅作义是从基层一步一步成长为高级将领的。保定军校毕业后的他从排长做

▲傅作义将军。

起，因训练部队成绩斐然，而不断得到军中老将张培梅和谢濂的提拔。在此情况下，傅作义只用7年，就当上了上校团长。

傅作义的第一次实战，是1925年11月。当时建国军总司令樊钟秀和国民军第2军第10师师长李云龙相约攻打山西，傅作义用大迂回战术奇袭樊钟秀的指挥部初露锋芒。半年后，他指挥的第8团又在天镇成功击退了国民联军第1军卫队旅和第5军第2旅的联合进攻。这是他第一次守城，顶住了近三个月的进攻后等到友军解围。傅作义以一团兵力，力敌三倍于己的敌军，使当时的晋军得到擅守之名，使阎锡山的势力扩张到了当时的"绥远特别区"，他本人也因功被提拔为第4旅少将旅长。这一年，他才31岁。

傅作义的成名之作自然是涿州保卫战。同样是三个月的苦战，时任第4师长的傅作义以7000余人力敌奉军5万余众，在奉军步兵进攻、炮兵轰炸、工兵爆破以及战车掩护下的7次猛攻，他都撑住了。这使奉军少帅张学良对傅作义刮目相看，也奠定了他在晋绥军的地位。

▲在归绥接受检阅的第35军（1936年）。

1928年1月12日，涿州弹尽援绝，傅作义为免涂炭生灵，决定背负起降将的骂名，率领3000余残部向奉军投降。事后，张学良不仅没有处罚傅作义，还任命他为第13军军长。对此，傅作义谢绝了，他被软禁于保定。同年4月，傅作义成功脱险并返回晋绥军。阎锡山为他举行了盛大的欢迎宴会，并任命他为天津警备司令兼第5军团军团长，位列上将之尊。傅作义抵达天津后，招募原第4师旧部组成新的部队，此后他就是靠这些骨干逐渐发展为能征善战的第35军。

傅作义想起了他和日军的第一次交锋，那还是1933年的长城抗战。在5月23日和24日这2天的怀柔，傅作义以一个师的兵力阻击日军第8师团所属1个步兵联队和1个炮兵联队的进攻。在这次战役中，他的部队第一次领教到日军炮火的厉害。许多士兵还没见到日军，就被猛烈的炮火轰炸身亡。怀柔一战，傅作义部宣称阵亡367人，负伤484人，击毙日军346人，击伤600余人。但在日军的战史档案中，这一战只阵亡6人，负伤56人。《大公报》曾用"以血肉当敌利器，傅部空前大牺牲；肉搏千多次，使敌失所长；沙场战士血，死也重泰山"形容此战，但事实究竟如何，只有傅作义的部属们明白——他们比其他没有和日本人接触过的人更清楚，对付日军，万万不可大意。

日军的战斗力究竟如何，傅作义心里自有判断，他的部队进攻伪蒙军绰绰有余，1936年的绥东大捷就是一个实证。百灵庙和大庙两次战斗，傅作义只以伤亡400余人的代价重创伪蒙军，并策动"大汉义军"所属各部纷纷反正，给敌伪以沉重打击，"傅家军"之名传遍全国。但要和日军在正面硬碰硬，无论是官兵素质还是武器装备，都远处于劣势。

抗战全面爆发后，傅作义不断要求所属各级部队长在抵御日军的陆空立体作战时不能疏忽大意。但在实际作战中，绥远驻军还是无法完全适应日军的战术，尤其是傅作义辛苦编练出来的的国民兵伤亡惨重，就连他的爱将——绥远省国民兵绥东分区少将司令张成义也在丰镇保卫战中阵亡了。以此残破之师来守备太原，任凭阎锡山调集再多的兵力，许下多少承诺，都无法改变眼下的战局。

到底能守多久呢？傅作义不由得开始将涿州和太原相比起来。

涿州的规模要比太原小很多，毕竟一个是省会大城，一个只是县城。涿州攻方的实力，奉军5万余人，而且都是精锐，装备也是当时各路军阀部队中的佼佼者。但与日军相比，作战模式却有很大差别。奉军一开始是抱着轻敌的态度进攻的，而且是分批分散着进攻，并没有重点目标，这为守军争取了不少时日。等到奉军知道守军的厉害并调重炮、战车支持时，战事已经过去了近一半时间。

当时参与进攻的奉军炮兵火力，可以说已经超过日军一个师团的炮兵编成了。但是奉军的炮兵十分迷信，对于晋军炮兵用来作为观测的两座佛寺塔迟迟不愿摧毁，反使晋军炮兵能够准确地集中火力压制奉军冲锋的步兵。此外，奉军用来掩护步兵进攻的战车质量着实差劲，有的甚至被鸟枪射击观察孔的方式解决了。后来经过了解，这些战车都是法国提供的次货。奉军屡攻涿州不下，想到了通过挖掘地道爆破城墙的办法，结果又被守军查知并予以破坏。时间一长，不仅进攻的部队士气低迷，就连各级部队长也都开始"消极怠工"了。反观晋军，在弹尽援绝的情况下依然团结一致拼死抵抗。如此种种，都为傅作义守涿州创造了条件。

而日军呢？他们不会像奉军那么"仁慈"。1933年的长城抗战已经使中国军队了解到日军火力的优势，尤其是他们在进攻时惯于以小部队迂回、侧击，在阵线打开缺口就大胆向其后方突击，战术十分灵活多变，远不是攻防战术停留在阵地战的中国军队所能比拟的。1937年抗战全面爆发后，傅作义的部队先后在沙河、忻口、集宁、旗下营与日军交锋，虽然这些部队的官兵大部分有过与日军交手的经验，但在这几次战斗中还是吃了日军不小的亏。

那么双方的火力到底差在什么地方呢？我们不妨先来看看中日两国军队的编制。

在理论上，当时中国军队师级编制和日军师团级编制是相似的，尤其是步兵，中国军队的师辖两旅四团，日军是师团辖两旅团四联队。中国军队是团辖三营，营辖四连（其中1个是机关枪连），连辖三排。日军是联队辖三大队，大队辖四中队（其中1个是机关枪中队），中队辖三小队。

从账面上看，中国军队的步兵编制只比日军少一个连（中队），但如果继续细化，就会发现不同之处。中国军队装备最好的团，也只辖一个迫击炮连；而日军的驮马制师团所属步兵联队辖一个山炮中队和一个野炮中队，挽马制师团所属步兵联队辖一个山炮中队和一个速射炮中队，各大队又各辖一个步兵炮小队。在机关枪方面，中国军队的营属机关枪连配备重机关枪，但步兵连却不一定拥有轻机关枪，很多部队的步兵连可以和步枪连画等号；而对日军来说，机关枪中队的重机关枪和步兵中队的轻机关枪都是制式装备，后者能配备到每一个步兵分队（相当于中国军队的班）。

师（师团）直属部队的编制区别就更大了。

中国军队的师直部队，理论上辖特务连一、骑兵连一、炮兵营一、工兵营一、通信兵营一、辎重兵营一，全师人员编制为11423人（野炮挽马师）或11579人（山炮驮马师）。但这只是理想编制，符合条件的只有调整师和整理师，大部分的师级部队离这个编制都有很大差距，尤其

是各路杂牌军。

晋绥军，也属杂牌之列，且晋绥军的编制在阎锡山大权独揽的情况下，与南京中央的部队编制有很大区别。以师为例，如前所述，南京方面定的编制是两旅四团及若干师直部队。而晋绥军的师编制却是三旅六团，师直部队也有很大出入，有的师甚至还编有两个补充团。阎锡山的这种做法自然引起南京方面的不满，在军政部三番五次"交涉"下，阎锡山终于在1936年开始"调整"各师编制，以符合"南京标准"。

阎锡山表面妥协，实际却在"调整"各师时做了不少手脚。师属步兵部队由三旅六团改为两旅四团，自然意味着要裁撤

▲阎锡山扩充军备的有关报道。

近三分之一的步兵，这对阎锡山来说形同割肉，怎么可能接受？所以在实际"调整"时，阎锡山将编余的一个旅私自保留下来，巧立名目另行编组独立旅。这样一来，阎锡山的部队不仅没有缩减，反倒诞生了一大批独立旅。由于阎锡山将火炮集中使用（编成直接归阎指挥的十个炮兵团），导致晋绥军各师的火炮配备几乎没有。

在阎锡山的"调整"下，晋绥军各部的编制千奇百怪。第66师是两团制，第68师是一旅三团制，第69师仅存一个师部，下面没有部队。这种奇怪的编制当属阎氏特色，全国别无分号。取而代之的是诞生了大量的三团制独立旅，这是晋绥军在整军期间诞生的新生战力。

1936年的第35军，账面上辖第72师和第73师，两个师都是三旅六团制。其中第72师长驻山西，实际上根本不受傅作义指挥。所以阎锡山对傅部的"调整"，主要集中在第73师。经过"调整"，第

73师的番号被晋绥军事整理委员会收回后另组新部队，原属三个旅部裁撤一个，将旅属两团分拨给另外两个旅。这么一"调整"，第35军实际指挥的部队在表面上看依然是六个团，但师部和旅部被各裁一个，实际上就是将师直和旅直部队给裁掉了。对此，傅作义敢怒不敢言，只能大力发展绥远省国民兵，这也算是种变相的保存实力。

"调整"完成后的晋绥军，理论上大部分师的人数约在14000人。但傅作义的第35军，总共也就2万余人，明为军，实力却连一个半师都不到，更不用说缺少的炮兵了。

我们再来看看日军的师团编制。日军师团分常设师团和特设师团。抗战全面爆发时，日军用于山西作战的都是常设师团。这种师团辖两旅团四联队，师团直辖一个炮兵联队、一个骑兵联队、一个工兵联队、一个辎重兵联队，以及通信、卫生等直属部队。通常一个日军常设师团的编

▲接受傅作义训话的第35军。

数为28500人（驮马制师团）或25000人（挽马制师团）。

说完编制，我们不妨继续深入了解一下中日军队双方的武器配备。晋绥军与大部分地方军的一个显著区别是，它拥有自己的兵工厂，小到手枪、步枪、机枪，大到山、野、榴等火炮，位于太原的兵工厂全部都能自产。太原兵工厂因此与汉阳、沈阳两所兵工厂并列为民国三大兵工厂。

太原兵工厂的前身，是1917年成立的山西机器局。时任山西督军的阎锡山受邀参加北京陆军部的国产武器试射比赛，在观看时，阎氏见到汉阳兵工厂自产武器比较精良，于是萌生了自建兵工厂、使自己的部队能够自给自足的念头。经过阎锡山的大力投入，山西机器局经过山西陆军修械所、山西军人工艺实习厂三个发展阶段，于1927年1月正式改组为太原兵工厂。此时的太原兵工厂不设厂长，下设工务、核计、检验、稽查四处，由工务处处长张书田实际负责厂务。在张书田的努力下，太原兵工厂在1930年之前已经能够自产火炮、炮弹、步枪、冲锋枪、机关枪、炸弹、子弹等，其月产量最高时能达火炮35门、迫击炮100门、步枪3000支、机枪15挺、冲锋枪900支、炮弹15000发、迫击炮弹9000发、子弹420万发。

中原大战结束后，太原兵工厂一度停工重组，于1931年4月降格为太原修械所。阎锡山重回太原掌权后重建兵工厂，为免南京方面猜忌，他以修械所为基础，扩建成立壬申制造厂和壬申化学厂。继而又将这两所生产武器弹药的兵工厂划归西北实业公司，改名为西北制造厂，由张书

▲ 太原兵工厂车间。

田任总办，在名义上使兵工厂成为民办企业。经过4年的发展，西北制造厂辖有18个分厂，其中第1分厂为弹药分厂、第3分厂为山炮分厂、第4分厂为野重炮分厂、第6分厂为装配分厂、第8分厂为引信分厂、第9分厂为炸弹分厂、第10分厂为步

▲晋造六五步枪，口径6.5mm，仿造日本三八式步枪。

▲晋造一七式自来得手枪（俗称大盒子炮），口径11.43mm，仿造德国毛瑟手枪。

▲晋造马克西姆水冷式重机枪，口径7.62mm。

▲晋造迫击炮。

枪分厂、第11分厂为重机枪分厂、第13分厂为炸药分厂、第14分厂为步枪分厂、第15分厂为冲锋枪分厂、第16分厂为轻机枪手枪分厂、第17分厂为冲压分厂、第18分厂为炼钢分厂。这14个分厂承担起为晋绥军提供武器装备的重任。

抗战全面爆发之前，西北制造厂实际能为晋绥军提供的武器装备有：65式步枪、65式轻机枪、水冷重机枪、冲锋枪、木柄手榴弹、75mm迫击炮、82mm迫击炮、17式自来得手枪、12式75mm山炮、17式75mm山炮（原13式）、18式88mm野炮，以及这些装备所需的弹药，其中17式75mm山炮为晋绥军炮兵的主力火炮。

值得一提的是两种特色自产武器。其

一为零线子母弹，该弹内含小群铅子弹二百余粒，炮弹出口径三十米即爆炸，爆炸面积宽三十米长三十米，杀伤面甚大。在怀柔战役中，傅作义的部队就曾使用这种弹药，阻击日军步兵的冲锋。

另一种特色武器是晋造冲锋枪。这是阎锡山于1927年1月下令太原兵工厂模仿美国研制生产的汤姆森冲锋枪改制而来。晋造冲锋枪的枪管长达395mm，几乎是普通冲锋枪枪管长的二倍，这对发挥冲锋枪火力以及延长射距都有很大帮助。

晋造冲锋枪量产后，阎锡山曾批示每个班起码要有4支，每个连都要有1个冲锋枪分队，以此来提高步兵近战火力。如此大规模列装，这在当时世界各国军队中都是独一无二的。在20世纪20年代末和30年代初，晋绥军的步兵在作战时，往往都能依靠密集的冲锋枪火力和手榴弹，而将敌军击退。

然而，晋造冲锋枪也有它的致命缺陷。由于制作工艺不完善，冲锋枪的卡壳频率较高，射距也会在持续射击中越打越近，甚至还出现过子弹刚从枪管射出就落地的个案。此外，晋造冲锋枪使用为其量身定制的11.25mm子弹。如果没有足够的补给，那么一旦子弹打完，冲锋枪就形同废铁。尽管如此，在短期作战中，晋造冲锋枪所发挥出的近战火力密集优势，依然是晋绥军的中坚武器之一。

在上述这些装备中，第35军缺少山炮

▲晋造冲锋枪及刻文。

▲晋造一三式山炮（后改良增加射程为一七式山炮），口径75mm，仿造日本四一式山炮。

▲晋造一八式野炮，口径88mm，仿造瑞士苏罗通式野炮。

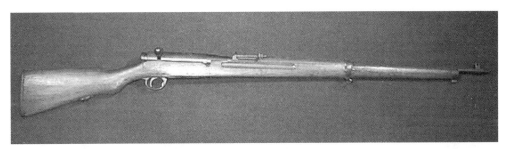

▲日军三八式步枪，口径6.5mm。

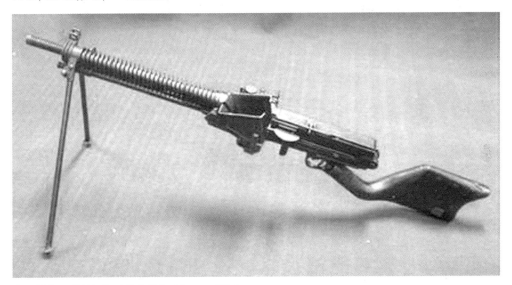

▲日军十一式轻机枪（俗称歪把子），口径6.5mm。

▲日军九二式重机枪，口径7.7mm。

▲日军南部十四式手枪（俗称王八盒子），口径8mm。

▲日军九七式迫击炮（九四式改良型，俗称小钢炮），口径90.5mm。

和野炮，因为根据晋绥整理委员会给第35军制定的新编制中，傅作义没办法拥有炮兵团或炮兵营的建制。

反观日军，多以步枪、轻重机枪以及迫击炮和掷弹筒为步兵攻击武器。从这点上看，日军与晋绥军作战似乎略处下风。但日军师团却拥有庞大的火炮编制，在步兵冲锋时，日军不仅能够依靠联队所属炮兵予以支持，还可以得到师团所属炮兵联队以及独立炮兵部队的火力支持，加上拥有制空权的陆军航空兵，使晋绥军士兵往往在没有见到日军步兵冲锋的时候，就已经伤亡惨重。

通过上面的对比，中国军队需要用一个军的兵力才能和日军的师团人数画上等号，但要从火力配备来看，恐怕需要一个集团军甚至更多部队才能抗衡。事实上忻口会战已经说明了中日军队的差距，日军仅仅动用了1个师团、2个混成旅团和1个支队（联队级），而中国军队却动用了4个集团军、10个军、24个师、9个独立旅

的庞大兵力，在这种数量明显占优的情况下依然只是勉强打成平局。有鉴于此，日军在对中国军队的阵地进攻时，先施以猛烈的轰炸，随后由战车掩护的步兵发起冲锋，这种模式大多一战告捷。但如果出现了够抵挡住日军这种攻击的部队，那一定是精锐中的精锐了。

为了保卫太原，阎锡山已经将第73师和第101师交由傅作义指挥，甚至还承诺会有更多的部队拨归傅氏指挥。但这2个师在之前的作战中都有很大的伤亡，对于他们究竟还有多少战斗力，傅作义心里没底。有传言阎锡山还会调拨几个炮兵团加入太原保卫战，这对傅作义来说倒是一个好消息，因为他太缺炮兵了。如果在防守太原期间，只是一味地遭到日军火炮和航空兵的轰炸，那将是一个完全被动的局面。在这种情况下，能守住一天都难。但如果有炮兵团的加入，或许还能再多守一段时间。但划拨炮兵团这事毕竟还没准信，傅作义只能将注意力集中在自己掌握

▲日军四一式山炮，口径75mm。

▲日军九四式山炮，口径75mm。

▲日军三八式野炮，口径75mm。

▲从绥远开赴山西参战的第35军。

的部队里。

如前所述，抗战全面爆发之后，第35军就被分割使用。在经过2个多月的作战后，阎锡山批准将绥远驻军尽数撤回太原，这倒是给傅作义一个能够使用自己部队的机会。已经在山西作战2个月的第35军主力伤亡较重，第211旅和第218旅各自都只能缩编为一个战斗团。由总参议兼绥远省国民兵司令袁庆曾率领的驻绥部队，已经在11月1日夜奉命撤抵太原。傅作义本来寄希望将袁庆曾带回来的部队补充到第35军，这样能够恢复不少战力。但不知什么原因，袁庆曾在率部抵达太原城北的兵工厂后却避而不见，只命集宁县县长周钧来报告撤退经过。周钧一个文官，对于军队的事情根本不清楚，任凭傅作义怎么询问，他都说不出个所以然来。

傅作义隐约觉得事情不秒，袁庆曾和自己是10来年的老战友，又一起在涿州出生入死过。对于袁庆曾的为人，傅作义心里很清楚，他迟迟不来报到的原因很可能是没能完成将驻绥部队带过来的任务。如果真是这样，他唯一信任和依赖的第35军还能在太原保卫战中支撑多久呢？

傅作义的内心开始感到不安。无论如何，在第35军完全撤回太原前一定要把袁庆曾找到。

第四章 保卫计划出台

1937年11月3日上午8时，第2战区司令长官部正式对外宣布，任命卫立煌为第2战区前敌总司令，任命傅作义为太原守备司令。同时，长官部还发布了一条让太原市民都恐慌的命令——疏散令！市民们争先恐后地逃离太原，部分军政人员也都寻找各种借口离城而去。

1个小时后，保卫太原的作战计划和调整后第2战区各部队隶属关系正式出炉，阎锡山派人将这两份文件分别传送给

▲市民撤离后的太原一角。

了傅作义、卫立煌等高级军政要员。

保卫太原城的作战计划如下：

一、方针

本会战旨在利用太原四周既设阵地线，实行依城野战，以阻敌前进，消灭其兵力，待我后续兵团到达，再施行反攻夹击而聚歼之。

二、指导要领

1.在殷家堡、西吴村、大吴村、黄陵村、北营、村窑子上、赵家坡、张河村、店儿上、蔡水坞、横岭山、常峪村、西黄水、青龙镇、周家山既设阵地在线，竭力加固工事，尤其对南北铁路正面及周家山方面，更应坚固编成之。

2.如因北面作战影响，敌由黄寨镇方面向南进攻时，拟订作战要领如左（下）：

（1）本阵地以持久防御之目的，在于阻绝敌之前进，逐渐消灭其力量，以待后续兵团之到达。

（2）主战斗正面，东由小岗头，西至周家山，长约15公里，须以步兵2万、山炮兵1营、骑兵4连守备之。

（3）兵力部署，以主力配备铁道正面，以强有力之一部配置于周家山，以预备队分置于青龙镇、周家山后方地区。

（4）敌情判断——敌将以主力沿公路南攻，以强有力之一部攻周家山，以协助其主力之攻击。

（5）指导要领

甲.此阵地以持久战为主，为达成持久战之任务，各地区队应相机逆袭敌人，以消耗其兵力。

乙.后续兵团到达后，就应由思西村（周家山西北）地区出击，以期在黄寨附近地区包围敌军而击破之。

丙.在会沟至青龙镇东北地区，构成浓密之火网。

3.如因东路军作战影响，敌人由正太路方面沿铁路进攻太原时，拟订作战要领如左（下）：

（1）在殷家堡、黄陵村、北营、东西砖井之线，右翼依靠汾河，左翼依靠山地，竭力阻绝敌之前进，以待后续兵团到达而夹击之。

（2）主战斗正面由殷家堡至赵家坡，长约16公里，须以步兵2万5千、山炮1团、野炮兵2营、骑兵2连守备之。

（3）兵力部署，以主力配备于铁道正面，以强有力之一部配备于赵家坡、河口村附近，以预备队分置于许坛村、五龙沟附近地区。

（4）敌情判断——敌将以主力向河口附近进攻，以有力之一部沿铁道进攻，以协助其主力之攻击。

（5）指导要领

甲.此阵地以持久战为主，为达成持久战之任务，各地区队应相机袭击敌人，以消耗其兵力。

乙.俟汤兵团大部到达子洪口附近时，主力应由砖井村附近出击，包围敌军而聚歼之。

4.为巩固北正面计，在凤阁梁、欢咀

村、郭家窑、陈家窑、拦岗村、岗北村构筑内部防御线，以期达到持久战之目的。

5.将太原城编成复廓要塞，以资作最后之战斗。

6.敌如由正太及黄寨两面同时进攻时，应在主战斗线东西以配备少数部队掩护侧背，其战斗计划临时再按情况拟订之。

三、战斗前敌我态势（附图一、二）
（注：图略）

四、兵团部署

1.着第35军（第211旅、第218旅），独立第1旅、第213旅、新编第3、第8、第9各团，第73师之一旅，及炮22团刘团长（倚衡）指挥之炮21团、炮22团（欠第2营营部及第3、6连）、炮25团第1营、炮垒大队（注：阎锡山给军政部备案称该部为炮兵第30团），并由忻口开拔中之第71师，独立第7、第8旅等部，统归傅总司令（作义）指挥，布置太原城防。

2.以黄副司令长官（绍竑）指挥之各部，在北营、赵家坡、张河村、刘家河及孟家井、上庄一带占领既设阵地；以卫总司令（立煌）指挥之各部队，在蔡水坞、青龙镇、天门关一带占领既设阵地，统归卫总司令指挥，在太原附近准备依城野战。

3.已到达黎城东阳关之汤恩伯军向榆次附近推进，俟敌攻太原时，在太原附近部队夹击而歼灭之。

4.太原近郊并城周重要工事，由新编第6旅、独立第1旅之步兵一部及骑兵连担任警戒。

为保卫太原，阎锡山调整了第2战区各部的指挥体系，他将各部队重新整理为8个集团，其中6个为步兵集团，1个是骑兵集团，1个是炮兵集团。在这些部队中，第3军编入第2集团军（即第1军团）；第27路军（即第14军团）、第15军、第17军、第94师编入第14集团军；川军尽归第22集团军；新编第2师编入第18集团军；晋绥留太原之部队编入第7集团军；其余晋军编入第6集团军；骑兵为一个单位，仍在雁门关外游击；炮兵除配属各部队外，均归炮兵副司令刘振蘅统一指挥。阎锡山还明确指出，除了第6集团军和第18集团军之外，所有太原城外部队统归卫立煌指挥，太原城内部队统归傅作义指挥。会战期间，傅听命于卫。

这两份命令对于傅作义来说，只有一段话让他眼前一亮，那就是作战计划中兵团部署的第1款。这一段话已经清楚地告诉傅作义，在保卫太原期间，究竟都有什么部队可供他调遣。看得出，阎锡山为了保卫太原确实是豁出去了，他不仅划拨了大量步兵部队供傅作义指挥，甚至还留下3个炮兵团来增强守城部队的火力，对于库存的冲锋枪也是全部交由傅作义分配。阎锡山能够如此慷慨，傅作义已经别无所求了。他现在有三件事迫在眉睫，一件是和划归他指挥的各部队长取得联系，一件是安排部队疏散剩余的太原民众，另一件是找到袁庆曾，尽快把第35军充实起来，

袁庆曾抗战简历

袁庆曾，河北省河间县（现河间市）人，字祝三。出生于1893年。1918年9月毕业于保定陆军军官学校第五期步兵科。1977年12月在北京市病逝。

1931年9月时任绥远省宪兵司令部中将司令。12月28日调任绥远省政府公安管理处处长、归绥市警察局局长。

1932年12月19日兼任绥远省政府民政厅厅长。

1936年1月辞去警察局长兼职。

1937年1月兼任绥远省国民兵中将司令。10月调兼第7集团军中将总参议。11月兼任太原城关指挥官。12月调任第2战区北路军中将总参议。

1939年1月调任第8战区副司令长官部中将总参议。

1942年9月28日辞去民政厅长兼职。

1945年8月调任第12战区司令长官部中将总参议（至抗战胜利）。

使它能够继续在保卫太原的战斗中作为可靠的有生力量使用。

袁庆曾终究还是来见傅作义了。11月3日上午10点，袁庆曾在绥远省会警察局督察长韩伯琴的陪同下前往傅作义设在城北后营坊街的临时指挥部——平民中学。

事情果如傅作义所担心的那样，袁庆曾一进门就不断地重复着"对不起宜生"这句话，他没能完成将绥远部队全部带到太原的任务。经过了解，袁庆曾的失败并不是因为遭到了日军的截击，而是因为内部分裂所致！

这还需从1个月前说起。傅作义率领第35军主力开赴山西作战后，绥远战局

的实际负责人就是袁庆曾。然而袁庆曾对于指挥作战已经处于心有余而力不足的状态，加上驻绥各部在日军的进攻下节节败退，逐渐引起了驻绥各级部队长对袁庆曾的不满。

袁庆曾在接到由傅作义转达的第2战区司令长官部要求驻绥部队返回太原的命令后，立即在归绥（现内蒙古呼和浩特）召开军事会议，下达离绥命令。但却遭到以绥远省国民兵副司令李大超为首的一批军官反对。李大超主张绥远省国民兵守土有责，加上部队里又多是本地人，他们不愿离开绥远，不如重新整编国民兵就地阻击日军，以保绥远不失。李大超又进一步

李大超抗战简历

李大超，辽宁省辽中县人，原名李树万，字上林。出生于1904年4月2日。1925年10月毕业于沈阳东三省陆军讲武堂第五期工兵科。1928年5月肄业于日本东京陆军士官学校中华队第二十期步兵科。1935年5月28日任陆军步兵中校。1945年6月15日晋任陆军步兵上校。1968年9月在北京市病逝。他获得的勋章有：四等云麾勋章。

1931年9月时任第35军军事教育班上校教育长。

1936年8月兼任绥远省防共常备队副主任。

1937年1月调兼绥远省国民兵副司令。10月升任绥远省国民兵司令部少将司令。12月改任绥远省游击军少将司令兼第35军军政干部训练所教育长。

1938年10月调任第2战区北路军少将附员。

1939年1月调任第8战区少将附员。

1945年8月升任第12战区中将高级参谋（至抗战胜利）。

指出，战区长官部的命令只限于野战部队，并不包括国民兵。所以袁庆曾要走，尽管将第35军留在绥远的第421团和第435团以及宪兵等部带走。至于国民兵，无须执行这一命令。

袁庆曾闻言大怒，当即指责李大超这是在打"擦边球"，明摆着想搞分裂，他要求与会军官不要受李氏鼓惑，能够团结一致撤离绥远。李大超则据理力争，力主绥远得失以及争取绥远民心的重要性。双方各持己见，谁都无法说服谁。由于袁庆曾指挥绥远战事失利，尤其对丰镇增援迟缓，导致守军孤军奋战，绥东分区司令张

成义力战阵亡，使他在绥远驻军的威望发生动摇。结果会上只有晋绥宪兵副司令马秉仁、第421团团长刘景新、第435团团长许书庭、绥远国民兵第3团团长范步高和第6团团长李吉祥等人支持袁庆曾的主张。

眼见绥远局势危殆，太原方面又接连来电要求绥远驻军尽早启程。袁庆曾决定冒险带着第421团、第435团、绥远省国民兵第3团、第6团和部分宪警部队连夜出发，经包头前往山西河曲，继又开赴太原向傅作义复命。由于所带各部都在与日军的作战中受到不同程度的损失，开赴山西

▲训练中的第35军。

时又有不少士兵掉队，导致抵达太原时全军仅剩1500余人。袁庆曾怎么想都无法向傅作义交差，思前想后，这才只命副官前往报到。要不是随同前往太原的韩伯琴不断劝说，恐怕这时候袁庆曾还想继续躲着呢。

不管如何，袁庆曾还是带回来1500人。面对自己的这位老战友，傅作义不想再多作责备，他在稍事安慰袁庆曾之后，便要他回去休息，因为眼下的工作重点还是在怎么防守太原上。傅作义叫来参谋长叶启杰，在得知由忻口撤下来的第35军即将于下午抵达太原，他稍微松了口气，毕竟任凭太原守军再多，都不如自己的第35军实在。傅作义将太原市民的后续疏散任务交给了叶启杰，随即又叫来少校随从参谋刘春方，让他迅速派人与编入太原守城序列的各部队长取得联系。

11月3日下午3时，第35军撤抵太原城北兵工厂。傅作义闻知后即在平民中学召开了一个小范围的高级军官军事会议。出席的都是傅作义在绥远的旧部，如第7

张濯清抗战简历

张濯清，天津市人，字潄泉。回族。出生于1895年9月17日。1923年8月毕业于保定陆军军官学校第九期骑兵科。1935年5月10日任陆军骑兵上校。1937年5月7日晋任陆军少将。1963年9月2日在内蒙古自治区呼和浩特市病逝。他获得的勋章有：胜利勋章、忠勤勋章。

1931年9月时任第35军参谋处少将处长。

1937年7月升任第35军少将参谋长。

1943年1月29日升任第35军中将副军长。

1944年10月23日调任绥远全省保安司令部中将副司令（至抗战胜利）。

集团军参谋长叶启杰、高级参谋陈炳谦、绥远国民兵司令袁庆曾、第35军副军长曾延毅、参谋长张濯清、第211旅旅长孙兰峰、第218旅旅长董其武、晋绥宪兵副司令马秉仁等人。

这次会议的主要内容是第35军的整补问题。第35军参谋长张濯清介绍了该军的实际情况。第35军在忻口与日军作战近一个月，虽然给当面的日军造成重大伤亡，但自身伤亡也十分重大。据统计，该军撤抵太原时仅剩3000余人。

张濯清说完站立一旁，由傅作义继续讲话。他首先夸奖了第35军在抗战全面爆发以来的历次战斗表现，尤其是10月16日奇袭日军设立于旧河北村的"板垣司令部"，打出了第35军的威风（注：据日军阵中日记等档案记载，当日遭到袭击的是独立山炮兵第3联队第6中队阵地）。

接着，傅作义命令除将绥远撤入太原的两个团归还第35军建制外，还将两个绥远省国民兵团尽数补充到第35军。至于编余下来的两位团长范步高、李吉祥，则安排在军部服务，待太原保卫战结束后再行安排。即便如此，经过整合及临时补充新兵后的第35军实际兵力也仅有5000余人。别看第35军此时是六个团的编制，但第211旅实际战斗兵力仅五个营，第218旅则只有四个营。

最后，傅作义命令保留由绥远撤入太原的晋绥宪兵第7队、第8队、第10队和保安警察第3队的建制。其中宪兵第7队和第8队仍归晋绥宪兵副司令马秉仁指挥，一方面维持城内治安，另一方面配合叶启杰疏散民众。宪兵第10队和保警第3队由第7集团军总司令部指挥，负责总部警备工作。

任务布置完毕，傅作义即宣布散会，但他又将袁庆曾和曾延毅留下，并设宴款待他们。宴席中，傅作义重提与袁、曾多年的旧情，尤其是在守涿州时，袁庆曾是第36团团长，曾延毅是炮兵第4团团长，他们都能坚守城池不退，可谓出生入死共患难的兄弟。傅作义希望在接下来太原保卫战中，袁、曾两人都能无条件地服从并支持他，将这次战役打好，完成战区司令长官部交付的任务。

袁庆曾因为只带回1500余人到太原而深感内疚，对于傅作义的安抚，他感激万分，并表示无论傅作义安排什么新职务，哪怕是当个团长，都一定要在太原战至最后一刻。

曾延毅在宴席中一言不发，他只是不断地喝着闷酒。然而当傅作义说出希望曾延毅能够留在太原服从并支持守城的话后，他再也忍不住了。曾延毅将酒杯内的酒一饮而尽，借着酒劲说出了心里话，"宜生，我们是多年的老战友，我相信你的能力，也相信35军的弟兄们都会无条件地支持和服从你的命令。但是，眼下的太原局势很不乐观，阎主任既然让你来守太原，这就表明了他已经不准备留在太原了。再看看今天早上发布的作战计划，除了陈庆华的新编旅外，都是从忻口撤下来的残兵败将。宜生你真觉得依靠这些部队能守住太原吗？我不想看着那些跟着我们奋斗十余年的弟兄全部葬生在太原这座坟墓里啊！"

傅作义心里清楚，曾延毅和自己的关系非同一般，如果换成别人，恐怕是不会当着自己的面说出这番话的。曾延毅的这些话，都是事实，但如果每一个部队长在关键时刻都为了保留自己部队的种子而放弃抵抗，那这场保家卫国的仗还怎么打下去呢？傅作义知道，曾延毅对守太原并不

曾延毅抗战简历

曾延毅，湖北省黄冈县（现黄冈市）人，字仲宣。出生于1894年5月21日。1918年9月毕业于保定陆军军官学校第五期炮兵科。1935年4月19日任陆军少将。1965年2月28日在北京市病逝。

1931年9月时任绥远省政府军事处少将处长。

1932年3月调任第73师第218旅少将旅长。

1936年5月29日升任第35军中将副军长。

1937年10月兼任太原戒严司令。12月调任第2战区北路军中将附员。

1939年1月辞职赋闲。

抱希望，更是反对守太原，但只要自己坚定决心去守太原，曾延毅纵然反对，也会支持自己的决定。这在刚才的军事会议中就可以知道，当傅作义说出要坚守太原的决定时，曾延毅并没有公开反对，他只是在私人宴席中才吐露出自己内心的真实想法而已。对此，傅作义只能苦笑着"仲宣兄"长，"仲宣兄"短地安慰着曾延毅，直到酒尽席散。

拿着防御计划的卫立煌，此时高兴不起来。就在一天前，他就对阎锡山提出的这个防守计划有所保留。现如今计划正式出台，他更认为这是一个无法完成的任务。作为忻口前线的最高指挥官，他清楚这些参战部队的实际情况。要想以这些从忻口退下来的士气低迷、减员严重的部队承担起太原北郊的防御任务，根本不可能办到。

卫立煌知道一天后还有一次更重要的军事会议即将召开，黄绍竑必定会在此之前抵达太原。作为娘子关方向的最高指挥者，卫立煌认为黄绍竑的想法应该和自己是相同的。他打算在军事会议召开之前先和黄绍竑见个面，将双方的意见交流之后再参加军事会议。

第五章　计划不容更改

11月4日上午7时许，傅作义带着第7集团军高级幕僚冒着日军航空兵轰炸的危险前往北郊兵工厂视察第35军，以鼓舞部队士气。接着，他又单独召见第35军学生队训话。

当时在学生队受训的刘一平始终记得傅作义当时对他们说的话，"你们都是有志青年，是跟着我来抗日的。现在我们守城，就要不怕牺牲，坚决防守太原，狠狠歼击日军。我们一定要打出一个样子，给全国人民看一看。日本人没有什么可怕的，希望你们勇敢战斗。"事后，傅作义还下令给他们每人五元法币和一件衬衫。刘一平还记得，傅作义的训话使他们"感动得留泪，一致认为傅总在这样紧张的情况下，还能想到我们，抽空看我们，实在难得"。

傅作义以这种方式来鼓励第35军坚定守城决心，但那些新归他指挥的部队能不能也具有这种决心呢？在11月3日夜间和4日凌晨陆续抵达太原的部队，计有第73师、第101师第213旅、新编第8团、新编第9团，加上本就在城内的新编独立第1旅，傅作义在账面上已经有十六个步兵团可供指挥。如果等到独立第7旅和第8旅抵达太原的话，又可以增加六个步兵团的实力。

问题是，真有那么多部队供傅作义调遣吗？

经过调查，新编独立第1

▲ 训话中的傅作义。

旅所属新编第3团约有两个营的兵力，新编第6团尚属完整。至于撤抵太原第101师第213旅约有四个营的兵力，新编第8团约有五个连的兵力，新编第9团约有六个连的兵力。

最令人失望的是第73师。该师在忻口阻击日军时伤亡惨重，于撤退时缩编为两个战斗团，由第197旅旅长王思田指挥。当该师接到命令参加太原保卫战时，师长刘奉滨决定自带两个空架子团继续西撤整补，由第197旅旅长王思田代理师长，率两个战斗团入城。不想部队抵达太原南郊时，第424团团长赵霖却拒绝入城，他对着王思田大叫起来，"太原还能守他妈住吗？老子要过汾河，将来看我赵霖收复太原吧！"说完，不等王思田同意，就带着部队跑向西山。

赵霖所部原属第73师第212旅序列，

王思田本就无法约束，只能任凭赵氏率部离去。但赵霖这么一闹，第393团团长章吉荣也不愿在太原守死，他乘着王思田没前往该部时，就擅自带着部队去西山找赵霖会合了。两个团一走，无疑把王思田这个代师长整成了空头司令。王思田虽然气得破口大骂，但已成事实，只能带着自愿留下来的200来人入城找傅作义请罪。

堂堂一个师，只有200人向自己报到，傅作义也被气得七窍生烟。在同乡孙兰峰的力保之下，傅作义决定对王思田免于追究，并在稍事安慰之后，让他带着入城的200余人随特务连驻在一起。傅作义打算在作战期间，将这个连级规模的部队作为督战之用，并决定在下午的军事会议中提出惩治赵霖和章吉荣，以正军法。

不管如何，大部分部队总算是都联系上了，傅作义命参谋长叶启杰赶紧根据各

王思田抗战简历

　　王思田，山东省滕县（现滕州市）人，字心斋。出生于1892年2月4日。1926年6月毕业于山西陆军军官教导团。1935年5月23日任陆军步兵中校。1937年4月14日晋任陆军步兵上校。1946年3月退役。1952年1月在山东省滕县病逝。

　　1931年9月时任第66师第197旅第394团上校团长。

　　1932年3月调任第66师第212旅第423团上校团长。

　　1936年6月调升第73师第197旅少将旅长。

　　1938年6月调任第2战区少将附员（至抗战胜利）。

部队的实际情况制定守城部署,他计划在下午的战区军事会议结束后立即召集各部队长开守城会议,当场宣布城防部署。

11月4日中午,第2战区副司令长官黄绍竑和第2集团军总司令孙连仲抵达太原。卫立煌闻讯后当即前往城南迎接。不等黄、孙两人休息,卫立煌就将阎锡山的作战计划出示给黄绍竑,并大致介绍了这两天的情况。

很快,黄绍竑就表示卫立煌的想法是正确的。太原肯定要守,但不是这么个守法。对此,孙连仲也作出了相同的看法。三人于是商定,等军事会议召开之后,由黄绍竑出面劝说阎锡山改变防御方案。

4日下午4时,决定太原防御计划的军事会议在第2战区司令长官部召开。出席这次会议的有战区司令长官阎锡山、山西省政府主席赵戴文、副司令长官黄绍竑、参谋长朱绶光、参谋处处长楚溪春、军法执行总监张培梅、前敌总司令卫立煌、第

黄绍竑抗战简历

黄绍竑,广西省容县(现广西壮族自治区容县)人,字季宽。出生于1885年12月1日。1916年8月毕业于保定陆军军官学校第三期步兵科。1937年9月2日任陆军中将加陆军上将衔。1947年7月14日停役。1966年8月31日在北京市亡故。他获得的勋章有:胜利勋章、忠勤勋章、三等采玉勋章、二等景星勋章、国民革命军誓师十周年纪勋章。

1931年9月时在菲律宾赋闲。12月移居香港。

1932年5月3月出任国民政府行政院内政部部长。

1934年12月12日调任浙江省政府主席。同月28日兼任全省保安司令。

1935年11月当选国民党候补中央监察委员。

1936年12月2日调任湖北省政府主席。

1937年1月20日兼任全省保安司令。8月20日调任国民政府大本营第1部(作战部)上将部长。10月13日调任第2战区上将副司令长官。11月26日调任浙江省政府主席。12月6日兼任全省保安司令、军管区司令。

1938年1月兼任浙江省国民抗敌自卫总司令。

1942年9月兼任第3战区副司令长官。

1945年5月当选国民党中央监察委员(至抗战胜利)。

▲参加军事会议的（左起）孙连仲、黄绍竑、田镇南、李默庵。

2集团军总司令孙连仲、第6集团军总司令杨爱源、第7集团军总司令兼第35军军长傅作义、第22集团军总司令邓锡侯、第9军军长郭寄峤、第14军军长李默庵、第17军军长高桂滋、第34军军长杨澄源、第61军军长陈长捷、骑兵第1军军长赵承绶、第35军副军长曾延毅、第66师师长杜春沂、第73师代理师长王思田和新编独立第1旅旅长陈庆华等人。

这次会议，阎锡山没做任何铺垫，就直接将11月2日军事会议中主张的依城野战、保卫太原的计划重新复述了一遍。接着，阎锡山又说出一个好消息，那就是南京方面已经增派中央军的精锐、曾经血战南口的汤恩伯第20军团入晋增援，该部预计在11月11日可抵达太原城郊。这主要是说给黄绍竑听的。介绍完这个计划后，阎锡山向黄绍竑和孙连仲望去，并假意征求黄、孙两人的意见。

黄绍竑没有直接表态支不支持这个方案，他起身说道，"由正太路后撤的部队，均已疲惫不堪，大部已失去联络，必须撤往后方加以整顿，才能恢复战斗力。我建议，将从娘子关方向撤下来的东路军撤至寿阳铁路线以南和榆次县以东的山地收容整理，并与第18集团军取得联络。日军如果直攻太原，则从敌人侧后给予袭击，日军如果向南进攻，则沿同蒲铁路逐步撤向太谷、平遥。忻口方向撤下来的北路军，除派一部固守北郊工事，作为守城的警戒部队外，主力均撤过汾河以西的高山地区，监视日军，从事整顿，必要时侧击敌人。这样布置，则由忻口、娘子关撤退下来的部队，既可休息，也可牵制日军攻击太原城，而太原城守军也可以作为太原城外部队的支持"。

黄绍竑的建议，是比较符合实际情况的。但如果这么一来，无异于保存东、北两路军的实力，使太原城守军独立抵抗日军进攻。说穿了，这个提议就是在"规避作战"！

阎锡山在黄绍竑说到一半时，就已经意识到这一点。所以当黄绍竑说完后，阎锡山就摆了摆手，强调城内城外部队依城野战的重要性。换言之，你黄绍竑的意见虽然有道理，但我阎锡山的既定方案，不容更改。

对于阎锡山的态度，黄绍竑也没有丝毫妥协，他的提议得到了卫立煌等客军将领的支持，阎锡山的方案则得到全体晋绥军将领的同意。双方由此展开激烈的争论，有的人甚至开始揭对方的短处。就这样，一边指责客军故意保存实力弃太原百姓于不顾，一边指责省军如此打法，无异以卵击石，如果在太原就将兵力全部消耗，那晋南、晋西如何防御？

坐在一旁的傅作义知道，无论是执行阎锡山的方案，还是执行黄绍竑的建议，他傅作义都得在太原死守。所以不管结果如何，对傅作义和太原城的守军来说，其实都是一样的。但这么无休止地争论下去，何时才能结束呢？傅作义在这时站起来，大声咳嗽了一声，作准备发言状。

傅作义这么一弄，众人纷纷停止争论向他望去。"傅宜生这位守城名将会作出什么发言呢？"众人都十分好奇。

令众人惊讶的是，傅作义并没有对阎、黄两案之争发表意见，他只是将第73师未奉命令全部入城说了出来，并要求阎锡山惩治赵霖、章吉荣二人。傅作义说完后，阎锡山便向王思田看去，意思是问王思田是不是这么一回事。王思田见状，急忙站起来，他先是认可了傅作义的"告状"，接着又说驭下不严自请处分。

既然属实，阎锡山便向张培梅看去。张氏心领神会，当即离场带上执法官去西

▲阎锡山与黄绍竑在会议上针锋相对。

山逮捕赵、吉二人去了。或许是走漏了风声，张培梅扑空了，赵霖已经带着两个营跑到交城避难，此后他自称游击司令，在东社、沙沟地区"占山为王"去了。至于章吉荣，则只身离部，后来投奔汪伪政权当了汉奸。第73师经此变故，军心涣散，部分士兵开始逃亡。师长刘奉滨于是请求脱离保卫太原的战斗序列，将部队调往后方整训。

解决完此事，傅作义即请求离会，他的理由是"日军不日就将进攻太原，具体防御部署刻不容缓，需要立即返回平民中学开会讨论"。傅作义一走，整个会场又为了采用阎案还是黄案而争论不休。有的将领刚从前线返回，几天都没有睡过好觉，干脆在会议厅里打起了呼噜。

一场决定太原防御计划的重要军事会议，就在一边争论一边呼噜之中拖延到了5日凌晨1点。或许是阎锡山也困了，他最后大咳一声，举手示意与会将领停止争论。这么一来，那些争论的、瞌睡的将军们纷纷坐回座位，他们知道，阎锡山要下最后决定了。

"军队已经行动，要改变也无法改变了"，这就是阎锡山的结论。原来他在这次军事会议召开时，就已经派人分别前往各部队传达命令了。最后，阎锡山对朱绶光轻轻说了声"我们走吧"，就准备离开会场。参谋处长楚溪春见状，上前两步提醒阎锡山还没有正式宣布散会。阎见状，摆了摆手，在说了一句"这你就不要管了"后带着赵戴文等人径直离开了战区司令长官部。原来阎锡山在会前已经准备好了撤离车辆，只等他出门，车队就将带着战区的主要人员离开太原。至于他常年办公的这个司令部将会在第二天移交给傅作义，作为守城司令部之用。

仍然在会场的将军们这时才反应过来，原来一切在会议前就已经确定了，那还开这个会干什么呢？这时，会议厅的灯突然熄灭了，他们只得带着疲惫的身躯，陆续离开了战区司令长官部。

▲宣称要死守太原的阎锡山最终还是逃跑了。

黄绍竑走出大门时，突然发现阎锡山调拨给他的小汽车不见了，他不由得吓出一身冷汗，随即命令等候在外的卫士摸黑护送他赶到大南门，狼狈出城。第二天中午，黄绍竑在交城与先他一步抵达的阎锡山见面，并再次试图说服阎改变计划。

阎锡山却依然固持己见，他强调说："宜生是守城名将，当年他守涿州两个多月，扛住了数倍的奉军和优势炮火。太原储备了半年的粮食和弹药，把太原的命运，就寄托在他身上了。"黄绍竑对此只得轻轻地苦笑了一下，不久之后就与阎锡山分道扬镳。他们一个前往孝义县大麦郊的第2战区临时司令部，一个前往介休的副司令长官部。11月26日，黄绍竑在正式辞去第2战区副司令长官的职务后前往浙江主政，此后他再未与阎锡山有过交集。

第六章　太　原　城　防

太原，别称并州，古称晋阳，也称"龙城"，是山西省的政治、经济、文化、交通中心，更是华北地区的军事重镇。太原城的东西南北各有两座重要城门，东边从左至右起，分别是小东门（迎晖门）、大东门（宜春门），南边是首义门（承恩门）、大南门（迎泽门），西边是水西门（镇远门）、旱西门（阜成门），北边是大北门（镇远门）和小北门（拱极门）。太原的城墙高10米，上宽8米，下宽20米，城墙坚固突出，转角处又都安装了能够抵挡150mm榴弹炮轰炸的钢筋水泥机枪掩体。此外，城郊、东山和西山都构筑有要塞、碉堡，并铺设了大量地雷，这些都有利于防御。

早在傅作义于10月2日初抵太原时，

▲太原城鸟瞰图（左南右北）。

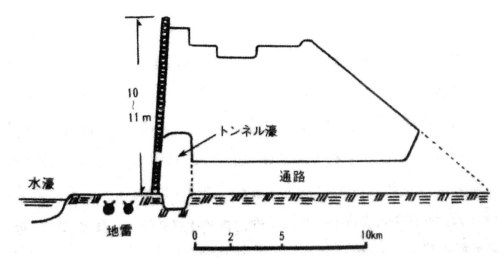

▲日军对太原城墙的剖面图示。

阎锡山就曾将太原城防修筑的任务交给他执行。对此，他与参谋长叶启杰等幕僚日夜查看，并按照中日双方的装备详加估计，拟订出一份工事计划，其指导要领如下：

甲.要旨

一、城防各种兵器之配备，应能集中所有火力，以达歼灭敌人之目的。

乙.指导要领

二、为使接近城垣之敌，完全消灭于我火网内，城外近距离之死角，须以最大之努力消除之。

三、各城角、各瓮城及城根掘洞，伏藏山炮，对接近城墙之敌，以零线子母弹构成交叉火网。

四、各城墙突出部，构筑机关枪地下室，以侧射火力辅助山炮火力。

五、监视哨所，一律设置于城墙腹部，采用互相监视法。

六、城内房院，可形成复廊者，须加筑外壕，形成纵横无数之方形阵地，以备阻绝突入城内之敌。

七、城内较高坚之建筑物，配备远射炮，并能向各方随时集中射击。

这份指导要领本来由第35军执行，但该军随即奉命开赴忻口参战，于是傅作义奉命将这个任务移交给太原卫戍部队——第66师师长杜春沂继续负责。此后傅作义又一度奉命于10月18日返回太原指导第66师修筑工事，但又因前方战事紧张而离开。然而，直到忻口撤军为止，太原的防御工事仍然没能完成。

11月4日下午5时，傅作义返回平民中学召开太原城防部署会议。除了独立第7旅和独立第8旅仍在途中，其余各部队的团长及直属部队连长以上军官全部出席这次会议。

会议首先由第7集团军参谋长叶启杰

▲帮助军队赶筑战壕的太原民众。

宣布成立三个防守太原的主要机构。其一是太原守备司令部，由傅作义兼任司令，陈炳谦兼任参谋长，负责保卫太原的一切军事指挥。其二是城关防守指挥部，由袁庆曾兼任指挥官，绥远省会警察局长张公量、督察长韩伯琴、民政厅科长高赓虞为成员，负责督战。其三是太原戒严司令部，由曾延毅兼任司令，马秉仁兼任副司令和稽查处处长，第35军副参谋长郗莘田兼任参谋长，负责城内的岗哨、巡查以及维持城内秩序。

傅作义知道，城北地势平坦，城南稍次，城东有东山、城西则有西山和汾河。日军如果要进攻太原，北面和东北角必是进攻重点，尤其是东北两段，护城河虽有，但北面的河水只到小腿，东边更是枯竭，这两条护城河沟日军可轻易越过；其次是南面，河水及腰。至于西面，因为护城河内河水深达5米，加上西面地形限制，日军从此方向进攻的可能性微乎其微。所以他决定将城北和城东的防守重担交给自己信得过的第211旅和第218旅，城南由第213旅负责，城西压力较轻，由新编独立第1旅所属一个团承担，另一个团则配属城北增强北面的防御力。城防计划由第7集团军参谋长叶启杰、高级参谋陈炳谦、第35军参谋长张濯清共同制订，随后由傅作义签署盖章后下发给与会的各部队长。其内容如下：

独立第1旅陈（庆华）旅长、第213旅杨（维垣）旅长、第211旅孙（兰峰）旅长、第218旅董（其武）旅长、第73师王（思田）代师长、新3团姚（骊祥）团长、新8团阎（应禧）团长、新9团孙（越）团长、炮21团李（柏庆）团长、炮22团刘（倚衡）团长、炮垒大队郝（庆隆）大队长：命令太原城防部队守备地区如下：

一、独立第1旅守备地区，右自西城墙北端第一突出部（不含）起，左至南城墙西端第一突出部（在内）止，在该区内之炮垒大队山炮14门，均归指挥。

二、第213旅附炮21及26两团炮兵各

叶启杰抗战简历

叶启杰，福建省建瓯县（现建瓯市）人，字新吾。出生于1895年3月20日。1919年9月毕业于保定陆军军官学校第七期骑兵科、1937年8月毕业于南京陆军大学特别班第二期。1936年2月3日任陆军少将。1946年12月23日晋任陆军中将，退役。1978年1月9日在甘肃省兰州市病逝。他获得的勋章有：四等云麾勋章。

1931年9月时任第73师第210旅少将旅长。

1934年9月考入陆军大学深造。

1937年8月出任第7集团军中将参谋长。12月调任第35军中将副军长。

1939年9月18日调任第八战区副司令长官部中将高级参谋。

1942年5月调任第三战区司令长官部中将高级参谋。12月调任第三战区司令长官部中将附员。

1943年8月兼任第三战区副司令长官部前进指挥所中将主任（直至抗战胜利）。

一连，为南城守备队，守备地区，右自南城墙两端第一突出部（不含）起、左至东城墙南端第一突出部（在内）止，该区之炮垒大队山炮12门均归指挥。

三、第211旅附炮21团之一营，为东城守备队，守备地区，右自东城墙南端第一突出部（不含）起，左至北城墙东端第一突出部（在内）止、该地之炮垒大队炮16门均归指挥。

四、第218旅附新编第3团及炮21团之一营，为北城守备队，守备地区，右自北城墙东端第一突出部（不含）起、左至西城墙北端第一突出部（在内）止、该区内之炮垒大队炮14门，均归指挥。

五、各守备队之作战地境。

1.西城守备队与南城守备队为西肖墙、柳巷、钟楼街、按司街、东西羊市街、都司街、南城墙西端、第一侧防突出部、迄老军营西侧之线，线上属西城守备队。

2.南城守备队与东城守备队为西华门、晋生路、西夹巷、红市街、松花坡、上官巷、东城墙南端第一侧防突出部、东官村、迄淖马村南侧之线，线上属南城守备队。

3.东城守备队与北城守备队为上肖墙、新民北正街、北新路、国民师范东侧、旧第一旅营监西侧、西马坊西侧、迄东涧河之线，线上属东城守备队。

4.北城守备队与西城守备队为后小河、坡子街、成方街、西城墙北端第一侧防突出部、迄汾河东岸、九九三点二高地之线，线上属北城守备队。

5.参看太原附近五千分之一图，及太原市全图。

六、第73师、新编第8团为预备队，

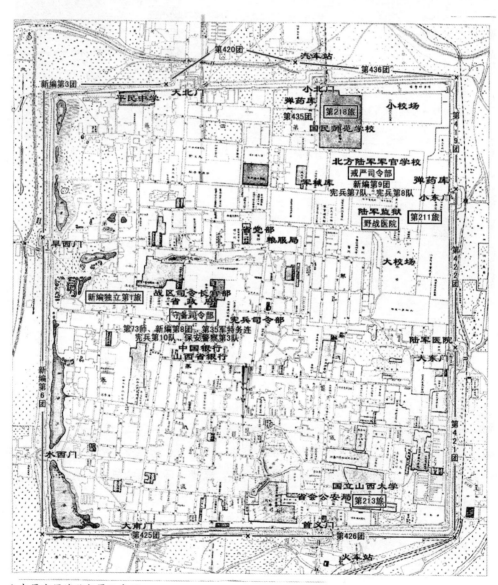

▲太原守军城防部署示意图。

位置另定。新编第9团归曾司令指挥。

七、炮垒大队以外，城内远射炮兵，归炮22团刘团长统一指挥。

八、各部队应赶速完成城防工事，妥为配备，并注意随时得进入阵地。

九、各守备队配备情形，旅团部之位置，应速呈报。又炮垒大队，除城根已有掩体之炮位外，其余之炮，应分配于各城楼，作远射侧射及防空之用。并速在各城楼，完成炮21团未完之掩体，更应按地区之划分，妥为编组报查。

十、已转令城关防守指挥官，总司令傅作义，支甲参战印。

傅作义布置妥当，即命各部队长立即返回所部执行命令。由于时间紧迫，傅作义及总部人员都已无暇休息。11月5日凌晨1点多，卫立煌和中共中央代表周恩来在战区司令长官部散会后前往平民中学探望傅作义。

三人先是寒暄了几句，随后互相交换了意见。卫立煌依然表示不赞同阎锡山的计划，傅作义作为阎的部属也不想多作辩驳。倒是周恩来语重心长地说："傅将军是守城名将，勇敢善战，是完全可以信赖的。但是当前我们进行的是反侵略战争。由于日军的强大和武器精良，这就规定了这场战争是长期的、持久的、复杂的。对我们来说，能够争取时间就是胜利，能够保持有生力量就是胜利。因此，在战略上不应去计较一城一地的得失，要注意保存有生力量。务请傅将军能够深思熟虑。"

▲中共中央代表周恩来。

当时担任傅作义机要秘书的茹润生曾经回忆到这个场景，并说傅作义在听完周恩来的话后十分感慨，大有"听君一席话，胜读十年书"之意。同时，也使傅作义长时间的抑郁心情开朗不少。

卫立煌再次提议傅作义"改变计划，一同南下"，并以前敌总司令的身份写了一个准许撤退的手令。对此，傅作义还是拒绝了，他认为既然已经接受了守城的任务，就应当认真执行，绝不能半途而废。傅作义觉得以现在的部署可支持一周，如果等到独立第7旅和独立第8旅入城，以及第20军团的增援，那就可以守得更久。但傅作义没想到，他所期待的两个独立旅，最终却只有一个营入城，他更没想到，卫立煌在一天后就将傅作义以及太原守军抛弃了。

11月5日的太原城，可以说是开战前最混乱的一天，军、政、警、民都在疯狂地加紧撤离中。早在忻口战事正酣时，部分有先见之明的人就开始陆续离开太原。当11月3日第2战区司令长官部宣布傅作义为太原守备司令时，太原的民众就纷纷收拾起行囊，开始大撤退。

11月3日和4日这两天的撤离还是井然有序的，晋绥宪兵司令李润发、山西省会公安局长程树荣等军、警系统的一把手都仍然在岗位调动一切可以调用的宪警部队维持秩序，并加紧搜捕城内的敌特人员。此外，城内的防空设施、电力设施都在继续工作着。然而当阎锡山于5日凌晨在张培梅率领的执法队簇拥下离开太原后，一切就都变了。

曾经公开宣布要与太原共存亡的"阎主任"竟然跑了，那下面的人还守什么呢？第2战区司令长官部和山西省政府、太原市政府的大小留守官员们闻讯后，也都在凌晨仓皇逃离，太原一时间竟成了无政府状态。

当新任太原戒严司令曾延毅在散会后带着幕僚前往新民二条18号的晋绥宪兵司令部与李润发交接时，竟发现司令部里早已人去楼空。不一会儿，去城南省会公安局办理交接的副司令马秉仁派人来报信，说局长程树荣也不见了。曾延毅急忙命令参谋长郗莘田派人去联系宪兵第1营和四个警察分局，却惊讶地发现这些地方都空了。与此同时，奉命接管弹药库、军火库

和防空队的城关防守指挥官袁庆曾也碰到了同样的问题，两个地方都不见人影，就连负责拉响防空警报的士兵都跑了。

更要命的是，傅作义下了在5日下午完成封堵城门的命令。

封城门之举，对傅作义来说实属无奈之举。当他于4日晚上在平民中学正式下达城防部署的命令后，部队里就出现了临阵动摇者。会议一散，第35军参谋处上校处长李荣骅和副官处中校副官尹绍伊两人就偷偷地从南门逃跑了。高级军官如此，下面的士兵就更恐慌了。

为了安定军心，坚定死守太原之意，傅作义一面将司令部迁入第2战区司令长官部内，一面不得不下达了封闭城门的命

▲逃跑的省会公安局长程树荣。

令。此外，他还在5日上午召集了参与守城的连长以上军官训话，他说："我们依城野战的战略，要在野战部队的配合下，守住太原城，阻止敌人前进，好来掩护我军大部队和太原市人民的撤退与物资的安全转移。我们守太原城，等于在一个盖上盖子但还没有钉上钉子的棺材里。我们如果能守住太原城，就把棺材盖子给揭开了；否则，棺材盖子就被钉死了。希望诸君发扬为国家为民族英勇献身的革命精神，努力杀敌，完成固守太原城的光荣任务。"

傅作义的这段讲话，表示了自己的守城决心，并希望通过这个比喻来激增守军官兵的守城信心。当天晚上，他还给家人写了一封遗书，其主要内容如下："我奉

▲正在训话鼓舞士气的傅作义。

命在平绥前线担任总指挥，虽经国军浴血奋战，仍未能阻止日寇的疯狂进攻。目前战火已烧到太原附近，我已奉命担任太原守备司令，肩负保卫太原之责。须知此次对日寇之战是一次外御顽敌和保卫国家之战，它关系到我们国家的存亡和民族的兴衰。全国人民奋起抗战，人人有责，作义身为军人，更是守土有责，责无旁贷。作义自幼从军，戎马半生，只知为国为民，早置生死于度外，只要一息尚存，誓与日寇血战到底，为国捐躯，义无反顾。作义自幼在外，很少关心家务。俗话常说，为国尽忠就不能为亲尽孝，我看亦不尽然。须知皮之不存，毛将焉附？此次保卫国家，亦就附带保卫家乡，或可兼顾忠孝两面，此点差堪告慰！生，我所欲也，义，亦我所欲也，二者不可得兼，舍生而取义者也。耿耿此心，有如日月，可以告慰国人和家人矣！"

城门一堵，将无法出城，意味着守军已无生路，只能在城里战斗到死。对军队而言，或能起到激励士兵出力死战的效果，但对不担负作战的市民来说，就不是一个好消息了。

原本仍在有秩序出城的民众彻底乱了起来，他们不顾城门士兵劝阻，争先恐后地蜂拥出城，导致踩踏致死事件时有发生。防空警报的失灵，导致日军飞机轰炸时，许多无辜民众被炸身亡。不仅如此，城内的一些散兵游勇和地痞流氓开始趁火打劫，许多商店因此被抢劫一空。更有甚者，还发生了攻击士兵抢夺枪械的事件。

城内如此，城外就更加混乱了。太原军民的撤离方向主要集中在西、南两面，其中尤以西面最多。由于缺乏秩序，在通往几座汾河桥梁的道路上到处都是各种车辆，人群你挨着我、我挨着你，行动十分缓慢。叫喊声、谩骂声此起彼伏，一些拥有枪械的人甚至还对天鸣枪，试图打开通路。道路两旁，则都是因疲惫而席地休息的男女老幼，婴儿的啼哭声，寻找亲人的呼喊声不绝于耳。

太原保卫战守军战斗序列

太原守备司令部，司令傅作义，参谋长陈炳谦

太原城关防守指挥部，指挥官袁庆曾

太原戒严司令部，司令曾延毅，副司令马秉仁（兼稽查处处长）

新编第9团，团长孙越

炮兵指挥部，指挥官刘倚衡

炮兵第21团，团长李柏庆

炮兵第22团，团长刘倚衡（兼）

炮垒大队，大队长郝庆隆

第73师，师长王思田（代）（注：该部仅200余人）

新编第8团，团长阎应禧

第211旅，旅长孙兰峰

第419团，团长袁庆荣

第421团，团长刘景新

第422团，团长王雷震

第213旅，旅长杨维垣

第425团，团长李在溪

第426团，团长高朝栋

第218旅，旅长董其武

第420团，团长李思温

第435团，团长许书庭

第436团，团长李作栋

新编独立第1旅，旅长陈庆华

新编第3团，团长姚骊祥

新编第6团，团长续儒林

更严重的是，铁桥上有两辆轿车因行进方向不同而僵持，双方都要求对方闪开，因此僵持不下，导致后续车辆都无法前进。而几座木桥因承载压力过大，竟有部分桥板掉落，平白增加了人群移动的困难。有首民谣，十分贴切地反映了当时的场景：富人忙搬家，穷人心慌慌。军官扔部队，小兵扔大枪。

身负维持秩序之责的曾延毅因指挥的都是从绥远带过来的宪警部队，对太原大街小巷情况完全陌生，根本无法起到应有效果。更严重的是，日军特工和汉奸开始乘机在城内频繁活动起来，负稽查之责的马秉仁因不熟悉情况，有如瞎猫一般无所作为。曾、马两人，只能干跺着脚，却又无能为力，任凭事态持续恶化。

就在守军一面努力维持秩序，一面封堵城门时，一个令人恐慌的消息传到了太原。那就是——日军在南郊出现了！

第七章 日 军 逼 近

日军攻占太原的计划，早在10月1日就已内定由第5师团完成。为此，日军华北方面军司令部赋予了第5师团师团长板垣征四郎极大的指挥权。板垣不仅能够指挥华北方面军配属给他的萱岛支队（中国驻屯步兵第2联队为主，附战车、骑兵、工兵各一个中队），还可以指挥关东军察哈尔派遣兵团入晋作战的混成第2旅团和混成第15旅团。虽然在忻口作战前，第5师团奉命抽调第9旅团主力开赴上海参战，但板垣可以调动的部队仍有16个步兵大队，以及21门山炮、44门野炮、28门榴弹炮、2门加农炮，计3万余人的兵力。

和大部分日军高级将领不同的是，板垣征四郎并非出生于军人世家，他的祖父是一名藩主讲师、神道教徒，父亲则担任过地方行政长官。板垣小时候成绩不好，但却受军国主义影响而热衷于从军，先后毕业于日本陆军士官学校和陆军大学。

由于板垣征四郎从小学习中国文化，又能讲一口流利的中文，这使他与中国结下了不解之缘。正因为如此，日军参谋本部调板垣长期在中国任职。板垣对此机会十分珍惜，他勘测过中国地理、从事过间谍工作，又当过参谋本部中国班班长和驻华使馆助理，这些经历又使他成为日本陆军中有名的"中国通"。

对于华北方面军赋予的攻占太原的任务，板垣征四郎内心颇为欣喜，这将是继保定之后，日本军队攻占的第二座大城市。既然攻占保定的"荣誉"归了第6师团，那么攻占太原的"荣誉"就由第5师团来完成吧。

板垣征四郎志在必得。他率部入晋作战初期，战事进展十分顺利，但在忻口却遭到了重兵集结的中国军队顽强抵抗。虽然经过22天的鏖战，中国军队还是放弃阵地向太原撤退，但第5师团等部也付出了阵亡1651人（军官60人）、伤4594人（军官142人），总计6245人的惨重代价，这相当于已经损失了全军四分之一的战斗兵。

以此实力还能完成攻占太原的任务吗？板垣征四郎心里有些着急。他的部队在正面遭到中国军队的节节阻击，后方又不断遭到八路军游击部队的伏击，如果再不打开局面，自己的颜面和部队的"荣誉"都将荡然无存。当板垣于11月3日上

板垣征四郎简历

板垣征四郎，日本岩手县人，出生于1885年1月21日。1904年10月毕业于日本陆军士官学校第16期步兵科，1916年11月毕业于日本陆军大学第28期。战后被认定为甲级战犯，被送上远东国际军事法庭接受审判，最终被判绞刑，1948年12月23日执行。他获得的勋章有：功二级金鵄勋章、功三级金鵄勋章。

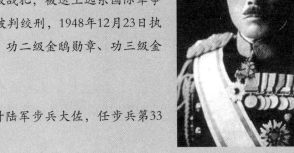

1928年3月8日晋升陆军步兵大佐，任步兵第33联队联队长。

1929年5月14日调任关东军高级参谋。

1931年10月5日调任关东军第2课课长。

1932年8月8日晋升陆军少将，调任伪满洲国执政顾问。

1933年2月8日调任参谋本部附。

1934年8月1日调任伪满洲国军政部最高顾问。12月10日调任关东军副参谋长兼驻满武官。

1936年3月23日调任关东军参谋长。4月28日晋升陆军中将。

1937年3月1日调任第5师团师团长。

1938年5月25日调任参谋本部附。6月3日调任陆军大臣。

1939年8月30日调任参谋本部附。9月4日调任中国派遣军总参谋长。

1941年7月7日晋升大将，升任朝鲜军司令官。

1945年2月1日兼任第17方面军司令官。4月7日调任第7方面军司令官（直至日本投降）。

午通过陆军航空兵的报告得知中国军队已经撤离阵地时，他不顾部队急需整补的实际情况就立即下令兵分三路开展追击，乘着奉命断后的中国军队第21师立足未稳，于4日一举突破关城镇的防线，并乘胜攻占石岭关继续南进。板垣知道自己不能在这里停下脚步，太原就在前面，他似乎已经能够看到太原的城楼，任何人都不能先他一步进入太原！

板垣征四郎不知道，此时此刻，另有一位竞争对手也在飞速地命令部队向太原开进，他就是第20师团师团长川岸文三郎。第20师团在突破了中国军队防守的娘子关防线后，一路西进，接连占领阳泉、寿阳。11月5日这一天，川岸的第20师团又先后在鸣谦镇和张庆镇将中国军队第127师残部和第122师残部击溃，且一度使第41军长孙震身陷重围。在这一连串的捷报下，川岸文三郎有些飘飘然了。为什么攻占太原的任务不能由自己的第20师团来完成呢？他命令第39旅团不用搭理沿途的中国溃兵，径直向太原开去。

日军第20师团的急进，很快就被板垣征四郎获悉。第5师团原本直属华北方面军，但在11月3日被划归第1军司令官香月清司指挥。这似乎将板垣与川岸的地位拉平了不少，但板垣毕竟做过方面军的直辖师团长，既然方面军司令部已经确定由

自己的部队攻占太原，川岸怎么可以违抗这一命令呢？气愤的板垣征四郎立即联系第1军司令部，找香月清司告状去了。

对于华北方面军司令官寿内寺一的既定作战方针，香月清司根本无意违背。香月知道，第20师团的原定任务是在突破娘子关中国军队的防线后，继续进攻阳泉和寿阳，从侧翼配合第5师团对太原的进攻。但由于东线的中国军队没能在娘子关之后组织起有效的抵抗，致使第20师团和配属作战的昔阳支队（第109师团第31旅团主力）如入无人之境，在11月2日就过早地完成了原定任务。

川岸师团的推进速度实在太快了，这是包括香月清司在内的大部分第1军司令部高级幕僚都没有料到的事情。有鉴于

▲华北方面军司令官寿内寺一。

▲第1军司令官香月清司。

此，香月清司在11月4日向川岸文三郎下达了新的命令，要第20师团在等到第109师团主力抵达后以一部进攻榆次，主力继续向介休推进。

香月清司的命令是要第20师团不要北上，而是继续西进，切断太原守军的南退道路。但这个命令实际上有些含糊，因为香月没有明确如何处理阻挡在第20师团正面的中国军队。也就是说，如果中国军队继续向介休撤退，那么第20师团自然是应该继续西进追击，但如果是向北撤往太原呢？"难道放任中国军队进入太原，给第5师团的进攻增加阻力吗？"川岸文三郎抓住了漏洞，并以减轻第5师团压力为理由，命令步兵第78联队联队长小林恒一大

佐继续往北追击溃败的中国军队第22集团军主力，这使他离太原又近了一步。

板垣征四郎的告状，使川岸的企图完全暴露了。在香月清司的严令下，川岸文三郎不得不命令第78联队停止追击，在鸣谦镇至鸣李村一线等待4日才从元氏出发的第109师团主力。川岸妄图抢先攻占太原的企图落空了，不过他还是向板垣的第5师团司令部发去一份装模作样的电报，以表明自己是绝对不会争夺攻占太原的功劳，"第5师团一直以太原为目标进行苦战，太原攻略的荣誉应该属于第5师团，任何人都抢不走"。

对于川岸文三郎的虚情假意，板垣征四郎心知肚明，他接到电报后立即回电一

川岸文三郎简历

川岸文三郎，日本群马县人，出生于1882年1月1日。1903年11月毕业于日本陆军士官学校第15期步兵科，1911年11月毕业于日本陆军大学第23期。1957年6月16日病逝。他获得的勋章有：功二级金鸱勋章。

1926年3月2日晋升陆军步兵大佐。

1929年8月1日任近卫步兵第4联队联队长。

1931年8月1日晋升少将，调任侍从武官。

1934年12月10日调任兵器本厂附。

1935年1月21日调任独立混成第11旅团旅团长。8月1日晋升中将。

1936年3月7日调任第12师团司令部附。12月1日调升第20师团师团长。

1938年6月23日调任东部防卫司令官。

1939年12月1日转预备役（直至日本投降）。

封，内容倒也直接："川岸师团长如果真的进攻太原，那么将会为第5师团蒙上极大的耻辱"，这意思很明显。如果你川岸真的不顾一切去打太原，无论打没打下来，整个第5师团都不会让你好过。不管怎样，攻占太原的任务，最终还是落到了板垣征四郎的头上。也正因为如此，中国军队第22集团军残部幸运地脱离了与第20师团的战斗，继续向太原方向撤退。

就在5日上午，第22集团军总司令邓锡侯从太原南下寻找部队，他知道自己的下一个任务是将第41军和第45军收容起来后承担起太原南郊的防御，配合城内守军与日军野战，可问题是所属各部队因从娘子关方向撤退时被日军各个击破，已经无法与军长、师长、旅长取得联系。

邓锡侯不得不在南畔村暂时休息，并命令参谋处的参谋四处寻找部队。不想就在驻足时，突然与日军第20师团的便衣队遭遇，双方随即展开混战，邓锡侯得卫士奋战保护才得以突围而出，但日军便衣队仍紧紧追击，使他随时有再被日军包围的危险。就在此危急时刻，第122师第727团团长张宣武正好带着部队赶到，双方随即合兵一处，并由张氏统一指挥反击，这才将便衣队击退。

邓锡侯幸运脱险，但当他看到从战场上退下来的第727团剩余官兵时，昔日从四川出征时斗志高昂的川军健儿，如今已是个个疲惫不堪，其惨状几与乞丐无异，他禁不住地流出了两行热泪。

当天下午，第22集团军其余各路残部

▲第22集团军总司令邓锡侯。

▲第727团团长张宣武。

终于陆续抵达北营地区。邓锡侯随即将副总司令兼第41军军长孙震、第122师师长王铭章、第124师代师长税梯青、第125师师长陈鼎勋和第127师师长陈离召集起来开会。邓锡侯先是传达了一天前由第2战区司令长官部正式下达的保卫太原的任务，随即命令集团军主力转向狄村，留第127师在北营断后。

狄村距太原城南首义门仅4公里，当部分东路军的无组织溃兵逃到太原时，日军第20师团兵临太原的消息就这样传了开来。而事实上，第20师团在第1军司令部的严令下已经停止北上，其主力离太原城南还有20多公里。

解决了南面的虚惊，傅作义却不得不将注意力转移到北面。第22集团军派回太原的联络参谋已经告诉傅作义，川军正在执行依城野战的计划。那北面呢？依然持反对意见的卫立煌能不能将忻口败退下来的部队在西山收容好，随即承担起北郊的守备任务呢？

形势是严峻的，在川岸文三郎的压力下，板垣征四郎不得不下了死命令，要所属各部以急行军的速度追击中国败兵。到了11月5日下午，日军第5师团的先头部队——步兵第42联队已经抵达青龙镇，此地离太原城北只有15公里。此时的北郊和西郊，北路军各部混乱不堪，根本没能组织起有效的指挥体系。

照此情况，怎么依城野战！？

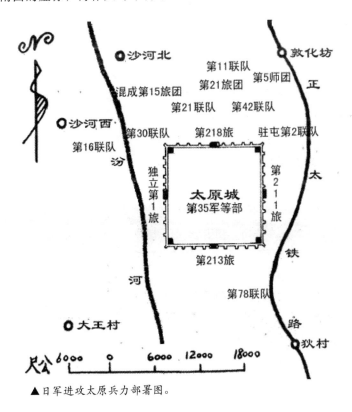

▲日军进攻太原兵力部署图。

进攻太原的日军战斗序列

第1军，司令官香月清司，参谋长桥本群

第5师团，师团长板垣征四郎，参谋长樱田武

步兵第21旅团，旅团长坂本顺

步兵第21联队，联队长粟饭原秀

步兵第42联队，联队长大场四平

步兵第11联队，联队长长野祐一郎

骑兵第5联队，联队长小堀是繁

野炮兵第5联队，联队长武田馨

工兵第5联队，联队长和田考次

辎重兵第5联队，联队长原田真一

混成第15旅团，旅团长筱原诚一郎

步兵第16联队，联队长后藤十郎

步兵第30联队，联队长猪鹿仓徹郎

骑兵第2联队，联队长本多武南

野炮兵第2联队，联队长高桥确郎

工兵第2联队，联队长伊藤精

中国驻屯步兵第2联队（萱岛支队主力），联队长萱岛高

战车第4大队，大队长村井俊雄

第20师团，师团长川岸文三郎，参谋长杵村久藏

步兵第39旅团，旅团长高木义人

步兵第78联队，联队长小林恒一

第109师团步兵第31旅团步兵第69联队（昔阳支队主力），联队长佑佑木勇

华北方面军临时航空兵团，团长德川好敏

第八章 孤立的守军

1937年11月5日下午，太原城守军已经根据计划陆续抵达各自的防区，担负起四面城墙守备之责的四位旅长随即又各自根据所部的实际情况来安排防御段。

负责东城墙守备任务的是第211旅旅长孙兰峰，他从连长开始就跟着傅作义征战沙场，拥有丰富的作战经验。孙兰峰经历过艰难的涿州保卫战，并在1936年的

孙兰峰抗战简历

孙兰峰，山东省滕县（现滕州市）人，字畹九。出生于1895年11月17日。1945年1月毕业于重庆陆军大学将官班甲级第一期。1935年5月24日任陆军步兵中校。1936年7月30日晋任陆军步兵上校。1940年12月5日晋任陆军少将。1987年2月27日在内蒙古自治区呼和浩特市病逝。他获得的勋章有：三等宝鼎勋章、四等宝鼎勋章、四等云麾勋章、五等云麾勋章、胜利勋章、忠勤勋章。

1931年9月时任第73师第211旅第421团上校团长。

1936年5月升任第35军第211旅少将旅长。

1937年12月改任第73师第211旅少将旅长。

1938年6月改任第35军第211旅少将旅长。

1939年3月升任新编第31旅少将师长。

1940年6月12日升任暂编第3军中将军长。

1944年10月带职入陆军大学深造。

1945年1月出任晋陕绥边区总司令部中将副总司令兼暂编第3军军长。8月调任第12战区骑兵总指挥部中将总指挥兼察绥挺进军副司令（至抗战胜利）。

绥东抗战中立下首功，被当时的报纸广为宣传，是傅氏麾下第一猛将。

孙兰峰将旅部设在位于大校场和陆军监狱（战役期间作为野战医院使用）附近的第2战区汽车队营房内，他可以指挥的部队都是第211旅的建制部队，分别是袁庆荣的第419团、刘景新的第421团和王雷震的第422团。虽然经过绥远国民兵的整补，但第211旅实际上只有半数可战之兵。由于兵力不敷使用，孙兰峰只能将所属三个团一字排开，从左至右分别是第419团、第422团和第421团。考虑到日军的重点进攻方向可能会在东北角，孙兰峰命令重点补充过的第419团承担东北城角至小东门一线的守备，所属第1营配置于城外的黄国梁坟作为前进阵地，小东门城关至大东门一线城墙由第422团负责，大东门城关至东南城角（不含）由第421团负责。部署确定后，孙兰峰明确告诉各团的后援只有旅部的骑兵连和特务排，除此之外再无援军，所以要求各团进入阵地后各留一个营作为预备队，以备不时之需。

董其武抗战简历

董其武，山西省河津县（现河津市）人。出生于1899年11月27日。1921年8月毕业于太原山西陆军学兵团第一期步兵科。1945年6月毕业于重庆陆军大学将官班甲级第二期。1935年5月24日任陆军步兵中校。1936年9月30日晋任陆军步兵上校。1940年7月19日晋任陆军少将。1989年3月3日在北京市病逝。他获得的勋章有：青天白日勋章、四等宝鼎勋章、五等云麾勋章、胜利勋章、忠勤勋章。

1931年9月时任第73师第211旅第422团上校团长。

1932年3月调任第73师第218旅第436团上校团长。

1936年5月升任第35军第218旅少将旅长。

1937年11月30日升任第101师中将师长。

1940年6月12日调升暂编第4军中将军长。

1942年10月13日改任骑兵第4军中将军长。

1944年1月18日调任第35军中将军长。

1945年2月带职入陆军大学深造。5月24日出任晋陕绥边区总司令部中将副总司令。8月6日调任第12战区政治部中将主任（至抗战胜利）。

负责北城墙守备任务的是第218旅旅长董其武，这是傅作义麾下一位颇具谋略的指挥官。董其武虽然是中原大战前夕才成为傅作义的部属，但他以自己的能力成功获得傅氏青睐，并在短短七年里就从一名少校参谋成长为少将旅长。傅作义当时的嫡系部队就只有两个旅，董其武以"半路入伙"的身份成为其中一位旅长，足见傅作义对他的信任。

和第211旅不同的是，第218旅除了拥有建制内的三个团外，傅作义还增调新编第3团归董其武指挥，这在当时，让另外三位守城旅长颇为羡慕。但董其武知道，傅作义不会平白多给他一个团，此举意图明显，那就是傅作义已经判断日军会重点进攻城北，自己负责的防区将是太原保卫战最为关键、也是最为重要的防线。为此，他从左至右将新编第3团和第436团配置在城墙上，第420团部署在城外拥有钢筋混凝土建筑的兵工厂及周围各厂房内，第435团作为预备队使用。

董其武的旅部设在国民师范学校，他认为，姚骊祥的新3团虽然是新部队，但建制相对完整，李作栋的436团也得到了绥远国民兵的补充，他们可以平均分担城西北角至东北角（不含）城墙的守备任务。李思温的第420团是第218旅三个团里战斗力最强

的部队，董其武考虑到北城墙外有庞大的工业区，尤其是兵工厂的建筑大多由钢筋混凝土建造，部队完全可以利用这些坚固的建筑和复杂的工业区地形与日军在城外一拼，待消耗一定的日军有生力量后再命第420团撤入城内休整，并继续与日军展开城墙线的攻防。至于许书庭的第435团，从绥远一路撤来，兵力本就不足，且未得补充，董其武干脆将这个团作为预备队使用，使前线三个团都能充分运用自己的兵力。

负责南城墙守备任务的是第213旅旅长杨维垣。杨维垣本是李服膺的部下，和傅作义并没有什么直接关系。但杨维垣的哥哥杨维翰和傅作义是保定军校同学，因为这层关系，对傅的情况了解不少。杨维垣在回忆录中曾说自己在北伐战争时期就想投奔傅作义麾下效力，但因故没能成行。

▲傅作义和李服膺曾一起参加了1933年的长城抗战。

李服膺的部队在抗战全面爆发后被扩编为第61军，但天镇之败使李服膺命丧黄泉，第61军也随即土崩瓦解。在日军的不断打击下，整个61军只能编组成一个战斗旅，这就是杨维垣指挥的第213旅。由于傅作义和李服膺私交不错，第213旅的广大官兵都愿意在傅氏麾下效力。事实上让第213旅入城参与作战，本就是傅作义答应守城的一个条件。

杨维垣了却了自己在北伐战争的心愿，成为傅作义的部下。但他对能不能守住城南，其实并没有多大信心。早在天镇作战期间，他就吃尽了日军的苦头，用他在回忆录中的话说，那就是"孤城应战，虽有孙吴复生，也不能善其后"。杨维垣只能尽人事以听天命，他将旅部设在国立山西大学，随后命令高朝栋的第426团在左、李在溪的第425团在右，平均承担起城东南角（不含）至西南角一线的守备任务。同孙兰峰一样，杨维垣也没有多余的预备队可用，只能让高、李两位团长各留一个营出来。

如果在这次太原之战中不幸阵亡，那杨维垣就不用再考虑今后的事情了。但如果幸存下来，那就说明傅作义确实是一位值得追随的长官。事实证明，在短短数天的太原保卫战期间，傅作义让"板垣兵团"尝到了比在忻口22天鏖战更大的苦头，这种苦头，甚至一度使板垣征四郎产生了悲观心理。太原保卫战结束后，杨维垣拒绝执行阎锡山要他"归建"的命令，坚定地跟随傅作义开赴绥远抗战，并逐渐

成为傅氏手下的一员得力战将。

城西防务，是四面城墙压力最小的防区。新编独立第1旅旅长陈庆华也十分明白，在太原保卫战期间，日军从西边打过来的可能性微乎其微。正是这个原因，傅作义命令陈庆华将所属新编第3团拨归董其武指挥，去防守城北。对于将城西防务交由自己负责，陈庆华颇有感激之意，但对拆散所部建制使用，他却又很不满意。反正就剩一个团了，也不用多作调整，陈庆华在当面将城防任务交给新编第6团团长续儒林后，不等续氏提问，就带着旅部进驻位于旱西门不远处的阳曲县政府去了。

看着径自离去的陈庆华，续儒林和中校团附武直刚在对视一下后无奈地返回团部布置防务。和持消极态度的陈庆华相比，续儒林倒是对傅作义能够临危站出来保卫太原钦佩不已。考虑到西北角有可能成为一个争夺点，续儒林将第1营和第3营部署在旱西门城关至城西北角（不含），让第2营承担旱西门至西南角的防务。

与此同时，太原戒严司令曾延毅将司令部设在北方陆军军官学校内，他与副司令兼稽查处长马秉仁、新编第9团团长孙越等人将整个太原划分为四个戒严区，由新9团所属三个营分别负责。宪兵第7队和第8队由马秉仁指挥，在城内清查敌特。

至于阎应禧的新编第8团由太原守备司令部直接指挥，被部署在省立第一师范学校。王思田第73师的200余人和第35军特务连、宪兵第10队、保安警察第3队分

▲赶筑防御阵地。

别部署在守备司令部以及附近的中国银行、山西省银行等处，作为傅作义的核心保卫力量。

太原城内守军都已部署完毕，只等日军来攻。可城外是个什么情况呢？傅作义无权过问城外守军事宜，他彻夜未眠，只能在心里不断祈祷着自己的新上级——第2战区前敌总司令卫立煌能够尽快完成外围地区的防御部署。

此时此刻，卫立煌正在位于西山的临时指挥部来回踱步中。对于阎锡山"依城野战"的保卫计划，他不看好，更不愿意执行。但既然决定了，就只能硬着头皮去做。卫立煌计划在太原北面的松树坡、三

角村、沙河北、敦化坊一线构筑防御阵地，与城北守军相配合，阻挡北路日军。问题是从北路撤退下来的部队秩序混乱，且军心不稳，他们有的在北郊，有的在西山，有的还在向太原撤退途中。日军第5师团等部紧追不舍，卫立煌根本就没有时间在北郊和西郊构筑起有效的防线。总算卫立煌还能联系上北路军各部，知道这些部队都在什么位置。

至于南面，卫立煌计划依靠汾河作为掩护，集中东路军主力在西岸的东城角村至吴家堡一线构筑起防御阵地。但是目前除了刘茂恩的第15军在大马村、赵寿山的第17师在小店镇，卫立煌没能和其余各部

取得联系。孙连仲的第2集团军在哪？邓锡侯的第22集团军在哪？曾万钟的第3军又在哪？卫立煌全然不知。他只知道这些部队应该在位于小店镇的第17师掩护下，陆续抵达指定防区。可是以目前情况，东路军能完成这个任务吗？

和傅作义一样，卫立煌也没能睡着。两人分别在各自的指挥所里，忐忑地迎来了新的一天。当天夜晚，日军第42联队的先头部队攻占了距太原城北仅6公里的新店村。

11月6日凌晨，局势更加恶化。卫立煌仍然在西山试图收容北路军各部，并组织起有效的防御。北路日军的不断逼近似乎在告诉卫立煌，他根本不可能按照原定计划保卫太原。

更坏的消息从南边传来了。日军第20师团先头部队猛攻小店镇，守军第17师在抵抗了两个小时后不支，被迫向西突围而去。当时正奉命开赴小店增强防守实力的第15军军长刘茂恩闻讯，急忙命令部队向小店以西的汾河转移。他带着主力迅速通过架设在汾河上的铁桥，随后命令所属第64师第191旅旅长邢清忠带着工兵将铁桥炸断，以防日军继续西进。

小店的丢失，直接将太原守军南撤之路切断，能走的，就只剩下西面的崎岖山路了。消息传到第22集团军总司令邓锡侯

▲ 发起进攻的日军。

处，他急忙找来孙震等高级军官商讨今后的行止。孙震认为，太原外围的形势已经发生重大变化，全军应当当机立断，绝对不能再执行向狄村前进的原任务。乘着日军新占小店不久，立即挥师向南急进，突破日军包围，使集团军转危为安。

邓锡侯认为有理，但事后军事委员会或战区司令长官部要以军法惩处该怎么解决？经过商议，邓、孙等人决定留下吕康的第124师第370旅与日军继续保持接触，并掩护主力逐次转移，集团军主力则先向西进至汾河，随后再沿河南下，撤至祁阳、平遥地区休整。在此期间，集团军切断与战区司令长官部和前敌总司令部的联系。

第2集团军总司令孙连仲总算是在狄村以东的马庄找到了部队，可是一问，才发觉只是第27师。在向第42军军长兼该师师长冯安邦了解情况后，估计主力部队还在榆次以南。由于日军昔阳支队在5日占领了该地，第2集团军主力实际上已经不可能向太原靠拢了。孙连仲不得不据实报告卫立煌。至于第3军，当时还在小店以南地区，军长曾万钟见去路被日军阻挡，干脆直接调头向南转移。

11月6日下午2时40分，日军第21联队的先头部队进至沙河北，与中国军队第54师发生激战。在北路军混乱不堪，东路军又无法组织起有效防御阵地的情况下，卫立煌左思右想，只能放弃阎锡山"依城野战"的计划。在与参谋长郭寄峤和第14军军长李默庵等人商讨之后，卫立煌决定

▲第2集团军总司令孙连仲。

▲第42军军长兼第27师师长冯安邦。

抽调北路军一部进入太原城增强守军实力，主力与东路军各部皆放弃原定防御阵地，向太谷、交城方向转移，以阻挡沿同蒲铁路南下的日军。

下午4时，卫立煌以第2战区前敌总司令的名义下达了新的命令，其内容如下：

一、军为暂避与敌决战，以一部固守太原城，主力即向太谷、交城之线整顿补充，待机回歼深入晋中之敌。

二、各部队行动：

1. 北路军

（1）右兵团：第15军、第17军仍占领东城角村、吴家堡以东沿河之线，掩护主力通过后，再沿公路向交城以南转进。

（2）中央兵团：经古交镇，向交城以北地区转移。

（3）左兵团：除以第68师（即独立第8旅）、第71师、独立第7旅，由第71师郭宗汾师长区处，逐次进入太原城，归傅总司令指挥外，其余部队即向交城转移，并在交城以东占领阵地，对东警戒。

（4）炮兵第5团即赴交城外，其余晋绥军炮兵，仍按原序列行动。

（5）总预备队，按第85师、独立第5旅、第177师之第529旅顺序，由第85师师长陈铁指挥，立即向城以西地区转进。

2. 东路军

（1）第2集团军除以第27师在小店镇附近，掩护北路军主力向西南转移后与第15军同时撤退外，其余即沿徐沟向太谷转移。

（2）第27路军（即第14军团）附第17师，即由傅总司令核定入太原城守备，或由现地折由东北方面，伺隙绕向太谷、交城间转移，与第二集团军联络。

（3）第22集团军，俟取得联络后，另行规定。

卫立煌的这份新命令，虽然在账面上增加了太原守军的实力，但由于外围野战部队的尽数撤离，等于是让城内守军在失去外援的情况下自生自灭。此外，由于不了解东路军的实际情况，仅第2集团军、第14军团和第17师接到命令，但因南面形势的变化，这些部队也已经无法遵照执行，只能各自找办法向目的地转移。

时任第15军军长的刘茂恩曾回忆道：

▲第15军长刘茂恩。

"当时由于通讯器材缺乏，没有完善的通讯设施，长官部发布命令未能对各部队规定行进路线，以致常发生有十几个大单位（军、师），都在一条道路上齐头并进，人喊马嘶，阻塞不通，不但拥挤杂乱，迟滞行动，甚至大小车辆亦争先恐后，各不相让，每每引起各军之间自相冲突，倘若再遇敌人追击，或是空袭，又将何以自处？这种现象，是多么可怕而危险的事啊！"

太原城的守军，就这么成为了一支孤军！

第九章 初 战 城 郊

　　11月6日凌晨，日军第5师团由新店村继续南下，兵锋直指太原城北。在部队出发前，由谁打先锋、由谁主攻太原城，成为各联队长争论的焦点。师团长板垣征四郎属意于由师团所属部队承担这两个任务，这等于是将随同他南下的筱原兵团（即混成第15旅团）和萱岛支队排除在外。那么具体该从第5师团中挑选哪一个联队比较妥当呢？

　　板垣考虑到第21旅团在忻口作战中损失不轻，战后虽然得到一批补充兵，但实力并没有完全恢复。为了能够迅速打下太原，板垣希望由刚从河北归还建制的第11

联队承担先锋和主攻任务。第11联队原计划调往上海作战，但行至中途，便奉命脱离第9旅团建制，被调回山西。该联队未经作战，实力完整，是进攻太原最合适的部队。可是第21旅团旅团长坂本顺以及所属第21联队联队长粟饭原秀和第42联队联队长大场四平都不会答应，他们都经历过忻口苦战，且一致认为承担攻占太原的任务将是对第21旅团和所属2个联队阵亡官兵的最大安慰，这也是他们应得的荣誉。于是在板垣还没有正式下达攻击命令前，坂本、粟饭原和大场几位部队长就已经陆续向师团长递交了请战书。或许是同

坂本顺简历

　　坂本顺，日本东京都人，生年不详。1905年11月毕业于日本陆军士官学校第18期步兵科。卒时卒地不详。他获得的勋章有：功四级金鸱勋章。

　　1932年8月8日晋升陆军步兵大佐。

　　1933年12月20日调任步兵第44联队联队长。

　　1936年3月7日调任第7师团司令部附。12月1日晋升陆军少将。

　　1937年7月22日调任步兵第21旅团旅团长。

　　1939年3月9日调任留守第5师团司令部附。11月15日待命。11月30日转预备役（后事不详）。

长野祐一郎简历

长野祐一郎，日本岛根县人，出生于1889年11月5日。1912年5月毕业于日本陆军士官学校第24期步兵科，1925年11月毕业于日本陆军大学第37期。1950年1月17日病逝。他获得的勋章有：功四级金鵄勋章。

1936年8月1日晋升陆军步兵大佐，任陆军步兵学校教官。

1937年7月22日调任步兵第11联队联队长。

1939年3月9日晋升陆军少将，调任兵器本厂附。

1940年4月1日调任兵器本厂企划部部长。

1941年3月1日调任独立混成第3旅团旅团长。10月15日晋升陆军中将，调任第37师团师团长。

1945年4月7日升任第16军司令官（直至日本投降）。

情并理解第21旅团的态度，第11联队联队长长野祐一郎大佐也主动向师团长表示了谦让的意思。

板垣征四郎需要维持部队的团结和稳定，他思之再三，终于还是将进攻太原的任务交给第21旅团承担。任务的具体分配是这样的，步兵第21联队和步兵第42联队齐头并进，由第42联队负责左翼进攻，第21联队负责右翼进攻。筱原诚一郎的混成第15旅团和萱岛高的萱岛支队分别作为第21联队和第42联队的后盾，紧随其后，步兵第11联队作为整个兵团的预备队。

6日下午1时40分，步兵第21联队第2大队率先进至沙河北，并在那里遭到了中国军队第54师的阻击。第54师曾在忻口会战中付出惨重的伤亡，就连师长刘家麒都阵亡了。由于第54师没有得到兵员和枪械补充，接任师长才半个多月的孔繁瀛不得不将第161旅缩编为第321团，第162旅缩编为第323团，以这两个战斗团为基础勉强依靠着匆忙构筑起来的工事实施防御。

在日军步炮协同的攻势下，第54师防线很快就被突破，第321团团长王藻臣和第323团团长李棠见防线不稳，皆亲自率领敢死队与突入阵地的日军展开激战，但寡不敌众，在往返争夺三次后，两个团的官兵已经所剩无几。师长孔繁瀛不得不下令向西山方向撤退，此后又根据卫立煌的命令继续向河津转移。据战后统计，第54

▲新任第54师师长孔繁瀛。

师突围而出的官兵连100人都不到，可说是确实尽力了。至于日军第21联队第2大队，则对第54师的败退紧追不舍，并乘势于下午2时50分占领了位于汾河上的4座桥梁。当时正奉命在此实施警戒的第35军骑兵连急忙经由水西门旁的暗道撤入城内，太原守军的西撤之路因此受到严重威胁。

当第2战区前敌总司令卫立煌于半个小时后下达北路军向西撤退的命令后，日军第5师团等部顺利抵达太原城下。奉命在汾河西岸彭家窊流附近集结并准备入城作战的第71师、独立第7旅和独立第8旅的部队长，在见到汾河桥梁上已有日军出现后，分别作出了不同的选择。

拥有指挥3支部队权力的第71师师长

▲在城郊侦察和游击的第35军骑兵连。

郭宗汾本不愿入城"死守"，便以日军切断入城道路为由，乘着日军集中兵力追击第54师退兵的机会绕道撤离太原。独立第7旅旅长马延守原计划入城参战，并已派遣参谋长刘万春带着2名参谋先行入城与守备司令部取得联络，但在见到第71师的行动后意志动摇。郭宗汾都跑了，他马延守又何必一根筋呢？于是也带着部队西撤，迅速脱离战场，将太原城守军以及他派到城内联络的刘万春等人都抛之脑后。刘万春得知此事后大骂马延守贪生怕死，随即转投傅作义麾下效力，后官至军长。

独立第8旅旅长孟宪吉正在根据第2战区司令长官部的命令将部队扩编为第68师，所属各部十分分散，有的军官联系不到连队，有的连队不知该听谁的命令。尽

▲名义上的第68师师长孟宪吉。

管如此，孟宪吉还是尽自己最大的努力将大部分部队收容起来，并乘日军立足未稳的机会强渡汾河。但是当他带着部队抵达大北门时，却遭到了守军的阻挡。

由于城门已被沙包堵死，守城的新编第3团团长姚骊祥不敢擅自搬离沙包，便以需要请示为由请孟宪吉在城门外耐心等候。孟宪吉正急着想带着部队入城，见北面不行，就带部队向东转移，不想到大东门后发现城门也已经被堵死。孟宪吉慌乱中误以为傅作义要将独8旅牺牲在城外当炮灰，便在愤怒下带着部队绕到城南，随后又向西南方向转移，就此离开了太原。等到傅作义得知独立第8旅要入城并下令将该旅官兵分批从城墙上的火炮射击孔入城时，已经是晚上9点多，当时就只剩下断后的独8旅622团第2营被截留入城。

卫立煌原本命令北路军入城的1个师2个旅，就只进去1个营，如同杯水车薪。考虑到北路军的突然撤离，以及入城参与守城的实际部队只有这1个营，傅作义决定调整北面和西面的城防部署。鉴于日军已有一部出现在城西，他命令新编第3团抽调一部接替新编第6团的城墙防线，担负旱西门（不含）至大北门一线的城墙守备任务，新6团收缩城防，担负旱西门至西南角（不含）一线的城墙守备任务。在北关的第420团，抽调一部后退至大北门外布防。此外，傅作义还命令位于小东门的第419团抽调一部在东北方的黄国梁坟部署前哨阵地，位于大东门的第421团抽调一部在东南方的郝庄和双塔寺部署前进

阵地，位于首义门的第426团抽调一部在城门东南方的火车站部署前进阵地。

11月6日下午4时许，日军各路攻城部队已经全部展开。第21联队和第42联队集中到太原城北正面，并做好进攻准备。混成第15旅团以步兵第30联队为主力在太原城的西北方向构筑阵地，以配合第21联队进攻，步兵第16联队则继续向汾河方向扩展，试图将太原守军的西撤之路彻底切断。中国驻屯步兵第2联队位于太原城的东北方向，以配合第42联队进攻。1个小时后，日军第21联队和第42联队各派出一部，在联队炮兵的轰炸掩护下开始对北城外的工业区展开火力搜索。

负责工业区守备任务的是李思温指挥的第420团。就在2个小时前，他根据守备司令部的命令，决定由中校团附成于念率领第2营向大北门靠拢，这使他目前可以指挥的还剩下2个营。经过调整，工业区左翼由第3营负责，右翼由第1营负责。

李思温抗战简历

李思温，山西省浮山县人，字晋英。出生于1903年5月27日。1928年9月毕业于北方陆军军官学校第一期步兵科。1936年7月毕业于南京中央陆军军官学校高等教育班第四期。1935年7月5日任陆军步兵少校。1937年4月14日晋任陆军步兵中校。1945年3月9日晋任陆军步兵上校。1979年5月在山西省浮山县病逝。他获得的勋章有：四等云麾勋章、胜利勋章、忠勤勋章。

1931年9月时任第73师第211旅第421团第3营少校营长。

1933年6月升任第73师第211旅第421团第3营中校营长。

1935年7月升任第73师第210旅第420团上校团长。8月带职考入中央军校学习。

1936年5月调任第35军第218旅第420团上校团长。

1937年12月改任第101师第218旅第435团上校团长。

1938年5月调任绥远省游击军第1旅第1团上校团长。

1940年8月调任第35军上校附员。

1942年9月调任新编骑兵第4师上校副师长。

1944年1月调任第101师少将副师长兼政治部主任。

1945年8月兼任第101补充兵训练师师长（至抗战胜利）。

此外，李思温还命令配属作战的旅属骑兵连推进至飞机场警戒。

对工业区发起进攻的日军分别是第21联队第3大队和第42联队第2大队，2个大队在取得联络后齐头并进，位于他们左右两翼策应攻击的分别是第42联队第1大队和第21联队第1大队。

日军步兵在进入工业区的道路时，发现四周十分安静，种种迹象似乎表明中国军队已经放弃了这里。"或许中国军队已经无心防守太原了？"同刚进入工业区的警惕心相比，日军士兵们似乎有些松懈下来。但就在此时，早已隐蔽在暗堡和厂房内的中国军队对这些日军士兵发起了猛烈的攻击。机枪声、冲锋枪声、迫击炮声，从四面八方射向伏击圈内的日军士兵。有

的日军还没反应过来，就已经中弹倒地，那些侥幸没有中弹的士兵则急忙拖着躺在地上不断呻吟的战友往后退去。

与此同时，位于最右翼的日军第21联队第1大队从侧翼向工业区实施包抄，但该大队见到正面进攻的友军败退后，便停止前进，等待新的命令。位于最左翼的第42联队第1大队则推进至黄国梁坟，与守军第419团第1营发生战斗。第1营营长张惠源在1个小时前才接到出城进驻黄国梁坟的命令，由于时间仓促，部队还没有展开就遭到日军进攻。张惠源急忙组织抵御，但过于慌乱，没能阻挡住日军的前进步伐，他不得不下令往城东后退，致使黄国梁坟成为被日军攻占的第一个目标。

日军虽然在工业区尝到了苦头，却通

▲位于城北工业区的碉堡。

过这次火力搜索，大致了解到工业区内中国军队的情况，再加上黄国梁坟战斗的捷报，反使日军的战斗意志提升不少。经过短时间的调整，负责主攻的2个大队又开始对工业区发起第二次进攻。

李思温的伏击战十分成功，他给进攻太原的日军当头一棒，并迫使他们狼狈退出工业区。看着落荒而逃的日军，阵地内的中国士兵低声欢呼着，他们对守住太原的信心更加强烈了。

李思温是1936年绥东抗战的英雄。在那次战役中，他亲率1个营突入伪蒙军阵地奋勇冲杀，使伪蒙军防线全线动摇，为战役的胜利奠定基础。在2个月前的忻口会战中，又是他带着敢死队夜袭日军炮兵阵地，歼敌大半，可谓董其武麾下头号得力战将。

李思温根据目前形势，在经过考虑后决定放弃第一线已经暴露的据点，据点内的士兵全部转移到附近厂房内参与防守。他知道日军的第2次进攻必定以炮轰开场，那些已经暴露的据点和厂房自然是日军的首要轰炸目标。据点小，一旦命中，士兵非死即伤，与其如此，不如将有生力量转移到目标大、却又不易命中单个目标的厂房内增强实力。李思温的意图很明显，那就是一线守军将依靠着庞大的厂房，并利用厂房内部构造的复杂环境继续阻击日军。

事情的发展果如李思温所料，日军在得到联队炮兵的火力掩护下，对守军的厂房和碉堡进行猛烈轰炸。被炸开的砖瓦、飞溅的玻璃碎片到处都是，但却并没有给守军士兵造成多大伤亡。炮击结束后，日军步兵迅速冲入工业区，互相交替掩护着逐次推进。一座座被摧毁的碉堡，使道路

▲巷战中的日军。

畅通无阻，但道路两侧的厂房内却射出了各种轻兵器的子弹，给前进中的日军士兵造成伤亡。为了能够迅速打通前进道路，日军随即将攻击目标转入到一座接着一座的厂房。他们开枪掩护战友投掷手雷，有的使用掷弹筒射击火力要点。

面对日军的进攻，守军第420团第1营和第3营官兵分别在营长张世珍和冯梓的指挥下沉着应对。由于城内炮兵怕误伤城外守军，致使第420团失去了重炮的支援，团属迫击炮又无法在室内发挥作用。他们在门、窗以及其他射击孔内不断遭到日军火力压制的情况下，不得不退入厂房内部，继续依靠着墙壁、隔间、大型机器等一切可以作为掩护的屏障用手中的冲锋枪、步枪、手榴弹等轻武器与日军展开逐屋逐房的争夺。

和失去炮兵支援的中国军队相比，日军也好不到哪里去。厂区环境的复杂性使日军炮兵也担心误伤友军，这就迫使步兵只能依靠自己的力量去作战。其实日军的步兵武器在装备了大量冲锋枪的守军面前并不占什么便宜，以致打了1个多小时，进展甚微。粟饭原和大场这2位联队长经过电话商讨后，决定调整部署，他们先后对前线作战的部队下达了撤回攻击出发点的命令，2人计划等到拥有重炮的师团炮兵抵达战场后再次发起进攻。

李思温成功打退日军的第2次进攻，但第1营和第3营伤亡也不小。经过清点，2个营各伤亡一半。如果照这样继续打下去，即便阻挡住日军的第3次或第4次进攻，那第5次呢？第6次呢？在没有援兵和炮兵支援的情况下，李思温等同于孤军奋战。此时此刻，他已经做好了实在不行就将部队全部收缩入兵工厂的准备。因为兵工厂建筑和周围厂房大不相同，大部分建筑都采用钢筋混凝土构造，李思温觉得依靠这些坚固的建筑，或可阻挡住日军重炮的轰炸，至于之后的抵抗，就只能尽人事以听天命了。想到这里，李思温决定将部队的实际情况和战至最后一人的决心通过电话报告给城内的第218旅旅长董其武。

听着李思温的报告，董其武内心痛苦万分，他不想任由手下这位勇敢善战的指挥官和城外数百士兵在工业区自生自灭。保卫太原需从长计议，与其让部队在城外消耗殆尽，不如将有生力量集中到坚固的城墙上继续抵抗，他随即将这个想法通过电话报告给傅作义，希望傅氏能够准许将第420团撤回到城墙上，为今后作战保存更多的有生力量。

对李思温接连2次打退日军进攻的表现，傅作义表示满意，并要董其武转达他的赞赏和慰问之意。对于董其武的想法，傅作义认为颇有道理，他同意让第420团主力通过大北门旁的暗道撤到城头，并从新3团手中接过大北门至小北门（不含）一线的城墙守备任务，但他仍然要求第420团第2营留在北关，作为保障城墙的前进阵地。至此，除了第420团2营之外，守军在北郊已经没有其他部队了。

6日晚上6时许，第5师团野炮兵第5

▲依靠掩体阻击日军的中国士兵。

联队及配属该师团的重炮兵、战车第4大队陆续抵达战场。板垣征四郎随即命令战车第4大队所属4个中队分别配属给第21联队、第42联队、第30联队和中国驻屯步兵第2联队，以配合这4个联队在7日的进攻。

板垣又命令野炮、榴炮、加农炮集中到东山上的106高地，这些炮兵在野炮兵第5联队联队长武田馨的统一指挥下对城北工业区发起猛烈轰炸。1个小时后，工业区浓烟滚滚，到处都是残垣断壁。炮声停止后，日军步兵随即从3个方向对工业区发起进攻，但是他们却意外地扑空了。

在占领大部分工业区后，板垣又根据城内日军特工传达出来的情报，命令炮兵集中火力对分布在城西的中国军队重炮阵地发起猛烈轰炸。望着城内不断闪现的火光，板垣满意地点了点头。他知道，在这样猛烈的轰炸下，中国军队的炮兵即便没有全军覆没，也必定所剩无几。他认为第二天正式发起进攻时，在己方炮兵和航空兵的火力支援下，一战即可拿下太原城！

然而，事情真的会像板垣所想的那样顺利发展下去吗？

武田馨简历

武田馨，日本滋贺县人。出生于1892年2月22日。1913年5月毕业于日本陆军士官学校第25期炮兵科，1921年11月毕业于日本陆军大学第33期。1959年9月16日病逝。他获得的勋章有：功四级金鸱勋章。

1936年8月1日晋升陆军炮兵大佐。

1937年3月1日调任野炮第5联队联队长。

1938年7月15日调任第8师团参谋长。

1939年8月1日晋升陆军少将，调任关东军高射炮司令官。

1940年12月2日调任防空学校校长。

1942年5月4日调任东部防空旅团旅团长。8月1日晋升陆军中将。

1943年3月1日调任炮兵监部附。

1944年4月27日调任第53师团师团长。

1945年2月20日调任教育总监附。3月19日调任高射兵监（直至日本投降）。

第十章 劝 降 闹 剧

11月6日晚上8时许，第5师团师团长板垣征四郎接到了第1军司令部转达的华北方面军司令部通报。这份通报的大意是介绍太原守军指挥官和部队实力，以及"待援反攻"的计划。但通报的结尾特意强调了第1军司令部即将命令第20师团抽调一部于7日上午开始向太原前进，以配合第5师团等部作战。此外，通报还提到了第10军已经在11月5日从杭州湾登陆，"上海事变"有望迅速结束。

通报不是命令，但板垣看到结尾文字却感受到无形的压力。第10军的参战，也就意味着日军在上海的作战兵力已经达到了6个师团以上的庞大兵力。用如此庞大兵力作战，这在日军战史上还是首次，这也意味着上海战事的结束为时不远。再加上第20师团的北上，华北方面军司令部特地注明的这些信息看似只是一个"告知"，但实际上是在催促板垣应尽速拿下太原，尤其是暗示板垣务必要赶在友军攻占上海之前完成任务。

板垣知道时间不等人，他一方面命传令兵将此通报转达给负责正面进攻太原的第21旅团旅团长坂本顺，一方面与参谋长樱田武研究战局。板垣的意思是在7日天亮等到陆军航空兵轰炸之后就正式对太原城发起进攻，争取当天就拿下目标。对此，新官上任仅6天的大佐参谋长樱田武却提出了"先劝降看看"的建议。

樱田根据城内日军特工传递出来的情报，认为守军兵力不到万人，且全都是从忻口前线退下来的残败之师，毫无士气可

▲日军第5师团师团长板垣征四郎。

樱田武简历

樱田武，日本宫城县人。出生于1891年12月8日。1913年5月毕业于日本陆军士官学校第25期步兵科，1921年11月毕业于日本陆军大学第33期。1943年9月10日在中国东海上空因坠机事故身亡。他获得的勋章有：功二级金鸱勋章、功三级金鸱勋章。

1937年8月2日晋升陆军步兵大佐。11月1日调任第5师团参谋长。

1939年8月1日晋升陆军少将，调任近卫步兵第1旅团旅团长。11月23日改任近卫混成旅团旅团长。

1940年9月15日调任印度支那派遣军步兵团长。

1941年2月24日回任近卫混成旅团旅团长。7月13日调任前桥陆军预备军官学校校长。

1942年7月9日调任船舶兵团长。12月1日晋升陆军中将。

1943年8月25日调任船舶司令部附。

言。此时如果出面劝降，一方面可以展现出"皇军"对中国军队的"仁慈之心"，另一方面也可以打击守军的士气。对于樱田的劝降提议，板垣内心其实并不抱太大希望，但耐不住樱田的屡次进言，他终究还是同意先试着劝降，如果不成功再以武力解决问题。

最终，板垣决定在7日上午先由樱田武作为代表前往太原劝降，如果成功，那第5师团就可以兵不血刃拿下太原。如果失败，便命令部队发起进攻。有鉴于此，板垣命令配合第42联队作战的中国驻屯步兵第2联队解除配合作战任务，做好从城东正面发起进攻的准备。这么一来，使主攻太原的日军增加到了3个联队。

第20师团师团长川岸文三郎在当天凌晨接到了抽调一部北上太原配合第5师团作战的命令。这使川岸喜出望外，因为他又可以参与到攻略太原的战斗中，但同时第1军司令部也限制了第20师团的参战兵力——只能是1个支队级别的规模，并明确了这次行动只是配合，不承担攻城任务。不管如何，第20师团至少可以"染指"太原，川岸当即给第39旅团旅团长高木义人下达新的任务，那就是以步兵第78联队为基干，组成1个支队迅速向太原城南推进。

与此同时，城内的傅作义带着司令部的一些随行人员前往城东北视察城防工事，他最先抵达的是最有可能遭到日军重兵进攻的城北。第218旅旅长董其武率旅部人员出迎，并由旅参谋长张征复介绍情况。张征复根据撤入城内的第420团报告，大致推断了日军进攻兵力和火炮情况。接着，他又着重介绍了董其武命令士兵在城墙上竖立大量假人以迷惑日军的做法，这样做的好处是能够使日军误认为城内守军实力强劲，并以此制造大量虚假攻击目标，消耗日军的弹药。

傅作义对第218旅的布防和采取的措施表示满意，但也强调城北必是日军的攻击重点，要董其武及全旅官兵都能同仇敌忾，坚定保卫太原之志。接着，傅作义在董其武的陪同下登上城头慰问官兵，并在训话时强调汤恩伯的第20军团最多3天就能抵达太原外围，到时就可以配合城内守军里外夹击，将日军击退。

视察完城北，傅作义一行人员又前往城东。傅作义在见到第211旅旅长孙兰峰出迎时，就十分亲切地拉着他的手走进旅指挥部，边走还边对他表示感谢之意，而饱受戎马沧桑的孙兰峰此时倒显得有些腼腆，连声回道："总司令见谅、见谅。"此情此景，搞得站在一旁的不知情军官摸不着头脑，不知道傅、孙二人这是唱的哪出戏，但在场的总部参谋长叶启杰、参谋

▲中国军队的城郊哨兵。

▲在太原城郊视察的傅作义（打×者）。

处长苏开元、第211旅参谋长孟昭第等人则露出了会心一笑。傅作义和孙兰峰并没有对他们的行为作出解释，至于到底是什么事情，后文自会交代。

一行人在孟昭第的引导下登上城头视察防务。东郊地形和北郊不同，北城外有各类建筑，东城外则是丘陵。两相比较，东郊不利于大部队展开，但隐蔽性要比北郊高出不少。北边的防御，进攻方容易暴露目标，使守军能够明确射击方向，而东边树木茂密，一方面很难发现日军炮兵阵地，另一方面对步兵的进攻也很难掌握，只有等日军靠近时才能察觉哪一处是攻击重点。

和在城北一样，傅作义先是召集部队鼓舞士气，勉励众人要奋勇作战，让日本人尝尝晋绥军的厉害。接着，他特地对新入伍的士兵介绍起第35军的光荣抗战史，要求这些新兵都能够做到临阵不惧。事毕，他又带着总部人员先后视察了城南和城东，并对城防工事作出指导。

等傅作义忙完这些事情回到司令部时，已经是晚上11时了。副官长黄士桐命勤务兵端上一碗面和一小碟醋，希望傅作义能够在进食后早点休息，为第2天指挥作战做好准备。傅作义这时候却没有什么胃口，他在摆了摆手后走到城防地图前，参谋人员此时已经根据各处守军的报告在地图上标识出己方部队的位置以及日军的大概位置。

根据当天汇集起来的情报来看，傅作义得知进攻太原的日军主力是第5师团，这是他在忻口会战中就交过锋的老对手。据情报显示，这次配合进攻的还有日军的战车部队，这些坦克、装甲车加起来估计要有100多辆（注：战车第4大队在忻口会战期间遭到重创，并有2名中队长阵亡，经过休整后实际参与进攻太原的日军坦克和装甲车在40辆左右，且主要以装甲车为主）。

看着眼前的地图，以及少得可怜的兵力，傅作义忧心忡忡，却又无力改变现状。一旦7日作战开始，守军所能依仗的有利步兵武器，就只有冲锋枪。可是晋造冲锋枪的缺点，傅作义及所部官兵大都知道，万一这"大杀器"在中途"罢工"（详见第三章相关介绍），又该依靠什么

有效火力去阻击日军呢？不知不觉间，傅作义熬到了凌晨3点，他终于在倦意的袭扰下坐在会议桌旁的椅子上打起了小盹。

当天晚上，戒严司令曾延毅同样忙碌万分，他和副司令马秉仁分头带着部队收拢在当天下午由日军飞机空投下来的传单。传单的内容是劝说守军尽早投降，"大日本帝国皇军"一定会给予优待，保证军官连升两级，士兵连升三级。曾延毅手中死死地攥着这份极有可能动摇军心的传单，随即将它撕得稀烂，口中大骂"狗日的日本人，想拿这种东西动摇我们！"他随即命令部属将收拢起来的传单集中销毁，并严禁城内有人传播传单，一经发现就地枪决。曾延毅话虽如此，但消极心态却在他和戒严司令部的不少军官心中蔓延开来了。

11月7日的曙光照亮了太原城的里里外外，守城士兵望着徐徐升起的太阳，却不知道自己能不能够活着看到第2天的黎明，但他们中的大部分人都怀着坚定的守城决心守在自己的岗位上。

上午7时，日军华北方面军临时飞行航空兵团的7架轰炸机飞临太原城上空进行无序轰炸。由于没有固定目

▲戒严后的太原大街。

标，日军炸弹的威力虽大，但却没有给城内守军造成伤亡，其战果仅仅是摧毁了一些无人建筑物。

按照惯例，日军在飞机轰炸后，炮兵必定会继续轰炸，再之后就是步兵的进攻。位于城墙上的士兵们纷纷提高警觉，尤其是位于城北前进阵地的士兵，他们很快就发现日军步兵正在利用城厢建筑物作为掩护陆续靠近北关，位于城东的士兵则发现日军步兵正在利用丘陵上的树木作为掩护不断向城垣靠近。

董其武和孙兰峰已经分头登上城墙，一旦日军步兵发起进攻，他们必将指挥所部展开顽强的阻击。可奇怪的是，日军炮兵并没有发起轰炸，步兵也没有展开进攻。这到底是怎么回事呢？城墙上的官兵们你看着我，我看着你，没人知道这究竟是怎么一回事。

上午8时，守在大北门瓮城上的士兵突然大喊："日本人来了！"连续的呼叫，使周围士兵立即警觉并作好战斗准备，但他们定睛一看，靠近大北门的日军实际上只有3个人。他们想干什么？细心的士兵发现，走在最前面的1名日军士兵模样的人手里正举着一面白旗！

"难道日本人要向我们投降吗？"瓮城上的士兵开着玩笑说道。旁边的士兵当然知道这是玩笑话，这明显就是日本人劝降来了。要真是向我们投降，那该有多好啊，有的士兵心里这么想着。

3名日军在大北门外的前进阵地前方立定，与第420团2营士兵相互对峙。很快，1名军官模样的日本人往前一步，他操着夹生的中文大喊："鄙人是大日本帝国陆军第5师团参谋长樱田武，想请太原守备司令官傅作义将军阁下说话，皇军有要事相商"，说毕他命身旁的中尉军官将1封书信上前送交到与他们对峙的中国士兵手中，并往后退回原来的站立点。

负责大北门守备任务的第420团团长李思温已经来到瓮城上，他也看出日军此举是来劝降的。李思温在向董其武请示后

▲守军的前沿步哨。

一方面用电话报告给守备司令部，进一步请示处理办法，一方面命令城墙线的士兵严守岗位，防止日军突袭。

电话很快就与守备司令部接通，当傅作义得知日军前来劝降一事后颇有些哭笑不得的意思。这日本人真是太天真了，想我傅作义征战沙场近20年，和日本人交手也有4年，要我投降简直是天方夜谭。傅作义对着电话另一头的李思温就说了两个字——"休想"，便挂断了电话。

李思温本来还想说日军送了一封书信的事情，但见到电话已挂，也就不再要求重新接通了。李思温清楚总司令已经表明了态度，既然如此他也就不用对城外的3名日军客气了。所谓两军交战不斩来使，但也不能让这3个日本人就这么嚣张地回去，想到这里，李思温心生一计，打算扫一扫日军的威风。

城外，樱田武等3人正在等候守军回信，可他们等到的却是城头上的步枪子弹。只听得一声"嘭啪"，一颗子弹射在樱田的脚下，樱田和身旁2人随即下意识地采取卧倒姿态。但是当樱田抬头后，却发现四周一片寂静，想来这是中国士兵的威胁。樱田一边站起来，一边用手拍打着因卧倒而沾染在身上的尘土，他甚至还打算质问城上守军的不友好态度是何用意，没想到话还没有开口，又是一声"嘭啪"，子弹痕迹再次在他的脚旁出现。

樱田武明白了，守军正以这种方式作出了劝降回复，既然如此，他在此地无意多留，便慌忙命令跟随他的军官和士兵返回师团司令部向板垣复命，以防中国士兵再次向他射出子弹。

令板垣征四郎气恼和羞愤的是，樱田一行3人是在守军子弹的不断射击下狼狈返回阵地的，看着灰头土脸的樱田，板垣狠狠地用拳头砸向会议桌，并大骂一声"八嘎！"这次劝降让大日本帝国的军队丢尽颜面，本来对劝降表示出信心的樱田此时只得站立一旁，低头不语。劝降不成，那就只能强攻了，随着板垣的一声令下，位于东山高地的炮兵部队朝着太原城墙以及城外的前进阵地发起了猛烈轰炸。

太原城头及城外阵地在日军炮火的轰炸下硝烟四起，飞散的城墙砖瓦和被摧毁的防御工事，尤其是东北角部署在城墙上和城角内的固定山炮被逐一摧毁，这使通过望远镜观察的板垣和坂本等人都露出了满意的微笑。上午9时许，随着炮兵轰炸声的停止，日军步兵分别对城北和城东的中国守军发起进攻。但就在此时，一阵阵呼啸而过的尖锐声，使正在跃出简易战壕准备冲锋的日军步兵愣住了，炮兵不是已经停止轰炸了吗？怎么又出现炮弹飞啸而过的声音呢？

还没等这些士兵反应过来，炮弹就在他们身边炸开了花。一时间哀嚎声遍地，他们这才意识到，这是中国军队的炮弹。日军步兵还没有发起进攻，就已经被炸得队伍散乱，无法前进。位于一线指挥的步兵中队长们不得不冒着炮火命令士兵退回到战壕内，重新整理队伍。

从轰炸力度判断，这明显是野炮和山

▲太原保卫战中的中国炮兵。

炮的成果，可根据情报不是应该在昨晚就将守军的炮兵主力摧毁了吗？即便还有幸存，也不会出现这么猛烈的火力。板垣对此百思不得其解，他只能一面命令东山炮兵调整射界，以备守军再次射击时迅速找到目标，予以还击压制。

但问题是，守军的炮兵到底是从哪里来的呢？

第十一章　炸弹厂的激战

板垣征四郎于11月7日上午9时下达了进攻太原城的命令，但没想到步兵刚冲出阵地就遭到守军炮兵的猛烈轰炸。轰炸虽然没有给日军步兵造成重大伤亡，却一度使位于一线的步兵中队陷入混乱，他们被迫又退回到战壕内。在板垣看来，守军的炮兵应该在6日晚上就被摧毁了，可这个时候怎么又会出现炮兵的反击呢？

事情还需从2天前说起。5日下午5时

许，傅作义正在新入驻的战区长官司令部内督促着守备司令部各机关落实城防事宜。就在此时，第211旅旅长孙兰峰突然冲破卫兵的阻挡，直接进入司令部内。对于孙兰峰的鲁莽冲入，傅作义本想予以呵斥，但还没开口，孙兰峰倒先大叫起"抓汉奸！抓汉奸！"的话语。这反让傅作义有些不解了。

作为自己的老部下，傅作义十分了解

▲第211旅旅长孙兰峰。

孙兰峰的为人，所以对孙的反常行为引起了注意。傅作义耐着性子，嘱咐随同冲入司令部试图继续阻拦孙兰峰的卫兵退出，随后向孙氏询问原因，并追问谁是汉奸。

孙兰峰此时还没有完全回过神，依然大喊着"抓汉奸"，见傅作义开口大声询问，也没有耐心解释，又继续大叫"谁命令把炮兵配置在树林里的，谁就是汉奸！"

孙兰峰这么一叫，傅作义立即变了脸色。炮兵指挥部递交的炮兵部署是经过他批准并执行的，事后又由炮兵指挥官刘倚衡亲自落实，照理不会有问题。如果按照孙兰峰谁配置炮兵谁就是汉奸的说法，那自己和刘倚衡不就是孙口中的汉奸了吗？这要换作别人，傅作义肯定会大发雷霆地作出惩处，但他却从孙氏的莽撞答复中隐约感觉到事情出了纰漏。傅作义又继续进一步询问——"炮兵是我命令部署的，为什么说我是汉奸？"

听到傅作义这么回答，孙兰峰突然意识到自己失态了，他急忙整理一下军容，并在立正敬了一个室内军礼后向傅作义回答道："报告总司令，如果是野战，将炮兵隐蔽到树林里肯定没问题，但城内的树林只有城西那几个景区，城内日本特务和汉奸又活动频繁，这不是明摆着告诉日本人我们的炮兵在什么位置吗？"

孙兰峰这么一说，傅作义才恍然大悟。要守住太原，炮兵的作用不可忽视，阎锡山在离开太原前，已经批准将兵工厂内新造的山炮全部补充给参与作战的几个

炮兵团。这些炮兵团经历过忻口会战，都损失不轻，经过补充，88mm野炮有16门，75mm山炮有31门，加上炮垒大队那些因缺少零部件而无法移动的46门山炮，守军火炮的总数已经达到93门。而进攻太原的日军在参加忻口会战前，拥有各类火炮95门，待攻至太原时，已有部分损失。从账面上看，守军炮兵是占据一些优势的，但傅作义十分清楚，炮垒大队的固定山炮都位于城墙上无法移动，日军在进攻前必定会将这些明显目标予以摧毁。如此一来，实际可以使用的炮兵，就只有刘倚衡指挥的部队了。这些炮兵的部署，容不得丝毫差池。

傅作义急忙命令少校随从参谋刘春方将炮兵指挥官刘倚衡请来，并询问刘氏将炮兵部署在城西的用意。刘倚衡刚把炮兵布置好，这时候正在城西的中山公园大门口休息，突然被骑马赶来的刘春方拉回守备司令部，一时间被弄得莫名其妙，直到傅作义仔细询问时才意识到问题的严重性。

刘倚衡当即承认失误，并表示会立即返回城西重新布置炮兵。那么，该怎么布置呢？傅作义提出了一个建议，炮兵先不动，并让炮兵尽量在各个景区频繁活动，好让仍然在城内没有撤离的普通市民都看到，同时也给日军特工和汉奸造成炮兵不再变换阵地的假象。等到夜深人静时，再让炮兵隐蔽转移，分别布置到城内十几座学校的操场上。日军特工绝对不会想到炮兵会再次变换阵地，而且是放到视野开阔的操场上，等到发现事情有变再想发送情

刘倚衡抗战简历

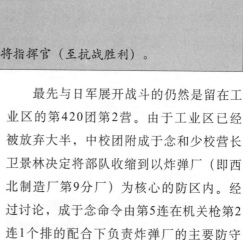

刘倚衡，安徽省怀宁县人，字百熙。出生于1904年12月14日。1928年7月毕业于日本东京陆军士官学校中华队第十九期炮兵科，1942年7月毕业于重庆陆军大学特别班第五期。1935年5月31日任陆军炮兵中校。1936年9月30日晋任陆军炮兵上校。1948年9月22日晋任陆军少将。卒时卒地不详。他获得的勋章有：胜利勋章、忠勤勋章。

1931年9月时任山西陆军军官教导团炮兵队中校队长。

1935年10月16日调升陆军炮兵司令部参谋处上校处长。

1937年3月调任炮兵第22团上校团长。

1939年3月调升第2战区军政干部学校炮兵科少将主任。

1940年7月考入陆军大学深造。

1942年7月出任军政部少将部附。

1943年4月调任第6战区炮兵指挥部少将指挥官（至抗战胜利）。

报时，肯定晚了。

就这样，板垣满以为已经被摧毁的守军炮兵不仅在日军炮兵的猛烈轰炸下完好无损，还让准备攻城的日军士兵尝到了苦头。这也正是傅作义在视察第211旅的城防时会对孙兰峰表示感谢的原由。

板垣在见到守军炮兵猛烈还击后，很快就意识到己方炮兵没能摧毁守军炮兵的事实，他不得不在前线各中队重新收容完毕后，再次命令部队在炮兵的火力掩护下第二次发起进攻。

20分钟后，硝烟还没有散尽的太原城外战事再起。

最先与日军展开战斗的仍然是留在工业区的第420团第2营。由于工业区已经被放弃大半，中校团附成于念和少校营长卫景林决定将部队收缩到以炸弹厂（即西北制造厂第9分厂）为核心的防区内。经过讨论，成于念命令由第5连在机关枪第2连1个排的配合下负责炸弹厂的主要防守任务，其余2个连位于左右两翼的其他厂房内策应作战。

成于念是忻口作战的战斗英雄，当时他作为第2营营长带着部队夜袭东泥河日军阵地取得捷报，战后被提拔为中校团附，而随同作战有功的连长卫景林则接替

▲第420团第2营营长卫景林。

了他的营长职务。由于卫景林新官上任，第420团团长李思温担心他不能在战时掌控住全营，故而命令成于念坐镇营部，担负起北郊的实际指挥职责。

为了能够挡住日军进攻，成于念在炸弹厂外围构筑起简易的防御工事，在工事前方清空射界，并将炸弹厂能用的库存地雷全部铺设掩埋在阵地前方。成于念的计划是，当日军步兵发起进攻时让少数隐蔽在简易工事中的士兵吸引日军注意，诱使日军步兵进入雷区，在给他们造成一定伤亡后打一个反击战，随后全部退入厂房，再依靠钢筋混凝土建造起来的建筑与日军作战。

从正面进攻的日军是步兵第21联队第

▲日军步兵在战车的掩护下发起进攻。

3大队，从侧翼掩护作战的分别是第21联队第1大队和第42联队第2大队各一部。作为主攻部队，大队长平岩少佐十分重视这个荣誉。随着平岩一声令下，第3大队的步兵分别集中到4辆94式轻型坦克后面，他们以坦克为掩护缓缓地前进着。

成于念失策了。地雷在日军坦克的碾压下纷纷爆炸，却没能伤及坦克履带，仅有少数"漏网"地雷给后续跟进的日军步兵造成有限伤害，这是成于念所没有预料到的结果。更严重的是，那些在简易阵地中的士兵在见到地雷没有起到应有的效果

后，根本来不及撤入厂房，就在日军的坦克机枪、步兵机关枪、步枪和手雷等轻武器的攻击下陆续倒地身亡。部分隐蔽在厂房内的士兵想要出去掩护战友后撤，却纷纷遭到日军坦克和步兵的压制性射击而徒增伤亡。

简易阵地内，排长李万胜和20余名士兵的阵亡，迫使成于念不得不跳过反击计划而直接进入到炸弹厂的防御作战中。好在厂区内大部分通道狭小，日军坦克无法冲入，只能在外面射击示威，日军步兵只得靠着自己的力量试图占领厂房。但他们

▲阻击日军的第35军士兵。

并不熟悉厂区地形，再加上厂区道路也埋设了不少地雷的缘故，导致日军步兵的伤亡数急剧上升。

第5连上尉连长单杰并不拘泥于一房一屋的得失，他充分利用地形环境，与攻入厂房的日军进行巷战。比如在机房的攻守战斗中，守军先利用门窗洞进行阻击，当无法阻挡时，便主动放弃从后门撤出，等日军步兵刚从正门突入，已经绕到机房正门的守军再从日军背后发起突然攻击，打得日军措手不及。此外，位于炸弹厂两翼的2个连不断出击策应，使日军第21联队第3大队从白天一直打到天色变暗时才

在师团炮兵的轰炸掩护下占领炸弹厂大部分厂房。此时的成于念见炸弹厂已经无法继续坚守下去，就命令第5连转移到厂旁的地道内与日军继续周旋。在继续坚持了1个多小时后，才在团长李思温的批准下退守北关。

第2营的撤退十分惨烈。

炸弹厂到北关有一片开阔地，如果直接通过，势必成为日军的射击靶子。在这种情况下，必须分批逐次后撤，全营官兵在接到撤退命令时都知道，越是晚撤执行掩护任务的部队就越危险。考虑到第5连在白天的战斗中伤亡最大，成于念决定让

▲巷战中的日军。

这个连最先撤出战斗，由左翼的第4连和第6连各抽调一部接替第5连残余阵地，等第5连撤退完毕，再按照机关枪第2连、第6连、第4连的顺序逐次后撤。

行动开始时，第5连由于仍在与日军激战中，无法全部脱身。经过商讨，单杰决定由机关枪第2连排长张明轩指挥10余名自愿留下的士兵断后，等到左右两翼掩护部队抵达后再前往北关归队。由于行动仓促，第4连和第6连派出的掩护部队并没能按时抵达，导致在接下来的15分钟里，张明轩等人不得不独力阻击日军。等到掩护部队抵达时，这10余人已经阵亡大半，张明轩也在负伤后引爆手榴弹与1名日军士兵同归于尽。

第5连主力脱离战斗后，机2连和第6连也先后脱离战斗向北关集结。但轮到第4连撤退时，这个连已经与日军第21联队第3大队混战到一起，第1大队的侧翼包抄，更是增加了该连的突围难度。在全连都有被日军歼灭的危险情况下，连长张福元决定自带1个班留下死战到底，以保全连大部分官兵的生命安全。在他的大声叱呵下，那些想留下来一同死战的士兵终于同意撤离，留下的10余名士兵则在阻击战中全部阵亡。多处负伤的张福元斜躺在一处墙边喘息着，他用自己最后的力量拧开手榴弹盖子，等到几名日军士兵前进到离他只有四五步时，拉响导火索与他们同归于尽。

经过清点，第2营抵达北关时还剩下180余人，以此兵力要想守住整个北关十分困难。经过再三考虑，成于念决定将主力配置在北关大街两侧，并下达"死守阵地，寸步不能移动，如无撤退命令，擅自离开阵地者，不论何人当即军法从事"的死命令。

11月7日夜9时左右，城北工业区全部陷入日军之手。北关，成为北城墙面前的最后一道屏障。

第十二章　东北角的危机

日军进攻炸弹厂的同时，步兵第42联队第1大队对小北门以东的城墙线也发起了进攻。由于这一段城墙离东山日军阵地最近，视野也最开阔，以致7日一整天都连续遭到师团炮兵的轰炸。

对于日军炮兵的轰炸，城内守军炮兵起初还能还以颜色，两军炮兵互射，中方并不示弱，甚至还迫使日军炮兵更换射击阵地。但在持续了1个小时后，日军炮兵就发现中国军队的炮兵射击力度在不断减弱，直到只剩下零星的炮击为止。日军并不清楚他们的对手发生了什么事情，但这种现象对己方是有利的。很快，日军炮兵在晴朗的天空下，对射击目标更加卖力起来，这使进攻的步兵士气也因此更加高昂。

和日军一样，城内的傅作义也对炮击逐渐减弱而感到奇怪。就在他准备派人查询时，炮兵指挥官刘倚衡倒是已经上气不接下气地跑进了守备司令部，并大声叫喊着："我们被德国人坑了！"

傅作义正想了解炮兵情况，见刘倚衡如此失态就知道事情肯定很严重，他都没有让刘倚衡喝口水，就急切地询问起来。只听刘倚衡又强调了一句"德国人把我们卖了"之后开始进入正题。

经过刘倚衡的解释，傅作义也忍不住骂起德国人。原来参战炮兵所使用的火

▲东北角楼，这里是战斗最激烈的地方。

▲太原炮兵指挥官刘倚衡。

炮，哪些是兵工厂新补充的。如属于前者，全部集中起来，并根据战局发展投入到重点作战区域使用，如属于后者，挑选损坏不严重的火炮，采取发射一发休息一段时间的间隔射击法，以避免还能继续使用的炮管发生问题。至于已经损坏的，集中在一起构筑新的炮兵阵地，并设法暴露给城内日军的特工和汉奸，以制造假象。

傅作义的办法实属无奈之举，太原保卫战才进入到第2天，就接连发生外围友军撤离，入城部队逃跑，火炮质量出错等问题，这不仅严重打击了守军士气，更是加大今后作战的难度。照此情况发展，太原究竟还能守多少天呢？傅作义在叹了一口气后陷入了沉思。

与第420团防区不同的是，担负小北门至城东北角（不含）防务的第436团在城墙外没有前进阵地，原本奉命防守城门外汽车站的1个连也已经在昨天晚上撤到城墙外的壕沟内，团长李作栋不得不据城墙防守。当日军炮兵将城墙上的固定炮垒逐一摧毁后，他所拥有的炮火支援就只剩下团属迫击炮了。

担负城东北角至小东门一线城墙防务的是第419团，大体情况与第436团相同。这2个团，前者属于第218旅，后者属于第211旅，原本没有什么关联，但在日军的进攻下，很快就被紧紧联系在一起，他们即将面临的是整个太原保卫战中最关键、也是最激烈的战斗。

第436团的正面，是日军第42联队第

炮，大部分都是兵工厂新造出来的炮。正常情况下，这些炮都经过验收，是不会那么快出问题的。可偏偏在作战的紧要关头出了问题，究其原因，是因为兵工厂用的钢材一直都从德国克虏伯工厂进口。没想到德国人出口给山西的最后一批钢材都是残次品，导致造出来的火炮在发射十余发后，炮管就不同程度地受热开始变形，终致失去战斗能力。太原保卫战才刚刚开始，就碰到这种致命性的打击。失去了炮兵的火力支援，这仗还怎么打？

同刘倚衡相比，傅作义在知道真相后十分冷静，毕竟事情已经发生，再如何痛骂诅咒德国人都无济于事。经过短暂的考虑，傅作义命令刘倚衡立即返回炮兵阵地，先区分哪些是忻口战场上撤回来的老

1大队，代理大队长丸谷顺助大尉在得知守军炮兵成了哑巴后信心倍增。第1大队大队长志鹤林藏少佐在忻口会战时负伤离队，由作为第1中队中队长的丸谷代理该职，如果他指挥的部队能率先攻入太原，那大队长的位子就必定是囊中之物。为此，丸谷部队可以说是整个太原攻略作战中，打得最积极，也是最猛的部队。

第42联队第1大队的攻击重点，是位于太原城墙东北角偏西的城墙段，他们不仅拥有装甲车掩护，还拥有联队炮兵和师团炮兵的火力支援。第1大队出击前，联队炮兵就在不断轰炸着城外的地雷区，使大部分地雷失去阻敌作用，师团炮兵则集中力量轰炸北段城墙和城外壕沟，直炸得守军抬不起头。

联队炮兵停止轰炸后，日军步兵纷纷跃出战壕，他们在8辆94式轻型装甲车的掩护下向位于壕沟内的中国守军发起进攻。与此同时，师团炮兵将轰炸重点全部转移至城墙，使城头上的守军无法掩护城外壕沟内的守军。

壕沟内的守军是第436团第1营，营长刘丽三见地雷阵没起到作用，铁丝网也在日军炮兵轰炸下七零八落，只能命令所部依靠手中的轻武器来阻击日军。为摧毁日军装甲车，使日军步兵直接暴露在守军的机枪火力下，第1营不断尝试着组织敢死队去攻击这些被他们称之为"大铁盒子"的移动机枪堡垒（注：94式轻型装甲

▲在前进阵地中准备进攻的日军。

车只装备一挺6.5mm机关枪）。

一些身经百战的老兵以3人一组的形式抱着炸药包跃出阵地，他们在轻重机枪火力的掩护下交替掩护着向目标匍匐前进。紧随装甲车前进的日军步兵很快就发现了部分中国敢死队员，他们纷纷使用步枪射击，但在守军机枪火力的掩护下，并没能起到很好的效果。只听到"轰"、"轰"几声，4辆装甲车被中国士兵成功摧毁，剩下的4辆装甲车见状，随即停止前进。经过战车中队长与步兵中队长沟通，装甲车改以就地射击的方式继续掩护步兵冲锋。守军成功阻止了装甲车继续前进，但出击的10余名敢死队员，只剩下2人安然返回阵地。日军步兵则在失去装甲车的掩护后只能靠自己的力量继续向守军阵地推进了。虽然他们还有炮兵的射击掩护，但在守军顽强抵抗之下，进展开始变得缓慢起来。

代理大队长丸谷举着望远镜观察前方作战的士兵，他内心十分着急，第1大队的荣誉和他本人能不能正式升官都在此一举，可他的士兵却在守军的火力封锁下难以继续推进，他怎能不急？就在此时，日本人的"天照大神"拉了他们一把，大约在上午10时，一声震耳欲聋的爆炸声，以及随后不断传出的"哗啦"、"哗啦"声，将正在使用轻兵器互相射击的中日两军官兵都吸引了过去，密集的枪声也因此变得逐渐稀疏起来。

无论是守军还是日军，他们在突然产生的大量灰尘烟雾中寻声望去，但尘雾纷飞，根本看不清楚发生了什么事情。等到尘雾逐渐散开时，中日两军的官兵才惊讶地发现，位于城墙东北角的一段城墙竟然在日军炮兵的不断轰炸下坍塌了！太原城

▲日军炮击太原城墙。

墙本是山西诸城中最为坚固的城墙，但在日军重炮的不断轰炸下还是最终坍塌。这种情况的发生使守军士气再次遭到打击，日军的士气则更加旺盛。

东北角城墙坍塌后，产生了一个宽约7米、高约5米的大缺口，残砖尘土更使坍塌处产生一个便于攀登的斜坡。如果日军控制这个缺口，并从此处向城墙左右两翼或向城内纵深发起进攻，后果不堪设想。负责城墙东北角防务的是第419团第3营。营长耿震东知道情况不妙，他一边忙着命令部属抢救因城墙坍塌而负伤的士兵，一边派副官前往团部报告情况。

为了不让日军从这里获得突破，团长袁庆荣将位于小东门附近的第1营主力调到东北角，他想集中2个营的机枪火力，从左右两侧没有坍塌的地方形成交叉火力，来阻止日军步兵从缺口突入。事实证

袁庆荣抗战简历

　　袁庆荣，河北省河间县（现河间市）人，字欣然。出生于1908年2月20日。1928年9月毕业于太原北方陆军军官学校第一期步兵科、1931年10月毕业于南京陆军大学正则班第九期。1935年7月5日任陆军步兵少校。1936年10月2日晋任陆军步兵中校。1940年7月19日晋任陆军步兵上校。1945年2月20日晋任陆军少将。1989年12月6日在北京市病逝。他获得的勋章有：四等宝鼎勋章、二等云麾勋章、三等云麾勋章、四等云麾勋章、六等云麾勋章、胜利勋章、忠勤勋章。

1931年9月时在陆军大学深造。10月出任第73师参谋处少校参谋。

1932年3月调升第73师第218旅第435团中校团附。

1936年5月调任第35军第211旅中校参谋长。

1937年1月升任第35军第211旅第419团上校团长。11月调任第7集团军参谋处上校处长。

1938年3月升任第2战区北路军参谋处少将处长。

1939年1月调任第8战区副司令长官部参谋处少将处长。3月调任新编第32师少将师长。

1944年1月18日调升骑兵第4军少将军长。

1945年8月4日调任暂编第3军少将军长（至抗战胜利）。

明，袁庆荣的这个防御措施十分及时。与此同时，袁庆荣还命令第3营立即寻找一切可以使用的沙包去填补缺口，并将东北角城墙坍塌的情况通报给旅长孙兰峰和守备司令部。在孙兰峰的请示下，傅作义同意派遣炮兵支援东北角的守军。

城墙东北角坍塌的情况，同样被位于东山的第5师团师团长板垣征四郎通过望远镜观察到了。板垣知道这是千载难逢的机会，在与参谋长樱田武稍事商议后决定调整进攻部署。板垣命令，第42联队第2大队解除配合第21联队进攻北关的任务，将攻击重点转移到小北门，第1大队则向东转移，重点进攻太原城的东北角。此外，板垣还命令中国驻屯步兵第2联队派出1个大队从东面配合进攻。板垣的这个调整，使第21联队的进攻正面扩大到城西北角到小北门（不含），而将第42联队的进攻正面缩小到小北门至东北角。其目的显而易见，如果第42联队从东北角突击成功，那太原战事或许在7日当晚就能结束了！

第十三章　东北角缺口的争夺

东北角的硝烟正在消散，原本激烈的枪战逐渐趋于平静，这主要是双方都在重新部署。板垣征四郎以1个大队的兵力主攻东北角，使第42联队的战斗对手因此增加到了约2个团的兵力。而守军在孙兰峰和董其武的协调下决定各守其职，根据战况的发展重新调整配合。为此，董其武还特地抽调第435团第2营由城内向东北角靠近并构筑一道临时防线，如果日军从缺口处突入城内，至少还有部队能够继续阻击。

日军步兵第42联队第1大队、第2大队、中国驻屯步兵第2联队第2大队于7日中午11时同时向城北、城东北和城东发起

▲被日军炮兵轰塌的东北角城墙。

进攻。其中，第42联队第1大队为主攻，第42联队第2大队、驻屯第2联队第2大队为佯攻。

对于这种情况，董其武和孙兰峰2位旅长十分清楚，日军的攻击重点必定仍然放在东北角的坍塌处。虽然第419团第3营已经尽力用投掷沙包的方式去填堵缺口，但时间和人手都十分有限，根本无法完成工作。退一步说，即便完成沙包填堵工作，只要日军再次发起猛烈轰炸，缺口立即便会出现。在此情况下，守军只能竭尽全力，依靠着手中的武器来阻挡日军。

日军第42联队第1大队的进攻开始了，步兵在火炮和装甲车的掩护射击下迅速越过护城河，继续向城墙坍塌处逼近。对于日军步兵的行动，守在城头上的第419团第3营营长耿震东看得一清二楚，但在日军炮兵和装甲车的火力压制下，城头士兵很难有效杀伤逼近的日军步兵。不一会儿，日军步兵就成功抵近至斜坡。

就在日军步兵准备登坡时，隐蔽在城墙缺口边的守军开始投掷手榴弹。几十颗手榴弹的"问候"，使登坡的日军步兵急忙趴下，但仍然造成了几名士兵的伤亡。就在这些日军步兵准备站起来继续攀登时，守军的机关枪和冲锋枪又开始朝着他们射出了密集的子弹。日军步兵不得不就地散开，并呼叫炮兵射击这些暴露出来的火力点。日军起初认为只需将这些机枪火力点摧毁便可顺利占领斜坡，没想到的是炮兵在完成轰炸任务后，日军步兵又反遭守军炮兵的还击。

位于城内的炮兵，原本受到城墙高度限制，只能对城外百米以外目标进行精确轰炸。城墙坍塌后，高度降低，使炮兵的射击角度更加自由，为阻挡日军入城提供了有效支援，但炮兵受到"假炮"事件的影响，也不敢放开了射击。炮兵指挥官刘倚衡对此只能苦笑，任凭库存炮弹再多，你不能连续发射，又有什么用呢？

耐受不住猛烈炮火的轰炸和城头机关枪和冲锋枪的扫射，进行第1次登坡尝试的日军步兵开始败退了。日军的撤退很有秩序，他们先是以火力压制守军火力点，随后由靠近伤员的士兵背负伤员先退，健全的士兵则继续开火施以掩护，最后再由护城河外的装甲车进行密集射击，使步兵得以安全退过护城河。与此同时，位于左右两翼采取佯攻的2个大队在见到第1大队进攻失利后也都各自退出战斗。

第1次进攻失败，使丸谷大尉显得有些暴躁，因为他受到了联队长大场四平的责问，在大场的压力下，丸谷决定第2次突击任务由他亲自指挥的第1中队承担。

半个小时后，对东北角的第2次进攻开始了。丸谷大尉亲临一线，他和代理中队长中田竹雄少尉各自挥舞着手中的军刀压阵。丸谷的现身，对一线进攻的步兵既是一种激励，也是一种压力。在军国主义思想影响下，这些普通士兵不得不使出浑身解数冒着守军的密集子弹拼命地向前冲锋。

日军炮兵的猛烈轰炸，掩护着日军的1个步兵小队成功登上斜坡，但城墙左右

大场四平简历

大场四平，日本宫城县人。出生于1890年1月14日。1910年5月毕业于日本陆军士官学校第22期步兵科。1963年7月25日病逝。他获得的勋章有：功三级金鵄勋章。

1936年8月1日晋升陆军步兵大佐，任步兵第7联队留守队队长。

1937年8月2日调任步兵第42联队联队长。

1938年7月15日调任丰桥陆军预备军官学校步兵科学生队队长。

1939年8月1日晋升陆军少将，调任留守第10师团司令部附。

1940年8月1日调任第10师团步兵团长。

1942年8月1日晋升陆军中将，调任第16师团师团长。

1944年3月1日调任参谋本部附。6月21日调任东京湾要塞司令官。

1945年3月23日改任东京湾兵团长（直至日本投降）。

两段的守军随即又利用起临时构筑的掩体集中冲锋枪、手榴弹、炸药包等一切近战武器居高临下地对着他们发起攻击。这次进攻的步兵大都经历过忻口会战，但对他们来说，如此密集的反击，尤其是这么多冲锋枪的密集射击还是头回碰到，经验老道的士兵开始寻找可以隐蔽的地方，在确定安全后拿起手中步枪进行无力的反击。至于新兵，则在慌乱中纷纷中弹，倒在斜坡上或死或伤，这些伤兵发出的呻吟声正在不断刺激着那些仍在继续作战的士兵。

丸谷见到步兵冲上斜坡先是一阵兴奋，但随即又发现这些步兵被压制在斜坡上无法动弹。他下令增加1个步兵小队投入进攻，并调来机关枪中队与装甲车的机枪，对位于断墙两端的火力密集点发起压制性射击。

在守军方面，第3营营长耿震东虽然不担心所部弹药的消耗问题，但无奈缺口的作战地域过于狭窄，根本无法展开兵力，他只能以2个排的兵力在断墙边一左一右对登上斜坡的日军实施还击。为避免误伤友军，城内炮兵和日军炮兵一样，都避免对斜坡进行持续性的轰炸，这使两军轻兵器的交火声更加明显，双方的炮兵只能进行纵深或侧翼轰炸，试图阻断对方的援兵接近。

得到增援的日军步兵在装甲兵和掷弹兵的掩护下，再次跃起向前冲锋。负责缺口阻击的守军连长赵寿江见状，知道再不进行强有力的阻击，日军步兵迟早会越过缺口突入城内，他当即下令组织敢死队实施反突击。只见几名接受任务的勇敢士兵迅速在身上捆绑起手榴弹，他们在冲锋枪的射击下，以视死如归的牺牲精神拉开导

▲日军下级军官战地绘制的登坡进攻实录图。

火索，随后从城墙上跃入缺口……

　　几名勇士以自己的宝贵生命作为代价，成功阻挡住日军的前进步伐，但这只是暂时性的。当丸谷将整个第1中队全部投入作战后，战况再度陷入危机。在城头上指挥的营长耿震东坐不住了，他在寒冷的气温中脱去上衣，在身上绑满手榴弹，随后组织起一支30余人的敢死队跃下缺口。这些敢死队成员，个个配备冲锋枪，胸口垂挂手榴弹，身背大刀。他们在靠近日军士兵之前，有的用冲锋枪进行急速射击，有的投掷手榴弹，随后纷纷扔下枪械，举起手中大刀挥舞着杀入日军步兵群。一时间喊杀声四起，双方士兵在7米的缺口中拥挤着混战成一团。

　　耿震东敢死队舍生忘死的拼杀成功地将日军步兵击退了，但丸谷又怎能轻言放弃？在接下来的战斗中，双方不断投入兵力，试图堵住缺口或撕开更大的缺口。从下午3点到5点这2个小时里，斜坡上的战斗已呈白热化，双方都已经顾不到自己的形象。斜坡上，军人的尸体成堆，原本的黄灰色的残垣在鲜血的浸透下已逐渐染成了殷红色。

耿震东在斜坡上左冲右杀，他在接连用手中大刀劈死4名日军士兵后却被日军步枪子弹击中胸口。在此情况下，他仍然坚持着朝那名向他开枪的日军曹长扑去。日军曹长没有料到对方还能站着向自己扑来，他试图重新瞄准射击，但已经迟了。耿震东的大刀瞬间劈入日军曹长的肩膀，一股鲜血随即喷射而出。在一声惨叫声发出后，日军曹长随即倒地身亡，耿震东由于伤势过重也随即倒在斜坡的废墟上喘息着，由于失血过多，他已经无力继续支撑自己的身躯了。看着仍然在激战中的部属，耿震东闭上了眼睛……

耿震东殉国后，连长赵寿江临时接过指挥权，并继续指挥部队在缺口上反击。不久，第419团第1营奉团长袁庆荣之命

▲第419团第1营营长张惠源。

赶至，2个营的士兵随即合兵一处，在第1营营长张惠源的统一指挥下再次将缺口上的日军赶下了斜坡。

丸谷的第1大队受忻口会战战损的影响缺编1个步兵中队。眼下第1中队的2个小队已经投入作战，机枪中队也都全部展开，第2中队则在城北实施佯攻，正与守在城头的第436团第2营交火。眼见天色渐暗，丸谷心急如火，他在黄昏时咬牙投入了最后1个步兵小队，打算作最后一搏。丸谷知道，这是7日的最后一次进攻了，如果再次失败，那第1大队将不得不后撤休整，以待第二天的战斗，这是他不愿意看到的结果。

这一次丸谷拼命了，他前进到中队长的指挥位置，并逼迫代理中队长中田亲自投入作战，他希望以这种方式来逼迫整个第1中队都倾尽全力。经过一阵拼杀，第1中队的1个小队终于成功跃过斜坡突入城内，这些步兵随即散开队形，乘势占领了只有几名伙夫看守的城内东北角的小校场。

小校场周围原本是一座炮兵营盘，它的西、南两面都是开阔地。由于第218旅旅长董其武在东北角城墙坍塌时急调预备队第435团第2营在营盘西面的道路上构起简易防御阵地，位于北方军校的戒严司令部也适时派出新编第9团的1个营在营盘南面道路上部署防御，迫使突入城内的日军小队不敢继续深入。此时，董其武特地申请炮兵支援，但由于营盘紧贴城墙根，炮兵无法准确击中目标。日军小队受开阔

113

▲第218旅旅长董其武。

地的限制，也无力继续扩张战果，他们迅速收缩到紧依城墙根的营房内死守待援，准备等到后续友军抵达后再向外进攻。

丸谷获知步兵突入城内的消息后喜出望外，他试图扩大战果，为整个第42联队的胜利打下基础，但却发现自己手头已经无兵可用。而东北城角上的中国守军在张惠源的指挥下再次采用跃下城墙肉搏的方式将后续登坡的日军步兵击退，切断了城内小队与外界的联系。丸谷不甘心，但又无法与突入城内的部队取得联系，加上联队部向他下达了后撤休整的命令，他只能无奈地带着已经打了一整天的疲惫之师收兵了。

同一天，日军步兵第42联队第2大队和第1大队第2中队对城北守军、中国驻屯步兵第2联队第2大队对城东守军也分别发起进攻。

第42联队第2大队的攻击目标是小北门，但要攻到小北门，他们必须突破位于城外壕沟的守军——第436团第1营第1连的阻击阵地。由于是佯攻，大队长中村三雄并没有倾其全力，他甚至就没打算突破这道防线，所以第2大队实际投入作战的部队只有第5中队和第7中队所属各1个小队，以及几辆负责掩护的94式轻型装甲车。

防线最前沿的守军第1连初见日军来攻颇为紧张，但打着打着就发现，日军只是远远地实施射击，炮弹也大多是一些小口径的迫击炮弹。士兵们开始意识到在他

▲日军炮击小北门。

们面前的日军只是佯攻，想到这里，他们纷纷冷静下来沉着应对。小北门方向的战斗一直打到天黑，双方都没有前进或后退一步，就连负伤的士兵也极少。

负责进攻东北角偏西城墙段的第1大队第2中队，由于同属第1大队，中队长藤田传三郎不敢敷衍了事，他将2个小队分为左右两翼攻击部队，对紧邻东北角的城北守军第436团第3营发起进攻。由于缺乏重武器的火力掩护，藤田中队虽然卖力，实际上并没有取得什么进展，只是平白付出了数名士兵的伤亡。不仅如此，藤田指挥的第2中队也没有达到牵制第3营

的目的。第3营营长赵帛铭在当天东北角激战正酣时，奉旅长董其武的命令抽调1个连去接替第211旅第419团在东北角的部分阵地，使419团第3营能够以足够的兵力截断正在入城的日军。就这样，藤田中队一直在北城墙外僵持着，直至奉命撤退。

为了配合第42联队在东北角的作战，萱岛支队支队长萱岛高本应根据第5师团部的命令，派出一部分部队对东北角（不含）至小东门一线的城墙守军——第419团第2营发起进攻。萱岛支队自从奉调入晋作战以来，一直都是配角（进攻太原之

萱岛高简历

萱岛高，日本宫崎县人。生年不详。1910年5月毕业于日本陆军士官学校第22期步兵科，1920年11月毕业于日本陆军大学第32期。卒年卒地不详。他获得的勋章有：功三级金鹀勋章。

1935年3月15日晋升陆军步兵大佐，任天津驻屯步兵队队长。

1936年5月30日改任中国驻屯步兵第2联队联队长。

1937年11月10日调任陆军军官学校教授部长。

1938年7月15日晋升陆军少将。

1939年1月23日调任步兵第136旅团旅团长。11月15日调任独立混成第18旅团旅团长。

1941年3月1日晋升陆军中将，调任留守第6师团师团长。

1943年6月10日调任第46师团师团长。10月15日待命。10月18日转预备役。11月1日派任留守第6师团师团长。

1945年4月1日召集解除（直至日本投降）。

前的历次战斗累计阵亡仅46人）。想起部队从河北出发前中国驻屯步兵旅团旅团长河边正三对自己的期望，萱岛高因无法立功而苦恼，尤其是当他从位于东京参谋本部的朋友那里得知自己已经被任命为陆军士官学校教授部长，只等太原战事结束就奉调回国的消息后，更加迫切地想要在太原作战中为自己的战斗生涯画上一个"完美的句号"。然而板垣让他失望了，"驻屯步兵第2联队的任务是在城东配合步兵第42联队作战，不承担主攻任务"。萱岛听到板垣这么分配任务之后，他的内心更加苦闷，并使他产生了消极对待的心理。

萱岛支队拥有炮兵中队、工兵中队和战车小队各一。但是当第42联队和第21联队从城北发起进攻后，萱岛只是命令自己的步兵第2大队在城东1公里外作出进攻

的姿态，炮兵则稀稀拉拉地对着守军阵地打了十几发炮弹。当天下午2时许，萱岛又命令骑兵中队派出1个小队到离小东门外400多米的距离上"游行"一下，算是给板垣交了差。

对于萱岛支队的消极怠工，板垣征四郎得知后十分气愤。萱岛高不是板垣的直属下级，所以板垣无权对他作出处罚。要解决这个问题，就只有向华北方面军司令部告状，可眼下第42联队第1大队已经在东北角取得突破，远水解不了近渴，板垣只能不断催促萱岛支队尽快发起进攻，并表示如果再没进展，将亲自前往该支队督战。在师团司令部的催促下，萱岛高勉强于下午5时左右命令第2大队推进到距离城墙800多米处做好进攻准备，随后又命令炮兵中队对位于小东门和城外前进阵地的中国守军发起炮击。

▲日军骑兵发起冲锋。

担负小东门和城外前进阵地守备任务的是第422团第1营，这个营的营长宋海潮在忻口会战中负伤后送，此时由上尉连长关嵩峰代理指挥。从7日上午城北友军开始激战到下午5时之间，第1营正面的日军始终没有明确动向。关嵩峰本以为正面的日军进攻目标会是东北角城墙的友军——第419团第2营，却没想到日军会对自己的前进阵地发起进攻。不一会儿，日军1个中队的步兵在炮击结束后，对部署在义园（外国人墓地）的守军1个连发起攻击。在与左翼的第419团第2营营长张震万电话沟通后，关嵩峰终于意识到日军的攻击目标是自己的防区，考虑到义园守军缺乏重武器支援，他急忙赶下城头，亲自从部署在城门外太原饭店的1个连里抽调1个加强排，增援义园。

密集的枪炮声在告诉着人们，义园发生着十分激烈的战斗。守军依靠着墓园内的一切设施阻挡着日军步兵的进攻，但在日军的火力压制下打得十分艰难，伤亡越来越大，许多士兵都因缺乏坚固的防御工事而丧命。就在士兵越打越少，阵地大部被日军占领，代连长曹学勤也准备好成仁之际，关嵩峰带着援兵赶到了。两部随即合兵一处，并由曹学勤组织反击，关嵩峰在后督战，对日军步兵发起反冲锋。

奇怪的是，中国士兵刚开始突击，日军步兵却突然退了。关、曹2人互相对视，谁都不知道是什么原因。他们事后才得知，原来是主攻东北角的日军撤退了，城东方向的日军因为没有继续佯攻的必要，也就随即退了回去。

就这样，日军在7日的进攻结束了。

▲位于城郊的碉堡。

第十四章 混乱之夜

11月7日傍晚，注定是个不眠之夜。日军1个小队突入城内的消息很快传遍全城。这个消息使部分没有坚守决心的官兵开始动摇，意志薄弱者开始借用夜色的掩护，偷偷从城头使用绳索垂吊出去，成为了可耻的逃兵。

其实从上午开始，傅作义就不断带着参谋处和副官处的军官巡视城北和城东阵地，并为这些守城官兵送去了慰问品。第35军毕竟是他的老家底，许多官兵追随傅作义出生入死，在见到傅氏亲临城头慰问后个个都无比振奋，纷纷表示要与日军血战到底。

众人的表态让傅作义十分满意，但他却无法放心。东北角内的小校场炮兵营盘被日军占领，这是一个心头大患，必须要想办法将这股日军歼灭。否则等第二天战事一起，日军如果里应外合将不堪设想。傅作义得知日军突入东北角时，正在第422团慰劳，他急忙带着参谋、副官等人沿着城墙赶至第419团团部——裴氏宗祠。

对于傅作义去而复返的行为，团长袁庆荣心里明白，这一定是为了日军突入城内一事而来。为了堵住日军，袁庆荣已经派了2个营的兵力，他确实尽力了。但当傅作义问他为什么不亲自前往东北角督战时，袁庆荣成了哑巴，他被傅作义的话问住了。为什么自己没去督战呢？袁庆荣又自问了一遍。他无法作出回答。

和孙兰峰一样，袁庆荣也是绥东抗战的英雄。当时作为孙兰峰的参谋主任，袁庆荣出谋划策，为部队取得大捷出力颇多。傅作义赏其才华，加上他又是老战友袁庆曾的弟弟，这才提拔他当了团长，却没想到在太原城头丢了人。在傅作义的责问下，袁庆荣二话不说就要离开团部去城头督战，但被傅氏拦了下来。傅作义随即询问了一下东北角的战况，并在得知营长耿震东殉国后表示惋惜之意。接着，傅作义命令随从参谋刘春方通过电话将戒严司令曾延毅、第211旅旅长孙兰峰和第218旅旅长董其武都叫来，准备召开一次小型的作战会议。曾、孙、董3人不到10分钟便陆续抵达，这让袁庆荣松了一口气。因为在这短短的10分钟里，傅作义只是坐在椅子上一言不发，直让站立一旁的袁庆荣冷汗迭出。

▲旅长孙兰峰（左）和团长袁庆荣（右）。

见到众人到齐，傅作义不等他们坐下就开始布置任务。考虑到第419团第1营和第3营伤亡过大，傅作义决定收缩该团防线，让第422团派遣一部往北接替第419团第2营的部分防区，使第419团能够全力防守东北角。对于已经入城并占领炮兵营盘的日军，傅作义决定让董其武派遣预备部队执行攻击任务，要求务必在天亮前将其剿灭。此外，在第218旅出击时，城头的第419团和戒严司令部所属新编第9团都要派遣一部以配合。布置完毕，傅作义便带着随行人员返回守备司令部，临行前他留下了一句话："我等你们的好消息。"

这句话，对曾、孙、董、袁4人来说，都有一种无形的压力，尤其董其武的反应最为明显。汗，已经从他的额头冒出了。怎么打？派什么部队去打？董其武在骑马返回位于国民师范学校的旅部时，选定由第435团第2营执行这次任务。

7日晚上8时许，第435团第2营在营长滑廷璧的指挥下，从两个方向对炮兵营盘的日军发起进攻。第419团的士兵此时也在城头居高临下地对营盘实施射击，新编第9团则派出1个连的兵力在南面实施佯攻。由于他们不知道有多少日军在营盘内，这次进攻显得十分谨慎。

日军的实际兵力不到1个小队，最高指挥人员也只是1名军曹。但在军曹的威逼下，士兵都已经做好了"玉碎"准备。

▲攻入城内的日军士兵。

开阔的地形使他们占据防守的优势，当1名士兵发现有中国军队向他们偷偷地匍匐前进时，机枪和步枪子弹便从营盘的各个房屋内射了出来。不一会儿，冲在最前面

的几名中国士兵就中弹趴在地上不动了，有几名勇敢的士兵跃起身体打算快步突进，但也同样中弹倒地。其他中国士兵见状，改以躬着身子快步向前的方式继续冲

许书庭抗战简历

许书庭，河南省洧川县（现属尉氏县）人。出生于1905年。1929年毕业于天津警备司令部政治训练所。1936年9月22日任陆军步兵少校。1939年1月27日晋任陆军步兵中校。1945年3月9日晋任陆军步兵上校。卒时卒地不详。

1931年9月时任第73师参谋处上尉参谋。

1933年8月升任第73师参谋处少校参谋。

1935年9月调升第73师第218旅第436团第2营中校营长。

1936年5月改任第35军第218旅第436团第2营中校营长。

1937年8月升任第35军第218旅第435团上校团长。

1938年6月调任绥远省游击军第1旅第2团上校团长。

1941年1月调任暂编第17师第2团上校团长（至抗战胜利）。

锋，后面的迫击炮也开始对着冒出子弹火光的地方进行轰炸。

由于日军占据着坚固的营盘，进攻的中国士兵又没有可以用来掩护前进的掩体，导致第2营连攻2次都以失败告终，并付出了阵亡排长以下30余人的代价。这个结果，使压阵的营长滑廷璧急得直跺脚，时间已经过去2个多小时了，可自己的部队却没有任何进展，他无法向董其武交代，更无法向傅作义交代。滑廷璧看了看站在身后的董其武和团长许书庭，决定亲自带队进行第3次进攻，连长张霁浦见状急忙将他拦下，并主动请命指挥进攻。

经过大约20分钟的准备，对炮兵营盘的第3次进攻开始了。张霁浦为振奋士气，冲在最前面。他拿着冲锋枪，带着40余名士兵分散开来迅速向前冲锋，后面的迫击炮和掷弹筒则施以掩护。日军虽然挡住了前2次进攻，但此时已经损失一半兵力，部分士兵的子弹也开始告急。如果中国军队拼了命地不断进攻，即便挡住了第3次，也必定无法挺过第4次。就在他们几乎要绝望的时候，阵阵炮声从城外传了过来。

猛烈的爆炸声在小校场周围不断产生，这使张霁浦的突击部队遭到重大伤亡，他本人

也被弹片命中倒在地上无法动弹，幸得2名士兵拼命拉着他的衣服后退，才捡回一条命。位于开阔地的中国军队很快就被炸散，他们不得不分散开来各自逃命。

这次炮击是日军的"杰作"，他们为了保障这颗太原城内的"钉子"开始实施无差别轰炸。不仅如此，日军炮兵还进行纵深轰炸，将东北区的大量房屋炸塌，导致道路阻塞、电线杆折断、电灯失明。电话线也是时断时续，前脚电话兵将炸断的

▲正在试图扑灭被日军炮火轰炸而产生大火的太原警民。

电线接好，后脚就又被炸弹炸断，这对守军各部队之间的联系造成了很大的麻烦。更严重的是，发电厂也在这次猛烈的炮击中遭到重创。虽然城内戒严，本就没有多少建筑敢开灯，但发电终止，不仅使全城陷入一片黑暗，更使军队所需用电也开始告急。

日军炮兵的这次轰炸不单单是为了保护城内的友军。轰炸开始后，潜伏在城内的特工和汉奸开始大肆出击，尤其是在第218旅旅部附近、第435团第2营的后方，到处都在打黑枪，不少落单的宪兵、警察和传令兵都因此丧生。

日军特工和汉奸的嚣张行为打乱了第

435团第2营对炮兵营盘的进攻部署，更使戒严司令曾延毅头疼万分。根据连续2天的秘密调查，稽查处长马秉仁已经了解到位于小北门不远处的天主教堂是日军特工的一个据点。7日中午，马秉仁与曾延毅等人商议对策，最终曾延毅决定在晚上调集宪兵队突击教堂，力求将教堂内的日本特工一网打尽。

可是这个计划被从东北角突入的日军步兵小队给破坏了。第435团和新9团的频繁调动，引起了城内日军特工的警觉，加上他们接到命令已经准备在夜间策应据守炮兵营盘的友军，导致曾延毅在带队突入教堂时扑了个空。此后限于战局混乱，

马秉仁抗战简历

马秉仁，河北省清苑县（现属保定市）人，字彝轩。回族。出生于1894年。1918年9月毕业于保定陆军军官学校第五期步兵科。1945年2月20日任陆军少将。

1931年9月时任包头市警察局局长兼保安总队总队长。

1932年1月调任绥远省政府国民兵征兵训练处上校处长。

1935年9月调升晋绥军宪兵司令部少将副司令。

1937年9月兼任太原戒严司令部副司令、稽查处处长。

1938年6月调任绥远省游击军少将副司令。10月升任绥远省游击军中将司令。

1940年6月调任第8战区中将高级参谋。

1945年8月调任包头警备司令部中将司令兼包头市政务委员会主任委员（至抗战胜利）。

曾延毅再也没能够掌握到日军特工的新动向，眼看天际线上的光线逐渐亮起，他却只能在戒严司令部里诅咒起那位擅自脱离岗位的省会公安局长程树荣，"你自己跑掉也就算了，竟然把太原的警察也都带走，害得老子在城内瞎打瞎跑，再让老子碰到，非扒了你程树荣的皮不可！"

比曾延毅更急的当属第218旅旅长董其武了。第435团第2营第3次进攻炮兵营盘失利后，该营已经秩序大乱。营长滑廷璧好不容易整理好部队，又碰到日军特工在旅部附近制造混乱，并对弹药库投掷炸弹。弹药库要是出了问题，那对太原守军将是一个严重打击，任凭你再英勇、武器再多，但缺少了弹药的供给，你就是日军的活靶子，手中的武器和烧火棍又有什么区别呢？董其武得知这个情况后，急忙带着团长许书庭分别返回位于国民师范学校的旅部和位于成城中学的团部着手部署反击事宜。

在城外日军的炮击以及城内日军特工和汉奸的袭扰下，滑廷璧竟然没了主意，他没有继续组织第4次进攻，只是命令部队就地散开，隔着空旷的操场对炮兵营盘的房屋进行盲目射击，这根本就对日军步兵造不成什么杀伤。就这样，第2营迎来了8日的黎明，当董其武好不容易解除弹药库的后顾之忧，托着疲惫身躯返回第2营前进阵地时，这才惊讶地得知滑廷璧放了一夜的枪，却没有发起任何进攻。董其武气得当场下令将滑廷璧逮捕拘押，随即命令中校团附吴昌烈接过第2营的指挥权。

第2营在7日夜间连攻3次都告失败，这已经使全营官兵疲惫万分，滑廷璧此刻又被逮捕，更是严重打击该营士兵的士气，以致由董其武压阵、吴昌烈指挥的第4次进攻再次以失败告终。看着太阳从天际线上徐徐升起，董其武只能唉声叹气地将进攻失败的消息报告给傅作义。

傅作义始终在守备司令部内坐镇，城内的混乱局面使他一夜未眠，就盼着能得到城内日军被悉数歼灭的报告，可等来的却是进攻失败的消息。傅作义当即命令将滑廷璧押到守备司令部听候处理，一面通过电话命令第211旅和第218旅调整部署。他知道，日军一旦再次发起进攻，城内的日军必定会主动出击配合，因此东北角必须调派新的有生力量填补，加强防守力度。

经过协调，傅作义最终决定由第218旅435团抽调1个营增援位于东北角城头阵地的第419团第1营和第3营，董其武随即将这个重任交给了第435团第3营，营长李登明接受任务后毅然率领部队登上东北角城头。3个营由第419团团长袁庆荣统一指挥，分别在缺口的左右两段部署兵力。这一次，袁庆荣亲自坐镇张惠源的营部，准备迎接日军即将发起的新的进攻。

当天晚上，傅作义还接到2个新的情报。其一，是太原南郊已经出现日军。根据第213旅的侦察，这股日军极有可能是第20师团的部队，并且看样子有向南郊火车站进攻的企图。如果真的是第20师团赶

▲正在指挥战斗的第419团团长袁庆荣。

到太原，那对于傅作义以及全体太原守军来说，都是一个噩耗。

另一个情报倒让傅作义有所释怀，这是汤恩伯第20军团部发来的电报。电报说第20军团的先头部队已经进抵太谷，只要守军能够再坚持3天左右，军团主力就能从侧翼接应太原守军，进而威胁日军第20师团，这对今后的战局发展将起到关键作用。第20军团对阵第20师团，究竟谁能占得上风，傅作义并不知道，但他还是期待第20军团能够倾尽全力出击，来缓解太原的压力。

位于东山临时指挥所的日军第5师团师团长板垣征四郎同傅作义一样彻夜未眠。第42联队第1大队的1个小队突入城内是日军在7日当天最大的收获，对于板垣来说这绝对是一件值得全军振奋的消息。有了这个基础，板垣在当天黄昏时就迫不及待地命令各部队长到指挥所开会。

看着到会的少将和大佐们，板垣难掩内心的喜悦，他决定将总攻时间定在8日上午5时30分。这次进攻，可说是倾巢出动。板垣命令，筱原兵团所属步兵第30联队正式投入作战，进攻旱西门至西北角

▲傅作义（前排左一）和汤恩伯（前排左二）曾经在绥东前线并肩作战。

（不含）一线的城墙线，步兵第21联队进攻西北角至小北门一线的城墙线，步兵第42联队以主力继续从东北角取得突破，一部进攻小北门（不含）至东北角（不含）一线的城墙线，中国驻屯步兵第2联队进攻小东门至大东门一线的城墙线。接着，他又与临时航空兵团团长德川好敏取得联系，希望航空兵能够紧急油印一批警告书，由飞机空投入城，将日军要在8日进行总攻的消息予以散播，借此在城内制造更大的动乱。

警告书内容如下：

中国守军必须在8日上午6时在城墙上插上白旗，如果拒绝或不予回应，那么大日本皇军将断然发起进攻，希望城内的第三国人员以及中国良民能在此之前先行避难。

板垣已经决定在5时30分总攻，警告书却指出要中国军队在6点之前做出决定。很明显，板垣对中国军队的投降已经不抱任何希望，他要求航空兵投递这份警告书的目的，更重要的是希望守军能够误认为日军将在6点之后开始进攻，以起到掩人耳目的作用。

当天深夜，板垣还见到了第20师团所属步兵第78联队的1名副官。根据该副官

小林恒一简历

小林恒一，日本茨城县人。出生于1888年8月21日。1910年5月毕业于日本陆军士官学校第22期步兵科，1922年11月毕业于日本陆军大学第34期。1950年5月9日在西伯利亚病逝。他获得的勋章有：功二级金鵄勋章。

1935年8月1日晋升陆军步兵大佐，任广岛联队区司令官。

1937年8月2日调任步兵第78联队联队长。

1938年7月15日晋升陆军少将，调任第23师团步兵团司令官。

1939年5月15日调任第23师团步兵团长。

1939年8月30日调任第6军司令部附。

1940年8月1日调任东部军司令部附。12月26日调任东京湾要塞司令官。

1943年6月10日待命。7月2日转预备役，调任伪满洲国高等军事学校校长（直至日本投降）。

的报告，第78联队已经接近南郊，并作好了配合第5师团进攻的准备。副官在报告结束时还特地强调，联队长小林恒一表示第78联队只会在城外配合作战，并请师团长放心，攻占太原的荣誉只能是第5师团的。听完副官的报告，板垣露出从忻口到太原的第一次微笑，他似乎已经能够看到8日的太原将成为他的囊中之物了。

随着8日太阳的徐徐升起，无论是城内的中国守军还是城外的日军，无论是傅作义还是板垣征四郎，无论是军官还是士兵，他们都知道，一场决定性的大战即将开始了。

第十五章 傅作义逃跑了？

11月8日凌晨4时许，参加攻城的日军各步兵部队都已经在太原城外300米处做好了出击准备。面对城外"黄鸦鸦"一片的日军，城头上的守军官兵也都预感到一场恶战即将来临。是战争，总会死人，尤其是在一线作战的士兵最危险。此时此刻，他们都紧张地隐蔽在城墙上的射击孔内侧，默默等待着决定他们自己命运的时刻。

上午5时，日军的师团炮兵、旅团炮兵以及联队炮兵就开始对太原城头以及城外的前进阵地发起猛烈轰炸。一发发呼啸而至的炮弹在城墙上四处爆炸，直打得守军士兵抬不起头，有的士兵甚至还没反应过来，就已经被炸开的砖石砸中负伤，严重者，直接倒地身亡。

日军的师团炮兵主要集中火力轰击东北角的城墙缺口，以及北段城墙。在半个小时的连续炮击下，日军不仅将守军好不容易用沙包堵起的缺口再次炸开，甚至还扩大了缺口，使其达到10余米的宽度。此外，北段城墙也在师团炮兵的轰炸下出

▲进入预备阵地准备发起进攻的日军。

127

▲日军筱原旅团准备进攻。

现两处坍塌。第21联队和第42联队的联队炮兵主要轰炸目标是位于城外的前进阵地，萱岛支队的炮兵主要轰炸目标是小东门的瓮城以及左右两翼城墙，筱原旅团的炮兵主要轰炸目标是城墙的西北角，筱原诚一郎也想效仿东北角友军那样，从这里打开入城的通道。

上午5时30分，日军位于城西和城北的一线步兵按照计划在战车和装甲车的掩护下向城墙逐次推进。一时间，从城西到城北全线开火，激烈的枪炮声震耳欲聋，此情此景远非7日战斗所能相比。但在此时，城内却传出了"傅司令逃跑"的惊人消息，让守军士气一下子跌落到谷底，军心随之动摇。这究竟是怎么一回事呢？

事情还需要从日军发动总攻之前说起。8日凌晨5时左右，傅作义派少将副官长黄士桐去把曾延毅叫到守备司令部询问城内的肃奸进展。东北角的反击失败了，他寄希望能从曾延毅这里得到一些好消息。

曾延毅的回答让傅作义万分失望。就在昨天，曾延毅还曾经通过电话信誓旦旦地向他保证在晚上解决日军特工的问题，可是等来的却是失望。曾延毅虽然补充说抓到了几个日军特工，正在加紧审问，但傅作义还是忍不住地斥责了曾延毅几句，并厉声要求曾氏一定要在今天将特工

筱原诚一郎简历

筱原诚一郎，日本群马县人。出生于1884年5月11日。1905年3月毕业于日本陆军士官学校第17期步兵科。1972年7月8日病逝。他获得的勋章有：功二级金鵄勋章。

1931年8月1日晋升陆军步兵大佐，任第16师团司令部附。

1933年8月1日调任步兵第40联队联队长。

1936年3月7日晋升陆军少将。3月23日调任步兵第15旅团旅团长。

1938年3月1日调任第1国境守备队队长。

1939年3月9日晋升陆军中将，调任关东军司令部附。5月19日调任第116师团师团长。

1941年10月15日调任参谋本部附。

1942年4月2日转预备役（直至日本投降）。

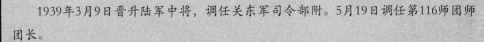

问题彻底解决。"如果没有完成呢？"曾延毅有些负气地反问。"提头来见！"傅作义冷冷地从嘴里吐出这4个字，就背过身去看挂在墙上的城防部署图了。

城内环境复杂，日军特工又神出鬼没，在失去太原本地警察协助的情况下，曾延毅确实已经尽了自己最大的努力去履行职责。"想当初在涿州和你出生入死，有怕过什么吗？中原大战反蒋失败后，我坚决拥护你入主绥远，去年在绥东打击伪蒙军，我虽然被免去了兵权当了有职无名的空头副军长，但是我有过怨言

▲被抓获的日军特务（中）。

吗？你倒好，临了这么对我，老子不伺候了！"曾延毅没有再表示什么，一言不发地离开了守备司令部。

曾延毅返回戒严司令部后，越想越气，他叫来参谋长郗莘田，让郗氏备马跟他一起出去。郗莘田当时正在制订一份新的宪兵巡逻计划，被曾延毅这么一叫，以为有紧急军情，就急匆匆地命令卫兵备马，随后跟着曾氏以小跑的速度出门。那些不知情的参谋、副官见状，以为有什么紧急任务，也都纷纷匆忙地跟随而出。军官一动，部分卫士和勤杂人员也蜂拥而出，一行人紧跟着曾延毅所骑的白马直向大南门飞驰而去。

曾延毅抵达的大南门此时尚无战事，只听他对着城头大声叫喊，"我是第35军副军长兼太原戒严司令曾延毅，奉总司令的命令出城公干，给我立即把封堵在城门前的沙包移开！"

负责城防的第213旅第425团团长李在溪闻讯，急忙向下探视，发现果然是曾延毅本人。本着负责的态度，李在溪要求曾延毅出示守备司令部的出城命令后才能遵照执行。曾延毅怎么可能有这份命令呢？情急之下，他命令左右迅速上前去移动沙包。

李在溪见状，赶紧拔出手枪对天鸣放，试图阻止曾延毅部属的行为，但根本没有起到丝毫作用。戒严司令部的人员仗着曾延毅的地位和傅作义的关系，继续在搬移沙包，城防部队也不敢作出过激行为去得罪曾延毅，毕竟第425团不是傅作义的嫡系，如果不幸发生火并伤及曾氏，对傅作义不好交代。李在溪等人就只能眼睁

郗莘田抗战简历

郗莘田，河北省满城县人，字尹耕。出生于1893年2月24日。1916年5月毕业于保定陆军军官学校第二期步兵科。1935年5月24日任陆军步兵中校。1937年6月9日晋任陆军步兵上校。1947年12月3日退役。1978年12月在内蒙古自治区呼和浩特市病逝。他获得的勋章有：忠勤勋章。

1931年9月时任第35军参谋处中校参谋。

1932年3月调任第73师第218旅中校参谋长。

1935年5月升任第35军上校副参谋长。

1937年11月兼任太原戒严司令部参谋长。

1938年4月调任绥远省游击军第2旅第4团上校团长。

1940年8月调任第8战区副司令长官部参谋处上校参谋。

1944年3月调升暂编第10师上校参谋长。

1945年8月调升第12战区骑兵总指挥部少将参谋长（至抗战胜利）。

李在溪抗战简历

李在溪，山西省崞县（现原平市）人。出生于1890年6月21日。1916年毕业于山西陆军军士学校。1935年5月24日任陆军步兵中校。1937年5月6日晋任陆军步兵上校。卒时卒地不详。他获得的勋章有：忠勤勋章。

1931年9月时任第68师第201旅第420团上校团长。

1932年3月改任第68师第213旅第425团上校团长。

1936年5月改任第101师第213旅第425团上校团长。

1937年12月调任第73师上校附员。

1938年6月调任第2战区军政干部学校上校教官（至抗战胜利）。

睁地看着城门前的沙包被一点一点地挪开。

尽管如此，曾延毅还是嫌自己的部属行动太慢，只见他下马后开始和自己的部属一起搬动沙包，这一搬才知道，封堵城门时惟恐堵得不严，沙包被堆得层层都是，而且还不断用土充实沙包与沙包之间的空隙，这真让搬沙包的人叫苦连天。经过一阵折腾，他们也只是在城门上方打开了一个仅容一人通过的三角空隙。曾延毅等不及了，他命令几名身强力壮的士兵把他举到沙包上，随后在这些士兵的推动下，只身通过缝隙钻出城门。曾延毅跃到城门外后也顾不得随从是不是能跟上，1个人径直往西南方向离去。

郗莘田直到曾延毅爬上沙

▲第35军副军长兼太原戒严司令曾延毅。

包才算是真正地反应过来，自己的顶头上司竟然在这个时候想跑？那自己这个参谋长还留着干嘛？想到这里，他叫来一名卫士，让他迅速前往守备司令部报告傅作义，就说曾延毅出城，自己作为参谋长有义务将曾氏追回。接着，郗莘田也翻身下马试图钻出城门，却发现戒严司令部的其他官兵也开始疯抢着想要从城门洞里爬出去，照这个速度，自己什么时候才能出城呢？郗莘田略一考虑，随即翻身上马向水西门急驰而去。

负责水西门城防的新编第6团团长续儒林同样不敢得罪戒严司令部的人，不等续氏作出反应，郗莘田就威逼着负责城门守备任务的连长打开早就了解的暗道，他连马都没有下，直接弓着身体骑马出城去了。

20分钟后，郗莘田与曾延毅在汾河东岸碰头了。郗莘田知道曾延毅是弃马出城，但此时曾氏却又有了一匹马，经过询问才得知这马是连长张霁浦的。张霁浦是7日深夜进攻炮兵营盘时的负伤军官，由于左臂伤口有所感染，野战医院的医生建议张霁浦应该立即出城寻找大医院治疗。张霁浦于是在傅作义的特批下，骑着马从水西门暗道出城。受伤势影响，张霁浦不敢策马飞驰，只得缓缓前行，没想反被出城后一路小跑的曾延毅追到了。曾延毅也不管张霁浦伤势如何，直接以副军长的身份命令张氏将马让给他，张霁浦哪敢违抗，只得让马于曾氏。曾延毅随即骑马向汾河方向急驰而去，只落得张霁浦撑着负伤的身躯，在后面慢步而行。

曾延毅与郗莘田会合后沿河继续南下，不久就找到了一座木桥，随即渡河而去，这时候的郗莘田哪还会提曾氏回城的要求呢？至于张霁浦，因为错过了最佳治疗时间，导致左臂溃烂而不得不被医生截肢处理，从此成了残废。对于曾延毅的临阵脱逃，傅作义碍于多年情面没有处以极刑，他在免去曾延毅的军职后打发他到天津去当了寓公，张霁浦则在伤口愈合后被傅作义提拔为第8战区副司令长官部侦察总队的中校总队长。

曾延毅等人逃跑时，戒严副司令兼稽查处长马秉仁正坐着"李牧"号装甲车在城东巡视。马秉仁同样无意死守太原，他在得知曾延毅从大南门逃跑的消息后，干脆命令驾驶兵将装甲车直接开到大南门，打算从这里出城。当马秉仁抵达目的地时，才知道城门只被打开了一个小洞，他急忙爬出装甲车，从炮兵掩体的射击孔内爬了出去。

城北的战火还在持续，城南却上演了那么一出出的丑剧，由于"傅"与"副"同音，副军长曾延毅和副司令马秉仁出城的消息经过不断地传播，竟然演变成傅作义逃跑的谣言。"傅军长逃跑啦！""傅司令逃跑啦！"很快，这个消息传遍全城！

城南和城西守军是最先得知这个信息的。傅司令都逃跑了，我们还留在太原干嘛？两地守军立即陷入混乱，他们官不管兵，兵不顾官，纷纷扔下武器，使用各种方法离城而去。各级部队长起初还能严肃军纪枪毙逃兵，但治标不治本，不仅逃跑的士兵越来越多，就连一些连、排长也开始逃跑了。到了中午12时左右，部分城墙段已经看不到一个人影。

傅作义感觉自己快要疯了，此时他的双眼已经布满血丝，脸上的胡碴也没有时间修饰。炮兵营盘没能收复，城内肃奸又告失败，就连出生入死的好兄弟曾延毅也跑了，这对傅作义来说无异于雪上加霜。事情的发展还在继续恶化，当他准备带人巡视城头以表明自己仍在太原坐镇时，守

备司令部外面突然枪声大作。只见副官长黄士桐气喘吁吁地跑进来对着傅作义大喊道："敌人在总部门外打枪，快打进总部来了！"

接连不断的噩耗已经让傅作义心里一团怒火，这黄士桐此刻又在"伤口上撒盐"。傅作义彻底火了，他大声对着黄士桐骂道："谁说的？简直是汉奸造谣，惑乱军心，我要砍你脑袋！"

傅作义这一骂，当时就把黄士桐给骂得愣住了，他以立正的姿势站在那里，不知道该如何是好。高参陈炳谦这时候悄悄

黄士桐抗战简历

黄士桐，江苏省海门县（现海门市）人，字剑白。出生于1895年9月25日。1916年8月毕业于保定陆军军官学校第三期骑兵科，1946年3月毕业于南京陆军大学特别班第七期。1942年8月6日任陆军少将。卒时卒地不详。他获得的勋章有：忠勤勋章。

1931年9月时在乡赋闲。

1932年3月24日出任骑兵第1旅第1团上校团长。

1934年1月31日调任陆军骑兵学校上校教官。

1937年1月调任第35军上校副官长。9月升任第7集团军少将副官长。12月调任第2战区北路军少将副官长。

1938年3月调任第69师少将副师长。

1939年7月1日升任第69师少将师长。

1940年11月1日调升第61军少将副军长。

1941年11月调升伊盟守备军中将副司令。

1943年10月考入陆军大学深造（至抗战胜利）。

地来到黄士桐身旁拉了一下他的衣袖，并用眼色暗示他赶紧出去。黄士桐见状只得垂头丧气地退出司令部大院，他心里一肚子委屈，"人家几千里跑来帮你抗战，还骂人家汉奸，要砍人家的头，咱是不能再干了"。总算是督察长韩伯琴和宪兵第10队队长刘如砺不断地对他进行劝导，这才将黄士桐的情绪给稳定下来。3人随即商量，为了稳定守备司令部附近的部队，由黄集合第35军特务连、刘集合宪兵第10队、韩集合保警第3队，将这3支部队分别控制在防空洞附近的空房间内，让连长或队长站在门口，以防士兵受到"傅作义逃跑"的影响而动摇逃跑。

尽管如此，在司令部大院效力的绥远省政府秘书林亚萍（国民政府主席林森的侄子）还是和特务连的三十几名士兵乘乱离开司令部，直向水西门跑去。韩伯琴闻讯后，急忙骑马追赶，他经过耐心劝说，终于使林亚萍打消了出城念头。林亚萍对自己轻信谣言带头逃跑懊悔不已，为了弥补过失，他当即站到沙包上对着混乱的士兵大声喊道，"我是总部的秘书，总司令现在还在司令部里坐镇，是条汉子的都跟我回去保卫总司令去！"林亚萍的表现，不仅使特务连的士兵随他一起返回守备司令部，还影响到新编第6团部分打算出城的士兵，他们在团长续儒林和几名营长的劝导下纷纷返回到原来的岗位。此后，林亚萍以实际行动证明了自己，他在太原城陷时的突围战斗中身亡。

就在韩伯琴等人努力稳定守备司令部

相关人员时，傅作义已经命令新9团团长孙越暂时代理戒严司令一职。事毕，他又迫不及待地带着袁庆曾以及部分总部幕僚前往城东和城北稳定军心。他们最先抵达的是战况最激烈的东北角，这个地方的战事已经由第211旅旅长孙兰峰直接负责指挥。孙兰峰是傅作义的老部下，他知道傅氏不会临阵脱逃，在见到傅作义亲自前来视察时喜出望外，不仅坚定了继续防守下去的信心，还在接待完傅作义后亲自带着特务排投入到战斗中。

傅作义随后绕过炮兵营盘视察城北。董其武对于傅作义的到来同样感到欣喜，他连忙命令副官去城墙上宣传总司令前来视察的消息，接着又将没有参战的预备队集中起来接受傅作义检阅。城北和城东的守军本就是傅作义的嫡系部队，此刻在得知傅氏根本就没有逃跑后，士气大增，两处军心随即得到稳定。

接着，傅作义又先后视察了城西和城南。当他带着幕僚抵达位于国立山西大学的第213旅旅部时，还向旅长杨维垣询问起对战局的看法。杨维垣认为，"总司令原来接受的任务，是有友军'依城野战'配合作战的固守太原的战役，结果友军自行南撤，让我们变成了'孤城应战'，独挡日军的合围攻城，总司令受命于危难之际，指挥的多是残兵败将，在此形同盆地的太原城，能固守到现在已属难能可贵"。杨维垣还提议守军目前"不应该计较一城一地的得失，如果要继续打下去，可以出南门、过汾河、上西山，重整旗鼓

杨维垣抗战简历

杨维垣，山西省荣河县（现临猗县）人，字紫宸。出生于1896年3月27日。1921年8月毕业于山西陆军学兵团第一期步兵科。1935年5月2日任陆军步兵上校。1937年5月7日晋任陆军少将。1988年9月在内蒙古自治区呼和浩特市病逝。他获得的勋章有：四等云麾勋章、胜利勋章。

1931年9月时任第68师第201旅第401团上校团长。

1936年6月调升第101师第213旅少将旅长。

1937年12月调升第73师少将副师长。

1939年3月6日调任第101师少将副师长兼第35军动员训练司令。

1940年8月调任暂编第17师少将副师长。

1945年8月调任第12战区副官处少将处长（至抗战胜利）。

▲位于太原城南的第213旅防区。

继续抗敌"。

对于杨维垣的主张，傅作义并没有立即表态，他在要求杨维垣控制好已有部队防备日军攻击城南后，就带着幕僚返回守备司令部去了。

傅作义用了大约3个多小时巡视完全城，使守军的军心和士气都得到巩固和加强，但谣言的传播仍然使守军元气大伤。经过参谋处长苏开元的调查统计，扣除城北城东的预估伤亡，此时守军的兵力大致为：第211旅约5个营，第218旅约4个营，第213旅约4个营，新编独立第1旅约3个营，新编第8团约5个连，新编第9团约6个连。其中新编第6团逃兵最多，加起来也只有500多人。其次是第425团，该团部署在城外壕沟内的第2营因为不在城内，竟然逃得只剩下营长、营附和马夫3个人，把李在溪气得直接让营长张模与阵地共存亡。总算是中校团附贾斗魁和第3营营长傅子文不断求情，这才让张模等人从城墙上的射击孔内爬了进来。

事情发展成这样，傅作义也只能在司令部里尽人事听天命了。

第十六章　城北、城西战事

11月8日上午5时30分，各路日军齐向太原城发起总攻。炮兵、坦克的轰炸，使城头以及前进阵地尘土飞扬、硝烟滚滚，到处都是残垣断壁。最先交上火的，是担负北关守备任务的第420团第2营，攻方是日军步兵第21联队第3大队。

第2营在进入北关时，中校团附成于念和营长卫景林就决定将主力配置在北关

大街左右的几座大院里。根据成于念的命令，所有士兵全部隐蔽在屋顶上，利用屋沿作为掩护，并准备好大量的手榴弹。没有军官的命令，所有士兵都不允许射击，更不允许暴露目标，第2营的全体官兵就这样静静地等待着日军上门。

日军第21联队第3大队大队长平岩少佐起初以为会遭到激烈抵抗，没想到部队

▲进攻中的日军第21联队。

进入北关后却出乎意料的顺利。考虑到在7日战斗中吃过伏击的亏，平岩不敢掉以轻心，他命令先头小队的士兵分为两列，士兵与士兵之间保持大约3米的距离，他们在2辆95式轻型坦克掩护下贴着北关大街房屋的两侧墙壁缓缓前进。

北关硝烟弥漫，除了依旧持续的炮击声外，就属坦克前进的隆隆声最引人注目。日军步兵小队虽然十分谨慎地向前推进，但他们并不知道自己已经在不知不觉中进入到中国军队预设好的伏击圈中。

"打！"在排长杨庚东的一声大喊下，两侧屋顶上的机枪、冲锋枪、步枪以及手榴弹纷纷向日军步兵倾泻而去，许多日军还没反应过来就纷纷中弹倒地。没有中弹的，或是轻伤的则在坦克的火力掩护下向后退去。伏击再告成功！根据当时参战的士兵李敏才回忆，当时日军被击毙17人，另有2名重伤的士兵因无法逃跑而成为俘虏。由此可见，绝不轻易放弃战友的日军在此时有多么的狼狈。

看到先头部队败退而回，平岩随即改变策略，他命令机枪小队在坦克掩护下从远处集中火力射击两侧房屋的屋顶，并集中迫击炮实施轰炸，迫使屋顶上的中国士兵不得不下到院内据墙抵抗。

对于守军的顽强抵抗，日军不得不开始用掷弹筒逐个挨屋射击，但并不是每一间房内都有中国士兵占据，往往日军一阵猛射，等到冲进去时才发现根本没有人。有的房屋看上去没人，但日军步兵靠近后却又遭到猛烈的射击。更让日军头疼的是，许多墙脚根上也有中国士兵事先挖掘好的机枪射击孔。这些射击孔十分隐蔽，只有在靠近时才会开火，导致许多步兵虽然没有阵亡，却都因为腿部受伤而倒在地上无法动弹。为了救援这些伤员，日军步兵又不得不从战斗人员中分出人手去将伤员拖拽出战区。如此种种，使日军步兵的前进步伐十分缓慢。日军甚至在战报中使用起"增大困难、处于停顿"等字眼来形容在北关的战况，可见

▲日军伤兵。

日军在当时有多么的窘迫。

大队长平岩无奈之下只得下令步兵退后，随即申请联队炮兵对北关大街两旁的房屋进行无差别的猛烈轰炸。一时间大量房屋倒塌，砖瓦碎片到处飞扬，守军在此情况下伤亡十分巨大。以李敏才所在的这个排为例，半小时内打到只剩下13人，排长杨庚东的胸部也被炮弹炸伤而无法动弹，他喘息着命令班长李志超带着幸存下来的士兵迅速与连主力会合，以便继续抵抗，自己则留在一堵院墙旁边，与另1名重伤士兵车润孩背靠背地坐着。当他们在看见有日军士兵冲入院内后，一同拉响了手榴弹……

北关战斗持续了将近3个小时，第2营在日军的猛烈进攻下伤亡惨重，第4连连长杨汉俊、机枪连排长张明轩都在与日军争夺院落时先后阵亡。李敏才的这个排在撤出战斗时仅剩下5人。经过团附成于念的再三请示，第420团团长李思温终于在上午10时许允许该营从小东门旁的暗道撤回城内。

没曾想到，第2营在后撤时又发生了意外。该营在战前补充了一批绥远省国民兵，当时的正规军制服色是蓝灰色，而国民兵制服色与日军一样是土黄色。第2营后撤时，城上的士兵误以为身穿土黄色制服的士兵是日军士兵在尾随追击，他们随即用机枪和手榴弹进行攻击。这些士兵的本意是想掩护第2营残部顺利撤回，却没想因此而使断后的部队平白遭到攻击，付出了不应该的伤亡。当第2营进入城内向团长李思温报道时全营已不足40人，李思温随即命令将第2营缩编为1个战斗排，由营长卫景林亲自指挥，作为团预备队使用。

日军第21联队在占领北关后，从城墙西北角到小北门这一段城墙的前方就没有任何能够阻挡他们前进的阻碍物了。随着联队长粟饭原的一声令下，第3大队于上午9时30分继续对着大北门至小北门（不含）一线的城墙线发起进攻。位于其右翼的第1大队，也在大队长竹之内少佐的率领下，对城墙西北角（不含）至大北门（不含）一线的城墙发起进攻。

日军炮兵为了掩护步兵，开始集中火力轰炸大北门。城墙上的炮垒一旦还击，就会引来日军炮兵的集中轰炸，直到炮垒再也发不出"声音"。大北门在不断轰炸下，城楼完全被毁，熊熊烈火以及产生的黑色浓烟直冲云霄，令人百米内都无法接近。

日军第21联队第3大队大队长平岩少佐以2个中队的兵力，在坦克掩护下猛攻大北门，另以1个中队的兵力进攻大北门至小北门一线的城墙，他们分别遭到守军第420团第1营和第3营的顽强抵抗。对于第1营营长张世珍来说，自己的部队要比东北角的友军幸运。日军炮火虽猛，但并没有将城墙炸塌，日军步兵随即又掩护工兵突进到城墙根埋设炸药，也被守军成功击退，这就迫使步兵不得不采用最古老的云梯攻法去强登城墙。张世珍所需要做的，就是亲自站在最关键的战场——瓮城城头上督战，以激励士兵奋勇反击，不

粟饭原秀简历

粟饭原秀，日本德岛县人。生年不详。1911年5月毕业于日本陆军士官学校第23期步兵科，1919年11月毕业于日本陆军大学第31期。卒时卒地不详。

1934年8月1日晋升陆军步兵大佐。

1935年8月1日调任参谋本部附。12月2日调任步兵第21联队联队长。

1937年12月4日调任第1师团司令部附。

1938年7月15日晋升陆军少将，调任基隆要塞司令官。

1939年10月2日待命。10月20日转预备役。后事不详。

让日军有任何进展。位于其右翼的第3营同样遭到日军进攻，他们与第1营密切配合，互相支援，哪里出现防御缺口，就立即调兵支援反攻。

在大北门的左段城墙上，守军新编第3团第1营面临的是第21联队第1大队的进攻。新3团团长姚骊祥亲自坐镇城头指挥反击，全营官兵为此士气大振，他们拿着手中武器对城下的日军步兵不断射击，但由于该团新兵较多，许多士兵甚至还没有

姚骊祥抗战简历

姚骊祥，山西省垣曲县人，字浦。出生于1893年12月26日。1918年9月毕业于保定陆军军官学校第五期炮兵科。1936年8月26日任陆军少将。1946年7月31日退役。1967年7月8日在四川省泸州市病逝。他获得的勋章有：忠勤勋章。

1931年9月时任蒙边司令部少将参谋长。

1936年7月改任新编第3团少将团长。

1937年11月30日调升第101师第218旅少将旅长。

1938年10月调任第35军少将附员。

1939年1月出任第8战区少将高级参谋。

1943年9月调任军事参议院少将参议（至抗战胜利）。

完成射击训练，以致打出的子弹虽多，但真正命中目标的却极少。

位于新3团第1营阵地前方的护城河因与城西护城河相连，水深也有1米左右。日军起初以为这里的水位不深，便直接跳入河中试图迅速登岸。不想跳下之后才发现水位不浅，对平均身高只有一米五六左右的日本人来说，要想迅速过河还是有些吃力的。前进速度受阻，使这些跳入护城河内的士兵行动缓慢，反倒成为城上守军的靶子。姚骊祥见状，赶紧抽调一些老兵，专门射杀护城河上的日军步兵。

▲越过护城河继续进攻的日军。

在远处观察战况的大队长竹之内很快就发现情况不对，在申请到联队炮兵的支援后开始对城头猛轰，这才成功掩护步兵越过护城河。可是当过河的步兵继续冲锋时，不想又进入到地雷阵中，随着地雷的引爆声不断响起，日军步兵积尸累累，再次陷入停滞状态。面对这些麻烦，竹之内咬牙切齿，他被迫命令部队后退，并再次申请联队炮兵对雷区实施轰炸。这一炸，就炸到了中午。新3团第1营官兵如释重负般地度过了8日上午。

位于城西的新3团第2营、第3营和新6团第3营就没有那么轻松了，3个营的对手是日军步兵第30联队。联队长猪鹿仓大佐一开始就投入了2个大队的兵力对西北角至旱西门一线城墙发起进攻，他们在炮兵和轻型装甲车的掩护下，很快就靠近护城河，并以猛烈火力压制位于城头的火力点，工兵乘此机会纷纷跳入河内架设简易浮桥，以便后续步兵能够顺利通过。

城西守军以新兵居多，他们在日军猛烈火力的压制下显得十分慌乱，竟使日军成功突破整个太原城最难越过的城西护城河。但日军在越过护城河后同样在地雷区受阻，不断传出的爆炸声迫使步兵停止前进的步伐，中雷受伤的日军倒在地上哀嚎不止。城上士兵见状，纷纷冷静下来，加上几名营长又都在城头督战，总算是将日军的第1次进攻打退了。

联队长猪鹿仓大佐随即申请到野炮兵第2联队的火力支援，该联队集中炮火对地雷区实施轰炸，以扫清步兵的前进道

猪鹿仓徹郎简历

猪鹿仓徹郎，日本鹿儿岛县人。出生于1886年8月30日。1907年5月毕业于日本陆军士官学校第19期步兵科。卒时卒地不详。他获得的勋章有：功三级金鵄勋章、功四级金鵄勋章。

1935年8月1日晋升陆军步兵大佐，任大村联队区司令官。

1937年8月2日调任步兵第30联队联队长。

1938年7月15日晋升陆军少将，调任留守第6师团师团长

1939年8月1日待命。9月3日转预备役。

1941年4月10日出任新潟联队区司令官（直至日本投降）。

路，这反倒使城西战局得到了暂时性的稳定。此后守军虽然受到"傅作义逃跑事件"的影响而产生不少逃兵，但城西的整体战局并没有发生较大变化。

与此同时，日军第42联队第2大队对小北门至东北角（不含）一线的城墙发起猛烈进攻。由于7日下午东北角的混乱局面，第436团团长李作栋已经在7日晚上将位于城外前进阵地的第1营调回城内休整，并作为预备队使用，这就使日军第2大队直接攻至小北门。小北门的守军是第436团第2营，营长王建业拿着冲锋枪在瓮城参与作战，部属见营长如此英勇，也纷纷效命死战，坚守阵地不退。

日军第3大队虽然依靠炮兵和坦克的火力支援攀爬登城成功，但立足未稳又接连3次被守军组织的敢死队打退。当第2大队第4次登上小北门的瓮城城头时，营长

王建业手头已经无兵可调。危急时刻，团长李作栋命令第1营投入战斗。该营营长刘丽三与连长张峰岚各率1支40余人的敢死队奋勇冲向敌群，他们先是以冲锋枪抵近扫射，在与日军士兵接触后又挥舞手中大刀。不久之后，王建业又勉强抽调出来10余名士兵，并交由第6连代理连长刘本德率领加入战斗。

刘本德精通武术，尤其是刀法出神入化。在抗战全面爆发时，他还只是一名下士，但在经过3个多月的战斗后，靠着自己的武勇而成为代理连长。只见他飞身冲入敌阵舞动大刀，当即就将2名日军士兵砍倒，跟随他突击的士兵在战前大都跟刘本德学过刀法，他们个个有如猛虎扑食般冲入战阵，与第1营的官兵齐心协力展开反击。日军在如此不要命的打法下，终于支撑不住开始败退，在后面的日军步兵还

李作栋抗战简历

李作栋，山西省稷山县人，字松轩。出生于1903年4月24日。1928年9月毕业于北方陆军军官学校第一期步兵科。1935年7月5日任陆军步兵少校。1943年1月23日晋任陆军步兵中校。1945年3月9日晋任陆军步兵上校。1977年1月在内蒙古自治区呼和浩特市病逝。他获得的勋章有：五等宝鼎勋章。

1931年9月时任第73师第211旅第422团第1营少校营长。

1933年6月升任第73师第211旅第422团第1营中校营长。

1936年5月调升第35军第218旅第436团上校团长。

1937年12月改任第101师第213旅第425团上校团长。

1938年5月调任第101师上校附员。

1939年3月调任绥远省游击第3支队上校司令。

1940年6月调升新编第32师上校副师长。

1943年8月调升绥远省第3游击区少将司令。

1945年8月调任暂编骑兵第1旅少将副旅长、代理旅长（至抗战胜利）。

▲角楼的激战。

能有机会退下城头，在前面的则成为了守军的刀下亡魂，他们的尸体七零八落地留在城墙上。

在打退日军的第4次进攻后，团长李作栋派中校团附王兴前往瓮城慰问部队。王兴抵达第6连阵地时，才知道该连已经换了12名连长，全连现在只剩下17人。李作栋随即将刘本德的英勇事迹汇报给守备司令部，并为刘本德等英勇官兵请奖。考虑到第1营在城外和瓮城连番恶战损失惨重，李作栋又命令将第1营余部编入第2营，由王建业统一指挥。第1营营长刘丽三和连长张峰岚等负伤官兵则送往设在陆军监狱的临时野战医院进行治疗。

进攻小北门至东北角（不含）的日军是第2大队第8中队，他们在中队长增山春

143

山少尉的指挥下顺利越过护城河，并继续向城墙迫近，但他们随即遭到了和友军第30联队相同的遭遇，那就是地雷阵。大队长中村三雄为了避免所部无谓的伤亡，命令该中队立即停止前进，随即申请联队炮兵实施火力支援，准备等到肃清地雷阵后再开始正式攻城。这一决定，使位于城墙上的第436团第3营在仅是遭到日军炮击的情况下度过了前3个小时。

7日上午8时，为了配合东北角的作战，日军开始集中炮火轰炸小北门至东北角一线的城墙。在连续半个小时的轰炸中，城墙被炸开了2个各约5米的缺口。大量坍塌的砖石在缺口中形成2道斜坡。大队长中村见状喜出望外，他考虑到联队炮兵已经对地雷阵持续了约1个多小时的轰炸，决定冒险命令步兵突击。在轻型坦克的掩护下，中村集中2个中队的兵力分成3路冒死越过雷区，随后迅速登上斜坡。

城头上的守军在烟尘逐渐消散时发现日军正在登坡，营长赵帛铭急忙组织还击。该营先是集中机枪和冲锋枪火力封锁两道斜坡，之后又集中迫击炮对城下等待登城的日军士兵实施轰炸。但日军也已经申请到联队炮兵的延伸轰炸，并使用掷弹筒不断打击城上火力点。双方你来我往，

▲正在激战中的日军。

打得直让人抬不起头。

中村为了迅速取得突破，决定亲自冒着守军的弹雨抵进城墙根，并不断呵斥士兵冲上斜坡。在中村的督战下，第7中队的金福军曹带着几名士兵冲上斜坡，并竖起太阳旗，但他们随即遭到守军子弹的重点"问候"，金福连中数弹从斜坡上翻滚下去。中队长金予义雄少尉接着又冒死登坡，他打算靠着自己的武勇激励士兵卖命，但刚登上斜坡就中弹身亡了。

在另一道斜坡上，第5中队中队长田中武雄高举军刀大声喊叫着亲自带队冲锋，他的行为很快就引起城头士兵的注意。在1名特等射手的重点"关照"下，田中少尉被一枪爆头，滚下斜坡而亡。

日军2个中队的士兵在见到自己的中队长阵亡后随即陷入混乱，守军营长赵帛铭抓住机会组织敢死队投入反击。日军因立足未稳，登上斜坡的士兵又不多，很快就被赶了下去。这时候，排长黄新一冲向竖起的日军太阳旗，他在用大刀砍倒了护旗士兵后对着旗杆猛砍数刀，终于将这面太阳旗投掷到城下，但他也随即成为日军的攻击目标，在几声炮响之后，黄新一被炮弹碎片击伤，因站立不稳而坠城身亡。

看到太阳旗落下，中村心里十分焦急。本来攻击的重点是在东北角，此刻他攻击的城北也出现缺口，如果不抓住机会成为第一支攻入太原的部队，着实可惜。可眼下攻城的2个中队都已经陷入混乱，中村只得命令第5中队的准尉小队长原田坂一和第6中队的少尉小队长宇佐川孝文将部队收容后退，准备在重新整理后再次发起进攻。

第十七章　东北角和城东战事

城北城西激战的同时，东北角的战事更加激烈。

日军步兵第42联队第1大队代理大队长丸谷大尉在吃了7日的亏后，发誓要在今天雪耻。当5时30分总攻开始时，丸谷大队并没有投入进攻。他们在等待，等待着城北和城西的战事将太原守军的预备队全部吸引过去。

上午7时，师团炮兵开始对东北角实施起近1个小时的密集轰炸，加上陆军航空兵的配合，东北角缺口被再次打开。原本填补城墙缺口的沙包被全部摧毁，左右城墙也在连续轰炸下不断坍塌，直至产生出1个约有10米长的缺口。

8时整，第42联队第1大队开始进攻。丸谷一开始就将所属2个步兵中队全部投入作战，他希望能在中午之前就从东北角突入城内，将被困一晚的部属解救出来，并夺得最先攻入太原城内的荣誉。

"帝国的勇士们，为天皇效命的时刻

▲日军第42联队士兵在进攻前稍事休整。

到了，你们的目标就在前方，冲啊！"随着丸谷的一声令下，第1中队在5辆92式重型装甲车的掩护下冲向缺口，并顺利越过已经干涸的护城河抵近斜坡。中队长中田竹雄亲自带着1个小队向斜坡冲锋，装甲车和机关枪中队则在后方对着缺口两边的城墙火力点进行猛烈射击。

经过7日深夜的调整，据守东北角城墙的部队计有第419团第1营、第2营和第435团第3营，这些部队由第419团团长袁庆荣统一指挥。第419团的2个营在7日的战斗中伤亡较大，此时已经不足一营兵力，第435团第3营建制完整，但主要都是绥远省国民兵，缺乏作战经验。

城墙再次坍塌后，将这3个营之间的联系切断。其中缺口的左侧是李登明指挥的第3营，缺口右侧是张惠源指挥的第1营和第2营，考虑到电话线时断时续，袁庆荣干脆下令改用旗语来维持双方的联系。

日军第1中队的小队长原田军曹最先冲上斜坡，几名士兵紧随其后，他们在继续前进了几步后遭到城头守军机枪的射击。原田最先中弹负伤，他半撑着身体试图督促士兵继续前进，但刚喊出声就再次中弹，当即身亡。第2中队的小队长野村准尉准备接棒继续尝试突击，但也同样中弹倒地，总算是身旁的士兵将他拖下斜坡才捡了条命。

刚开始进攻，日军的2个小队长就一死一伤，丸谷发急了。在他的严令下，第1中队中队长中田竹雄亲自指挥1个步兵小队和1个机枪小队互相掩护着登上斜坡。

▲进攻东北角的第1大队。

城头上密集的子弹依然在向他们射击，飞舞而下的手榴弹也在日军步兵身旁到处爆炸。但在日军机关枪小队的火力掩护下，他们还是成功地登上了坡顶。

日军登上坡顶那还了得？在第419团团长袁庆荣看来，只要日军再用把力，不就突进城内和昨天困守在炮兵营盘里的部队成功会合了吗？袁庆荣一改7日的表现，他带着早已挑选出来的奋勇队百余名官兵，从城墙缺口攀爬而下，与日军步兵展开搏斗。日军立足未稳，又缺乏后续跟进的步兵，很快就在袁庆荣奋勇队的厮杀下败退下去。此后为保缺口安全，袁庆荣干脆命令左右在斜坡上就地寻找掩体构筑防线，他不愿让日军有再次登坡的可能出现。

丸谷可不想让袁庆荣如愿，他将退下来的部队稍事整理后，不顾自己在忻口作战负伤还未痊愈的右臂，便亲自带着士兵们冲向斜坡。这次进攻，丸谷得到了联队炮兵的全力支援，他本人亲自冲锋，更使士气不断下降的士兵受到了些许鼓舞。

在日军联队炮兵的猛烈轰炸下，守在斜坡上的守军伤亡惨重。炮击停止时，这些已经被炸得浑身被灰尘泥土所掩埋的士兵刚翻起身，就不得不面对冲上来的日军。两军再次混战在一起，日军官兵用他们的佩刀、手枪或是刺刀实施近战攻击，斜坡上的守军由于使用的大都是冲锋枪，他们不得不丢弃枪械改用钢刀还击。

日军的后援开始不断增加，这使斜坡上的守军越战越少，逐渐处于劣势。袁庆荣左肩和左腿接连被日军刺刀刺伤，尽管如此，他仍然在坚持指挥。排长李得才见状，在靠近后劝他暂时退下，却被袁氏厉声拒绝。李得才见状，干脆紧紧护卫在袁庆荣身旁。这时，又有2名日军士兵向他们冲来。李得才为保团长安全，一个箭步向前打算独力对抗2名日军，但却在砍倒左侧日军后，被右侧日军的刺刀捅中腹部。李得才强忍剧痛，他左手紧握日军刺刀不让对方拔出，右手单举大刀直接向日军肩膀上砍去。在日军士兵大叫着滚落斜坡后，李得才也因腹部伤重而倒地牺牲。

位于缺口左右两侧城头的营长李登明和张惠源正在各自指挥所部与攻城的日军第1大队策应部队交火。李登明这时发现

▲第419团团长袁庆荣。

了斜坡上的险情，他当即将全营城头阵地交由连长曹登山负责，自己亲率1个排跃到斜坡驰援袁庆荣。

当李登明冲入战地时，袁庆荣已经因为失血过多而跌坐在地上喘息不止，要不是身旁还有几名士兵拼死保护，恐怕这时候已经成为烈士了。李登明见状，立即命令士兵将袁庆荣送往野战医院抢救，随即接过斜坡守军的指挥权继续投入作战。

对于东北角的战况，第42联队联队长大场四平再也坐不住了，他命令第3大队的集成中队立即投入东北角作战。第3大队在忻口会战中伤亡惨重，战后选其精锐编组为1个集成中队随联队向太原进发。代理中队长阿部源一以及所属士兵在7日就曾经申请参战过，联队长一下令，便迅速向东北角缺口冲去。

阿部中队的加入，使丸谷颜面无存，

他幻想的由第1大队独力冲入太原城的美梦破碎了。但阿部中队的有生力量确实推动了战局，位于斜坡上的中国守军支撑不住了。当营长李登明在斜坡上力战阵亡后，士兵们开始陆续后退。终于，在8日中午10时许，日军第1大队在第3大队集成中队的增援下冲过斜坡，进入城内，他们试图与困守炮兵营盘的部队会合，随后再继续扩大战果。

第211旅旅长孙兰峰得知袁庆荣负伤送下火线后，亲自带着特务排赶到东北角督战，他在抵达东北角缺口时，正好是李登明阵亡、日军冲过斜坡之际。看着情况危急，孙兰峰当即对着特务排的士兵喊着"不怕死的跟我冲！"话音未毕，他自己就率先冲向日军。孙兰峰以旅长之尊行普通士兵之责，不仅使特务排全体官兵奋勇倍增，就连斜坡上那些败退下来的士兵也受到鼓舞，纷纷转身投入反击。

丸谷好不容易突入城内，没高兴几分

王雷震抗战简历

　　王雷震，山西省稷山县人，字雨辰。出生于1901年4月26日。1922年8月毕业于山西陆军学兵团第二期步兵科。1936年3月19日任陆军步兵中校。1942年1月31日晋任陆军步兵上校。1945年2月20日晋任陆军少将。1983年10月12日在北京市病逝。他获得的勋章有：四等宝鼎勋章、四等云麾勋章、胜利勋章、忠勤勋章。

　　1931年9月时任第73师第210旅第420团第2营少校营长。

　　1932年3月调任第73师第218旅第435团第2营少校营长。

　　1933年6月调升第73师副官处中校主任。

　　1936年5月调升第35军第211旅第422团上校团长。

　　1937年12月改任第73师第211旅第422团上校团长。

　　1938年6月改任第73师第422团上校团长。

　　1939年3月调升新编第31师上校副师长。

　　1940年6月调升暂编第17师少将师长。

　　1943年7月22日升任暂编第3军少将副师长兼政治部主任。

　　1945年9月15日兼任暂编第10师师长（至抗战胜利）。

钟就碰上孙兰峰的反击，仓促间被迫组织防御，两军随即再次混战到一起。据守在炮兵营盘内的日军不愿意继续坐以待毙，他们见到友军冲入城内后，也冲出营房朝着东北角的斜坡冲去，试图与主力会合。孙兰峰所部遭到前后夹击，陷于不利境地。

孙兰峰一边指挥反击，一边命令副官和传令兵分别向城头的第419团和第422团求援。位于东北角至小东门一线城墙的第419团第2营虽然正与进攻的日军中国驻屯步兵第2联队一部交火，但营长张震万在接到命令后，仍然抽兵1个连下城增援。位于小东门指挥作战的第422团团长王雷震更是在接到命令后亲自带兵增援。

孙兰峰派副官去小东门传令时，授权王雷震从位于西南角的第421团抽调1个营前往东北角。经过联络，第421团团长刘景新同意抽调预备队第1营随王氏行动。王雷震随即将第1营与自己指挥的第3营合兵一处，向东北角飞奔而去。

就在王雷震统一指挥2个营以及419团2营的1个连即将越过小校场开阔地带时，第73师师长王思田正好带着所部200余人赶到，王氏随即将王雷震拦了下来。王雷震不明白王思田过来的意图，但作为下级，上校王雷震还是先向少将王思田敬了1个军礼。王思田骑在马上匆忙还礼，他在得知自己拦下的部队正是准备增援东北角的部队后气喘吁吁地表明自己是来传达守备司令部命令的。

原来傅作义也得知了日军突破东北角

的消息，他命令王思田带着所部前往东北角督战。为了振奋士气，傅作义还特地命令王思田对着即将参战的官兵宣布"谁能收复东北角丢失的阵地，赏法币5万元！"王思田说完这段话，就命令副官将随身携带的3千元法币先交付给王雷震。

情况紧急，王雷震接过法币当即决定从所属2个营里各挑选出1个"奋勇连"，加上419团2营的1个连。这3个连由第422团第3营营长安春山统一指挥，立即向东北角激战处冲杀过去，王雷震则带着剩余部队尾随跟进。

胜利的天平原本朝着日军倾斜，但在安春山带着3个连的生力军抵达后，形势立即发生了转变。王雷震没有选错奋勇营的指挥官，因为安春山是第35军中层干

▲第422团第3营营长安春山。

部中敢打敢拼的代表人物，他闯进混战区域左冲右突，操着手中钢刀如猛虎般不断砍翻阻挡在他面前的日军。奋勇营官兵也与日军混战在一起，大刀砍进人体的"扑嗤"声，兵器的撞击声、呐喊声响成一片。日军阵脚终于不支，许多日军为了求得生存，竟然不顾负伤倒地的战友而独自退过斜坡。

王雷震率领的2个营很快也加入到战斗。冲在最前面的是第421团第1营营长韩天春，他的部队原本奉命驻防在城东南郊外的双塔寺，但在7日晚上奉命撤回城内改作预备队，这一调动使日军步兵第78联队未经战斗就顺利占领该处。对此，韩天春一直憋着一股气。此次参战，正好遂了他报复的心愿。营长用命，所部岂敢不

效命？第1营的主力在冲上斜坡后猛打猛冲，在他们的参与下，守军一举将日军打出城外。至于那支在7日下午攻入城内的日军小部队，又不得不退回炮兵营盘，继续坚守待援。

打退日军后，第422团3营7连少尉排长曹学城率先冲到一面插在断墙上的太阳旗旁，将其拔出后投掷于城下，他随即又从跟随他前进的士兵手中竖立起中国军队的军旗，这意味着东北角的缺口又重新回到了中国军队的手中。

下午2时许，东北角的恶战终于告一段落。

东北角战局暂时得到稳定，但在城东、尤其是东北角至小东门一线的城墙防线却出现了危机！

▲在太原郊外的日军中国驻屯步兵第2联队。

进攻城东的是日军中国驻屯步兵第2联队。联队长萱岛高在7日的作战中消极对待攻略太原一战，但师团长板垣在7日晚上下达总攻的部署却使他又重新燃起了对荣誉的渴求。萱岛计划在8日好好表现一番，以作为他回国前的收官之作。

萱岛联队是在8日上午7时40分投入进攻的。在配属的炮兵以及2架轰炸机的火力掩护下，萱岛命令所属第2大队为右路，第3大队为左路，齐头并进地对着整个城东城墙线推进。第2大队大队长广部少佐以所属第5、第6步兵中队为主攻部队，对小东门及以北城墙发起进攻。一线步兵在坦克和炮兵的火力掩护下，顺利越过已经干涸的护城河直逼城墙。

守备小东门的是第422团第1营，守备北端城墙的是第419团第2营。第1营代理营长关嵩峰与第2营营长张震万分头指挥所部依城反击，成功击退了日军的第1次进攻。但萱岛随即集中所有火炮集中轰炸小东门以北城墙的1个点，致使该处城墙在不断的炮击下塌陷。

大队长广部见出现缺口，亲自站在第6中队的后方督促该部再次实施冲锋。日军步兵为了迅速突进开始投掷烟雾弹，他们以烟雾和飘散的灰尘作为掩护，乘着城墙坍塌守军还没能重新部署的间隙，成功通过斜坡登上城头，冲在最前面的士兵于上午8时53分就在城墙上插起了太阳旗。这是最先在太原城上插上太阳旗的部队，无论之后的战况怎么发展，部队表现如何，萱岛高都满足了。

这里是第419团2营的防区，营长张震万没有想到日军竟然这么顺利就登上城头，他一面组织反击，一面命令迫击炮排对缺口尤其是竖起太阳旗的位置实施轰炸。在接连十几声爆炸声结束后，日军插旗士兵被炸得血骨无存。张震万接着组织

▲第421团全体军官合影。

起1个奋勇排朝着缺口冲去，双方士兵随即混战在一起，打得难解难分。

在小东门方向及以南的城墙线上，日军第2大队的1个中队和第3大队的1个中队分别对瓮城和城墙线发起进攻。据守在此的第422团第1营代理营长关嵩峰和第2营营长郁传义分别指挥所部利用外壕和城头据点互相支援，接连3次打退日军进攻。

位于小东门外的太原饭店还驻有第1营第2连，连长褚宝国用1个排的兵力以太原饭店为核心据点固守，另2个排则在附近民房游击策应。他们不仅牵制了日军的一部分兵力，甚至还主动对攻城日军的侧翼实施攻击，直到中午12点才奉命撤回城内。正是因为这些部队的奋战，才使第422团团长王雷震能够从容带着2个营的兵力去驰援东北角，并堵住缺口。此外，进攻大东门的日军第3大队主力也遭到守军第421团第3营的顽强反击，该营营长黄世杰、连长令狐理皆在城头督战，未使日军登城成功。

第十八章 失 守

8日中午12时许，太原城的东、北、西三面大部分阵地又都与日军展开了激战。在之后的3个多小时里，日军屡次组织突击队攻上城墙，但又接连被各处守军打退。

日军第42联队第2大队大队长中村到职不过10天，上午进攻失败后，所部士兵都十分沮丧。为了树立威信和振奋士气，中村命令机关枪中队第1小队小队长俵田宽一少尉组织起突击队，由他亲自率领再次朝着北面城墙上的斜坡发起冲锋。在联队炮兵和机关枪中队的火力掩护下，突击队的士兵冒死登上斜坡，随即又从左右两侧的断口登上城墙，1名士兵随即将太阳旗插上城头，时为8日下午3时许，也就是东京时间下午4时许。不知是情报传递有误，还是其他什么原因，日军第5师团在战后的报告中，便以这个时间作为攻入太原的基准时间。

第436团3营营长赵帛铭此时已经打得筋疲力尽，他见日军登上城头，将手上掌握的最后1支预备队——第7连的1个排投入到反击战中。这个排的士兵在友军机枪火力的掩护下冲向日军。他们到处投掷手榴弹，手中的冲锋枪子弹也尽数向日军射去，给登城日军不断造成伤亡。

中村率领的突击队在这个排的猛攻下伤亡惨重，他身边的士兵陆续中弹倒地，或死或伤。中村本人一边开着手枪，一边将身上携带的手雷全部投掷出去，当他开枪打死1名中国士兵后发现，此时城墙上的日军竟然就只剩下他1个人还在坚持着。眼看着后续中国士兵仍然在继续向他逼近，中村绝望了，他拔出军刀准备自杀。但就在这个时候，大队炮小队代理小队长樫山正登曹长带着2名士兵赶至，这给了中村求生的希望，他们4个人背靠着背准备再作一搏。接着，机关枪中队中队长高崎以周又带着10余名士兵登上城墙，他们随即合兵一处发起反击。

筋疲力尽的赵帛铭快哭了，明明就快要将城上日军歼灭了，没想到却在最后关头杀出几个"程咬金"，致使投入反击的1个排全部阵亡。不仅如此，日军后续步兵又在源源不断地登上城墙，赵帛铭的第3营此时全部加起来也不到100人，再也不可能将日军打下城墙了，他只能一面派人去找团长李作栋求援，一面转攻为守，

▲蜂拥入城的日军。

打算能撑多久是多久。

东北角的战局同样不容乐观。日军第42联队第1大队代理大队长丸谷在见到北面城墙出现太阳旗，而且还是长时间地出现后，他意识到第2大队这次肯定是在城墙上站稳脚跟了，这迫使他像疯子一样地带着部队冲入东北角缺口，威逼着士兵去殊死作战。

日军的疯狂进攻，任凭旅长孙兰峰再怎么拼命也是无计可施。在日军第1大队和第3大队集成中队的不断进攻下，缺乏后援的孙兰峰不得不带着部队退下斜坡，

在城内冒着受到炮兵营盘日军夹击的危险，据地面高地继续抵抗。日军则乘这个机会通过斜坡分别登上左右两边城墙开始向两翼实施攻击。

同样，日军第21联队第1大队、第3大队和中国驻屯步兵第2联队第2大队也都在这个时间段取得突破，并纷纷在城墙线上扩大战果，与守军新编第3团、第420团、第422团混战在一起。位于城墙上的守军在经过上午的激战后大伤元气，他们纷纷投入预备队加入战斗，试图将日军击退或阻挡在一定的城墙范围中。第218旅

旅长董其武为了不让日军继续扩大战果，也亲自带着仅剩的预备队——第435团第1营前往小北门参战，总算是将日军阻挡了一阵。

就在中日两军在城墙上激战时，日军混成第15旅团的炮兵成功在西北城角处炸开一个缺口，日军步兵第30联队的士兵随即从该缺口蜂拥而上。新编第3团位于城北的第1营此刻正与日军第21联队第1大队激战，西面的第3营也与日军第30联队第1大队作战中，他们都无暇顾及西北角缺口，团长姚骊祥不得不命令第2营独力承担在西北角阻挡日军的任务。

8日下午4时15分，日军第21联队第3大队成功突破负责大北门和小北门之间城墙守备任务的第420团第3营防线，并冲入城内。团长李思温急忙带着预备队1个排前往仁慈孤儿院附近阻击，但兵力不足，只得边打边退，以此来拖延时间。

下午4时40分，日军第42联队第2大队掩护着工兵第5联队的1个小队爆破小北门成功。第2大队1个小队随即在2辆轻型坦克的掩护下冲入瓮城。正在城墙上作战的大队长中村见状，战意倍增，随即带着士兵沿着城墙线向小北门方向攻击前进。

位于最前面的1辆95式轻型坦克在即将冲入城门时，被城墙上守军士兵扔出来的1枚手榴弹炸中车尾的备用油箱。霎时间，一团火焰烧起，从远处看，这辆坦克犹如"火球战车"。日军车长为了抓住入城机会，全然不顾后备油箱爆炸的危险，命令驾驶员继续冲击。这一情况竟然使守

▲日军爆破小北门成功。

▲日军绘画中的"火球战车"。

在城头上的中国士兵产生了畏惧心理，他们以为这是日军投入了新的火球战车而开始退缩。

董其武虽然在小北门督战，但军心已经开始动摇，第420团第2营和第435团第1营的士兵不断退却，第2营营长王建业对此心急如焚，为了作出表率，他亲自带着几名勇敢的士兵投入反击，却因中弹负伤而被后送治疗，跟随董其武投入小北门作战的第435团团长许书庭也在不久之后负伤后送。董其武在此情况下不顾自身危险，亲自指挥着2个营的残部利用弹药库和师范学校的建筑且战且退，以迟滞日军的前进步伐。

突破了北面城墙，使日军士气大振。第42联队第1大队本来是最有希望率先入城的，结果却被第21联队第3大队和第42联队第2大队捷足先登，这使代理大队长丸谷无地自容。无论如何，第1大队必须

成为第3支突入太原的部队。这一次，丸谷将大队的勤务兵都悉数投入作战，炮兵营盘的士兵也不要命地冲了出来，终于使该大队成功突破斜坡，并开始沿着城墙线向西推进。

与日军连续作战数小时的孙兰峰因为亲自投入肉搏战的缘故，身上的军服已经被撕扯得不成样子，他整个人的形象也几乎与"土人"无异。孙兰峰曾经从城西抽调第421团第3营的1个连来增援，但杯水车薪，根本无济于事，他只能带着在东北角作战的残部向北方军校撤退，试图与那里的新编第9团会合，利用军校的坚固建筑继续阻击日军。

让孙兰峰没有想到的是，代理戒严司令的新9团团长孙越早已不知去向，全团在知道日军攻入城内时大多逃亡，最后仅有连长李新德收容起来的200余人坚守在岗位上。孙兰峰随即命令李新德指挥所部

利用军校营房作为掩护阻击日军，为自己重新整理部队部署防御争取时间。幸运的是，日军第42联队第1大队正忙着向西进攻国民师范学校，从而使孙兰峰顺利地构筑起一道临时防线。

激烈的巷战告诉城西和城东的守军，北面城墙防线已经全部丢失。作为傅作义的嫡系部队，位于城东的第211旅官兵还能勉强坚持，但仍然没能挡住日军中国驻屯步兵第2联队的持续进攻，他们被迫退下城墙转入巷战。位于小东门的守军，在第422团中校团附秦文博的统一指挥下依靠弹药库和各处营房阻击日军，位于大东门的守军在第421团团长刘景新的统一指挥下仍然坚持在城门附近。刘景新知道，日军突破所部防线只是一个时间问题，所以他已经抽调2个排在陆军医院、农业专门学校等建筑内部署起一道新的防线。

在西面，新编第3团和新编第6团的士兵得知日军突破北面城墙后军心动摇，更多的士兵开始加入到逃跑的行列中。新3团第3营营长郭维周试图稳定军心，但根本没有起到作用。当日军第30联队集中主力从西北角的缺口攻入时，就剩连长赵树桥还带着50余名士兵在苦苦支撑。新3团此时已经组织不起像样的防线了，团长姚骊祥在坚持了20分钟后被迫带着第1营和第2营收容起来的百余人向大北门方向的第420团靠拢，以寻求帮助，但他哪里知道，第420团此时自顾不暇，哪有多余兵力帮助新3团呢？

新6团瓦解得更快，由于日军第30联队纷纷转向西北角集结，位于城头上的士兵干脆乘着正面几乎没有日军的机会，直

▲第218旅旅长董其武。

▲第211旅旅长孙兰峰。

刘景新抗战简历

刘景新，山西省河津县（现河津市）人，字鼎生。出生于1903年10月22日。1921年8月毕业于太原山西陆军学兵团第一期步兵科。1935年7月5日任陆军步兵少校。1936年7月28日晋任陆军步兵中校。1945年6月15日晋任陆军步兵上校。卒时卒地不详。他获得的勋章有：六等云麾勋章、忠勤勋章。

1931年9月时任第35军参谋处中校参谋。

1932年3月调任第73师第211旅第421团第1营中校营长。

1935年5月升任第35军第211旅第421团上校团长。

1937年12月改任第73师第211旅第421团上校团长。

1938年6月改任第35军第211旅第421团上校团长。

1939年3月改任新编第31师第91团上校团长。

1940年2月调任第35军上校附员。

1942年10月调任绥远全省保安司令部国民兵第2训练管区上校司令。

1945年8月调升暂编第11师少将副师长（至抗战胜利）。

接用绳索攀爬下城逃跑，等到团长续儒林发现时，第1营和第2营总共就只剩下不到100人。第3营营长梁锴倒是还掌握着100余人，他带着部队驰援旱西门，却在战斗中被日军炮弹炸断右臂而倒在地上昏迷不醒。士兵见状，以为营长已经阵亡，便像风一样地四散逃命去了。

此时此刻，太原城北到处都充斥着枪炮声和喊叫声，许多继续在抵抗的士兵已经混在一起，根本分不清谁属于哪支部队，他们只能根据军人的领章，来跟随职级较高的军官继续抵抗着日军的进攻。

面对这种情况，守备司令部里的大部分人员都萌生了突围的想法，但他们没有想到，傅作义在这种时候还坚持"死守"主张，他的口中不断地叫喊着

"打！""打！"

报告总司令，日军突破城北！

报告总司令，日军攻占大北门！

报告总司令，日军突入东北角！

报告总司令，城北巷战已经开始！

报告总司令，日军攻入西北角！

诸如此类的噩耗不断地冲击着傅作

义。8日上午战况稳定，下午也在尽心防御，可就在4点多之后，各处阵地竟然陆续被日军突破。城北的枪炮声、爆炸声不断传入傅作义的耳朵，他所在的守备司令部也已经开始断断续续地遭到日军炮击。房顶的灰尘受炮弹爆炸的影响不断掉落在会议室的桌子上、椅子上，以及傅作义等人的肩膀上，直搅得众人心烦意乱。

傅作义手头可以调动的只有新编第8

苏开元抗战简历

苏开元，黑龙江省青岗县人，原名苏凯元，字硕朋。出生于1907年1月22日。1925年10月毕业于沈阳东三省陆军讲武堂第五期步兵科，1928年5月肄业于日本东京陆军士官学校中华队第二十期步兵科。1935年5月24日任陆军步兵中校。1937年6月9日晋任陆军步兵上校。1964年6月13日在北京市病逝。

1931年9月时任第73师第210旅第420团上校团长。

1932年3月调任第73师第218旅第435团上校团长。

1936年5月所部改称第218旅第435团，仍任上校团长。

1937年8月调升第7集团军参谋处少将处长。11月调任第35军政干部训练所少将所长。

1938年6月改任第2战区军政干部学校第2分校少将教育长。

1939年1月调任第8战区少将高级参谋。

1940年6月兼任第8战区军政干部训练团驻绥分团教育长、绥远省第1游击区司令。

1942年8月出任第18集团军高参室少将高级参谋（化名康原）。

1945年8月出任第12战区少将高级参谋（至抗战胜利）。

团、第35军特务连、骑兵连、宪兵第10队、保安警察第3队，他把新8团团长阎应禧叫来，准备让他带2个营去支援城北。但阎氏报到后却支支吾吾，经过询问才知道，这个团在上午的"傅作义逃跑"事件中受到很大影响，等到阎应禧把部队集中起来后才发现，全团1000余人，竟然跑掉7成。在这种情况下，新8团根本不可能执行傅作义的命令去支援城北。傅作义沉默了，阎应禧见傅氏没有对他作出惩罚，便悄悄地走出防空洞"避难"去了。

根据韩伯琴的回忆，此时的傅作义是"心中焦急、坐立不安、肝气旺盛，已达极点，只是鼓着气说'打'"。可在守备司令部的人几乎都知道，照目前的战况发展下去，太原已经守不住了，那个在7日声称已经抵达太谷的汤恩伯更是指望不上（事实上汤军团在8日遭到日军第20师团主力的进攻，已经放弃该地后撤了）。他们心里都期待着傅作义能够下令突围，可在这节骨眼上傅作义就是不露半个"走"字。

怎么办呢？经过守备司令部幕僚的讨论，他们一致推举由袁庆曾和陈炳谦出

陈炳谦抗战简历

陈炳谦，山西省晋城县（现晋城市）人，字鸣佛。出生于1895年2月3日。1918年9月毕业于保定陆军军官学校第五期步兵科。1935年5月9日任陆军步兵上校。1936年10月5日晋任陆军少将。1958年12月24日在内蒙古自治区呼和浩特市病逝。

1931年9月时任第35军少将参谋长。

1937年7月升任第7集团军中将高级参谋。11月兼任太原守备司令部参谋长。12月调任第7集团军中将参谋长。

1938年3月升任第2战区北路军中将参谋长兼第7集团军参谋长。

1939年1月调升第8战区副司令长官部中将参谋长。9月18日调任第35军中将副军长。

1940年6月兼任第8战区军政干部训练团驻绥分团副主任。

1942年9月28日兼任绥远省政府民政厅厅长。

1943年1月29日辞去副军长职。

1945年8月兼任第12战区高级顾问（至抗战胜利）。

面，去向傅作义陈述太原已经不可能继续守下去的事实。此外，由参谋处长苏开元立即起草突围方案，并嘱咐军需处的军官将现钞分给司令部各级官兵，作好突围准备。

一切安排妥当后，袁庆曾和陈炳谦一前一后步入房内，他们按照原定计划介绍目前战局的种种不利情况，并诱导傅作义开口询问今后该怎么打。毕竟是袁庆曾资历最老，就由他接上这个话题，"总司令，对敌人一定要打，对窜入的日军一定要消灭，但需要筹划一种有利的打法，现在局势已经恶化到对我军极端不利，我们最好先突出敌人的包围圈，转进到西山里，反转过来再打击敌人、消灭敌人，这是当前的万全之策"。

袁庆曾虽然婉转地希望傅作义带着部队转移到西山继续阻击日军，这样仍然可以算是在太原境内作战。但实际意思在明眼人心里都清清楚楚，那就是"该突围了，再不走就来不及啦！"

听完袁庆曾的话，傅作义叹了一口气，"没想到祝三兄你也要我下令突围啊"。说完这句话，傅作义又将视线转移到陈炳谦的身上，陈氏见傅向自己望来也不回避，直接用点头的方式来支持袁庆曾的提议。

其实当日军突破城北的城墙防线时，傅作义就已经知道太原不可能再守下去了，但顾虑到他几天前作出的死守姿态，怎么能在这个时候开口突围离太原而去呢？袁庆曾的提议给了傅作义一个台阶来下。既然如此，傅作义便对袁、陈二人说，"就连你们都说要走，好，好，既然如此，走！"

第十九章　突　　围

傅作义终于在8日晚上7点下达了突围的命令。

命令是下达了，但由于守备司令部与所属各部队的联系已经无法通过电话下达命令，傅作义只能派遣参谋和传令兵带着他的手令分头前往各处阵地传达。

城南守军是最先接到突围命令的部队。第213旅旅长杨维垣当时正在守备司令部内等候傅作义接见，按照参谋处长苏开元的突围计划，第213旅应立即将堵塞城门的沙包、积土清空，打开首义门和大南门，以供该旅和正在城东北与日军激战的第211旅、第218旅等部通过。

杨维垣受领任务正准备要离开，傅作义又将他叫住，并问杨是怎么到的守备司令部。杨维垣回答是骑马前来，傅作义随即表示骑马速度太慢，授权杨使用自己的私人轿车返回旅部。杨维垣随即出门找到轿车，却发现司机早已不知去向，无奈中他只能将自己的坐骑找回，仍然骑马返回旅部。

受到城东北战局的影响，城南的2处城门前已经聚集了不少之前没有撤离太原的市民和部分从城东、城西、城北三个方向跑过来的溃兵，他们纷纷叫嚷着要出城，场面十分混乱。杨维垣见此情况，命令参谋长辛立言负责首义门通道的清理，自己带着参谋主任苗逢安以及2个连的预备队赶往大南门清理城门通道。

在张进修、孙英年2位连长和200多名士兵的努力下，大南门在1个多小时后终于被打开了1个不到1米的缝隙。令杨维垣和张、孙3人没有想到的是，缝隙的打开使原本已经混乱的场面变得更加混乱。那些聚集在城门旁边的市民和散兵本来因为城门堵塞，都只是叫喊着开城。此时缝隙一出，求生的希望就更加强烈，也不知道谁第1个突破了维持秩序的士兵警戒线冲向城门，导致其余人员也都纷纷向城门蜂拥而出。一时间人哭马叫，场面混乱不堪，到处都是拥挤的人群拼命向缝隙处挤去。

杨维垣见状，本想用鸣枪的方式控制局面，但枪响数声之后根本无济于事，他干脆命令张、孙2位连长带着士兵用铁锹、铁镐将位于城墙中层的机枪、步枪射击孔挖掘扩大，这才成功带着手头的2个连出城。杨维垣先行带着2个连沿着城墙

▲太原首义门。

向西转移直抵汾河，当时的汾河河面已有部分结冰，杨维垣命令所部人员每人扎2副裹腿，把鞋子脱下后直接徒涉过河。事后，他又命令部队在汾河西岸布置警戒线，等待傅作义总部人员的到来。

第425团本来应该在完成掩护友军出城的任务后再行撤离，但混乱的场面使团长李在溪先行下达了撤退命令，他带着团部人员通过炮垒射击孔出城，打算追着杨维垣之后西撤，但却走错路线，待抵达汾河时已经与旅部失去联系，只得自行渡河，等到部队在西山集结时，全团就只剩下第3营营长傅子文以下百余人。

辛立言负责的首义门情况与大南门相似，当他指挥士兵打开城门的一条缝隙

时，场面已经完全失去控制。辛立言与第426团团长高朝栋一商量，决定放弃掩护友军撤退的任务先行出城。于是2人各自带领一部分部队放弃了由城门出城的计划，改从各类射击孔中爬出，此后同样沿着城墙线西渡汾河与杨维垣会合。

城西守军是第2个接到突围命令的部队。新编独立第1旅旅长陈庆华命令传令兵前往新6团下达命令，自己则带着旅部人员向大南门急驰，此后效仿杨维垣出城的方式前往西山集结地。

新6团团长续儒林当时正因没能掌握部队而十分懊恼，他在接到突围命令后连叫数声"太原休矣"之后下达了突围命令，随后带着还能掌握的士兵放弃城防向

高朝栋抗战简历

　　高朝栋，河北省交河县（现属泊头市）人，字柱卿。出生于1902年4月13日。1923年8月毕业于保定陆军军官学校第九期步兵科。1935年4月30日任陆军步兵上校。卒时卒地不详。他获得的勋章有：五等云麾勋章、忠勤勋章。

　　1931年9月时任第68师参谋处中校参谋。

　　1932年3月升任第68师第213旅第426团上校团长。

　　1936年5月改任第101师第213旅第426团上校团长。

　　1937年12月调任第54师参谋处上校主任。

　　1939年1月升任第54师少将参谋长（至抗战胜利）。

大南门转移。当他们抵达大南门时，拥堵的城门根本无法通过，续儒林想找城门守军，却又发现早已人去楼空，急得只能在原地转圈。总算是旅长陈庆华出城前留下1名副官与续儒林取得联系，新6团残部这才从城墙中段的射击孔出城而去。该团最后收容起来的士兵仅剩200余人。

　　傅作义是在得知杨维垣出城消息后才命令守备司令部人员向大南门转移的。新8团团长阎应禧为了赎罪，带着所部300余人在前面开路，其余如特务连、骑兵连、宪兵、警察等则在傅作义周围紧随前行。

陈庆华抗战简历

　　陈庆华，河北省内丘县人，字子春。出生于1897年9月20日。1923年8月毕业于保定陆军军官学校第九期步兵科。1935年5月9日任陆军步兵上校。卒时卒地不详。

　　1931年9月时任第66师上校服务员。

　　1932年3月调任第66师第197旅第394团上校团长。

　　1936年6月改任第73师第197旅第394团上校团长。

　　1937年9月调升新编独立第1旅少将旅长。12月调任山西省抗日决死队第2纵队少将纵队长。

　　1938年2月调任第70师第215旅少将旅长。7月升任第70师少将副师长。

　　1939年7月11日升任第70师中将师长。

　　1940年10月10日调任第2战区中将高级参谋。

　　1941年3月6日升任第2战区高参室中将主任（至抗战胜利）。

续儒林抗战简历

续儒林，山西省崞县（现原平市）人。出生于1907年。1928年9月毕业于太原北方陆军军官学校第一期步兵科。无官位。卒时卒地不详。

1931年9月时任陆军骑兵司令部少校副官。

1936年7月改任新编第6团中校团长。

1937年12月升任第2战区教导第2师第4特务团上校团长。

1938年4月升任新编独立第1旅少将旅长。6月调任第34军第218旅少将旅长。

1940年12月调任第2战区少将高级参谋。

1944年3月调任第2战区南粮北运总指挥部少将总指挥（至抗战胜利）。

总部人员抵达大南门时，场面更加混乱，傅作义根本无法从这里出城。韩伯琴曾回忆此时"停在门洞外面的有装甲车、载重车、马匹驮骡、骆驼……门洞里边，满地是土囊，沙袋，踏烂的自行车，挤死的骆驼，死人等等。一绊就倒，有力的勇猛向前，绊倒的被践踏在地。有人哭喊叫骂，有人开枪瞎打，简直乱成一锅粥"。在这种情况下，总部人员及所属部队很快就被冲散，他们不得不自行寻找出城的办法。

傅作义在特务连10余人的死命保护下从瓮城上的射击孔里爬出城去，最后仅剩排长薛文1个人保护着他渡过汾河。在渡河时，傅作义的鞋子陷入河底沙泥中，他只得赤着脚渡过冰冷的河流。傅、薛两人上岸后不久之后碰到了1名掉队的士兵，该士兵在得知站在面前的人是傅作义后主动将自己携带的1双布鞋送给傅，但鞋子尺码偏小，傅作义只能把前鞋口割开才穿上鞋子继续西行。不久，他们又遇到了第

▲攻入太原的日军。

422团第3营残部，便在营长安春山的保护下抵达突围集结地——古交镇。

袁庆曾出城时还有23人跟随行动，他就带着这些人渡汾河上西山。陈炳谦出

城时没有找到总部人员,他干脆一个人西行,前往西山寻找部队。总部的其他人员也大都如此,只有宪兵第10队队长刘如砺始终掌握所部西撤,但他们人多目标大,很快就遭到了从汾河西岸包抄的日军步兵第16联队的阻击。混战中,刘如砺身中数弹阵亡。

第211旅的撤退命令是由第73师代理师长王思田转达的。由于该旅所属各部都在与日军混战中,很难脱离战斗,经过孙兰峰和参谋长孟昭第商议,命令各部队自行设法就近突围。这些部队中,第421团和第422团分别从首义门和大南门出城,第419团则反其道而行,从东北角的缺口突出,随后分散潜伏各自向西山集结。第

211旅事后统计,成功抵达西山的还剩下不到2000人。

第218旅仍然坚持在城北阻击日军,由于传令兵在传递命令途中被炮击身亡,他们没能接到守备司令部的突围命令。当新3团团长姚骊祥带着百余名败兵于晚上10时左右同董其武会合时,才发现左右两翼友军的作战地域已经几乎听不到激烈的枪炮声了。

董其武急派少校参谋王步云前往总部探听消息,但王氏却在混乱中只身逃跑。董其武等了一阵不见回报,只得再命人去查探,这才得知总部已经空无一人。经过与姚骊祥商讨,他们一致认为总部和友军都已经突围而去,第218旅独力继续坚持

▲冲入太原巷战的日军驻屯步兵第2联队。

没有任何意义，董其武于是派人向所属3个团下达了突围命令。

第218旅大部分部队都从大南门出城，办法和之前的部队如出一辙，都是从射击孔出去的，少部分部队则从城北正面突围。由于日军入城后不敢过于向南扩展，这使许多部队得以成功出城。但在此情况下，仍然有一部分部队或是不愿离开太原城，或是没有接到突围命令而继续留在城里坚持抵抗。

炮垒大队上校大队长郝庆隆是不愿撤离太原的代表人物之一。郝庆隆在炮兵指挥部接到突围命令时，当场就表示不愿离开太原。郝的理由是所部火炮全部在太原折损，所谓炮在人在，自己已经没有脸面

去向阎锡山交差了。刘倚衡和李柏庆都劝他"东山再起"，但郝庆隆却明确表态愿与太原城共存亡。就这样，他在离开指挥部后前往城北收容了一批愿意继续抵抗的士兵，并于9日凌晨时分向正在道路两侧休息的日军第21联队发起自杀性的反击……至于刘倚衡等其他炮兵人员，则在全部放弃火炮的情况下，分散突围而去了。

第218旅有1个班奉命坚守军械库，他们没有接到撤退命令，就继续依靠着军械库的库存弹药阻击日军。由于军械库的建筑坚固，日军步兵连冲几次都没有成功，他们不得不等待炮兵的支援。没想到的是，第一批赶到的迫击炮竟然没能对军

▲日军战车大队入城接受检阅。

械库产生有效的损毁，他们只能继续等待步兵炮的增援，这使日军在此地耽误了1个多小时。军械库的守军为友军突围争取了宝贵的时间，但这个班的12名士兵却都在这里阵亡了。

11月9日上午10时许，傅作义在古交镇收拢了1000余名残部，看着这些九死一生的部属，他不仅感慨万分。傅作义觉得对不起这些部属，更对不起太原的百姓，他发誓要为那些在太原死难的部属和百姓报仇。

"英雄不怕死，怕死非英雄，不怕死的跟我来，继续抗战！"在傅作义的这番讲话之后，参与太原守城的部队陆续开赴中阳和石楼两地集结。途中，傅作义又接

连收容到3000余人。部队整编完毕后，傅作义依靠着这4000余名官兵为基础继续与日军鏖战七年，终于迎来抗战胜利的那一天。

9日当天上午，日军第5师团师团长板垣征四郎将太原城划分为4个扫荡区，分别由参与攻城的4个联队负责。当时滞留在太原城内的各路散兵仍有数千人之众，致使板垣在下午3时才正式宣布"肃清"完毕。11月10日上午，日军举行入城仪式，这表示着太原正式宣告沦陷。

太原城保卫战历时3天，守军参战21921人（含军官1561人），计阵亡3341人（含军官271人），伤3323人（含军官403人），失踪61人（含军官11人）。日

▲日军第21联队入城。

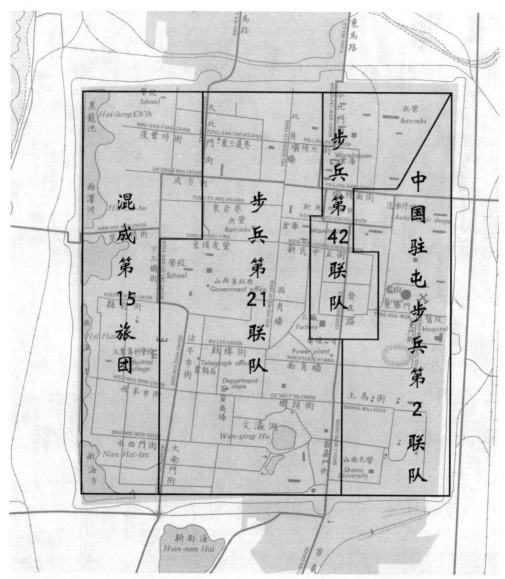

▲日军入城后扫荡区域划分图。

军阵亡889人（含军官41人），伤2827人　（含军官83人）①。

---

① 日军伤亡数据起止时间为11月3日至9日。此外，根据日军各联队战报统计，在进攻太原城的3天中，第21联队阵亡65人（含军官3人），伤196人（含军官11人），失踪1人。第42联队阵亡55人（含军官2人），伤107人（含军官3人），失踪13人。第30联队阵亡18人（含军官1人），伤46人（含军官1人），失踪无。第78联队阵亡27人（军官无），伤66人（含军官3人），失踪2人。其余几个联队未见伤亡记载。

第二十章　败退的洪流

自日军入侵山西以来，阎锡山指挥第2战区各路部队拼死抵抗，战局胶着于晋北，直到1937年10月下旬，突然崩溃了。

先是10月26日，日军第20师团从河北省石家庄出发，沿正太铁路（石家庄至太原）攻破山西门户娘子关。守军第2集团军、第22集团军、第3军等部在第2战区副司令长官黄绍竑的指挥下，退守阳泉、寿阳、昔阳三角地带。11月1日，阎锡山决定放弃坚持了20多天的忻口，致电负责忻口方向前线作战的第2战区北路军总指挥、第14集团军总司令卫立煌，要求

他下令前线各部立即向太原转进。11月3日，黄绍竑也下令所部向太原撤退。

11月8日，自忻口南下的日军第5师团在沿正太铁路西进的第20师团协助下攻陷太原。自9月中旬日军进犯晋北以来的一系列战斗暂告一段落。

接连的失败和溃退带来了向南转进的滚滚洪流。从忻口和娘子关撤退的部队沿着同蒲铁路（大同至风陵渡）和汾河两岸向南撤退，熟悉地形和交通的东道主晋绥军则向吕梁山区撤退。路边和岔道口的墙壁、树木上，或贴或刷，都是各部队的告示，每天都有掉队的官兵探头找寻自己隶

▲撤离太原的阎锡山。

軍隊要和平公道
閻主任整飭晉綏軍軍紀

▲▲晉綏軍整會通令遵照▼▼

二人民受欺可告發二
二長官不得有袒庇二

太原綏靖公署主任閻伯川氏

爲整飭晉綏軍軍紀，防止軍隊欺壓人民，前特飭由太原綏靖公署軍事整理委員會，規定糾正辦法，刻已通令各軍隊遵照，規定各軍隊在所駐地須對人民主張公道，并由各軍隊派員及主張公道團人員等注意稽查，茲將該辦法原文，探誌于次，（一）軍隊無論在何時何地，要和平公道，凡移駐一地，應先貼布告，嚴禁所屬欺壓人民，如有違犯，人民可隨時告發，（二）軍隊各級長官，應隨時派員明密稽查，如查有欺壓人民之官兵，即依法處辦，不得稍有袒庇情事，（三）各駐軍地之各縣縣長憲兵暨主張公道團人員稽查，詳確報告綏署核辦。

▲阎锡山关于整饬部队军纪的通令。

属的那个部队代号。

县镇里、市集上，操着不同口音的征粮军官狮子大开口，甚至拿手枪拍到桌子上，叫喊着要求限期提供粮食菜蔬。对面的政府官员、商会代表虽然面带恐惧，却不轻易口吐然诺，只是反复地说"老总，你要的粮食真的凑不齐"。双方都不容易，军官为了弟兄们能吃饱肚子，官员和商人面对的问题更严峻——存粮就那么多，足额给了这一支队伍，下一支队伍来要可怎么应付？

在老百姓眼里，军纪是部队之间最明显的差别。有的部队在撤退中依然秋毫无犯、令行禁止，有的部队在北上时已经纵容士兵小偷小摸，"老子打日本人连命都不要，吃你只鸡算得了什么"，南撤时更是肆无忌惮地翻箱倒柜，甚至开枪杀人。

在这股洪流中，伤兵无疑是命运最悲惨的一群人。他们或缠着绷带、或拄着拐杖，互相扶持着，白天艰难地向南挪动，晚上随便找一个破庙歇脚。严寒中，往往一觉醒来，昨天的同伴已经成为一具死尸。他们沿途咒骂抛弃伤兵逃走的长官，但更多的却是无可奈何。他们投军的时候无从知晓自己投奔的部队卫生条件好坏，很多时候根本没法选择。

卫立煌在11月4日被任命为第2战区前敌总司令，但在随后几天也只能被裹挟在洪流之中向南撤退。直到11月9日，太原失守的第二天，他才在太原西南约100公里的汾阳，向取得联络的各集团军、军、师下达作战部署：

一、晋东敌之一部，由小店镇渡汾河右岸沿太原、汾阳公路，主力沿同蒲路，分道南进，昨（8）日与我汤军团先头在太谷附近激战，刻敌之先头，已越过祁县、交城之线续进中。介休有我第6集团军第66师刘效曾团（补充第1团），韩侯岭有我第34军杨澄源部约五团兵力，正在构筑阵地中。

二、军决于平遥、汾阳之线以南附近地区集结，准备尔后回歼深入晋中之敌。

三、各兵团之行动及任务如左：

1. 第13军（注：该军当时已扩编为第20军团，下同），应以一部确实占领子洪口，主力速进至子洪口以南附近集结，并截击沿同蒲路南下敌军之侧背。

2. 第2集团军，应即赴灵石以南仁义镇集结，其主力限于11日以前到达。

3. 第17军（欠第21师）附第177师第529旅，应于明日暮前接任汾阳及其附近警戒事宜，尔后如受敌压迫，不得已时向吴城镇南北山地转移，发动游击战，充分袭扰敌侧。

4. 第14集团军附第94师，应于明日晚，由现地经汾阳、兑九峪、石口镇向汾西、霍县之线集结待命，其主力限于16日前到达，但移动时须通报邻接部队，并派有力之后卫。

5. 第19军附第71、第68师（欠已入太原城的1个营），独立第3、独立第7旅及第61军，应以整编之有力部队，限于12日前确实占领兑九峪附近，拒止敌之前进，其余在隰县附近整补。

6.第27路军（注：即第14军团，下同）附第17师，应立即经汾阳、兑九峪、辛庄、峪口村，限于13日以前到达南关村附近集结，并限后尾部队于明日晚通过汾阳。

7.第47师，应即由现地驰赴兑九峪，对东北正面构筑据点工事，俟第19军到达移交后，限于15日到达汾西、霍县间待命。

8.第15军，应于明日黄昏前经孝义取捷径，向霍县西南区集结待命，限14日以前到达。

9.新编第2师及第85师，除所余战斗官兵完全编为作战部队归本部直接指挥外，其余即赴侯马、曲沃征补。

10.独立第5旅，应于明日将汾阳附近警备任务交由第17军接替后，即随第27路军（第14军团）经兑九峪、石口镇、隰县、蒲县，到达汾阳附近待命。

11.第22集团军（在黎城、长治一带）及骑兵第1、第2两军，仍服行以前任务。

12.炮兵第5团附第2师山炮营，应赴霍县，并先于韩侯岭选择阵地，但第2师山炮营已赴隰县待命，其余以前配属各兵团之炮兵，由原来各兵团妥为区处。

13.战车防御炮营，着即移驻隰县待命，原配属第61军之连，着即归建。

四、军通信，以无线电为主。灵石以南各部队，到达指定位置后，迅向赵城本部架设有线电，军通信队速以赵城为基地，向各部队构成通信网。

五、军补给规定如左：

1.第2集团军（含第三军）、第27路军、第17师、第15军、第14集团军、独立第5旅、炮兵第5团，均向霍县城兵站末地补给。

2.第19军、第61军、第71师、第68师，仍由晋绥军兵站补给。

3.第17军及第177师第529旅，暂发贷金，就地采购。

4.第13军仍自行办理。

5.其余各部队各就所在地仓库补给。

六、余自明（十）晚起，向赵城前进。

总司令卫立煌

从忻口和娘子关撤退之初，这些部队多被指定参加太原外围防守任务，却没能按照计划为太原城防添砖加瓦，反在与日军稍加接触，甚至是没有发生战斗的情况下，就纷纷绕城南撤。无论是战区司令长官阎锡山、前线总指挥卫立煌，还是守城主将傅作义，都对这种局面无可奈何，事后也无法追究责任。究其原因，一是山西战局还要依靠这些部队支撑，二是这些部队的伤亡确实惨重，已经无力继续作战。

其实撤退也没能完全按照卫立煌的部署行事。卫立煌自兼总司令的第14集团军辖有第9军、第14军。其中第14军是中央军主力，也是卫立煌本人的基本部队，所辖第10师、第83师都是调整师——七七事变前国民政府为对日抗战调整充实而成的样板部队——在忻口会战中发挥了重要作用。战后，这2个师每师只剩下3000多人，连长、排长级的基层军官死伤殆尽，资深军士也所剩无几，只能用上等兵充任班长。

第9军在忻口会战中损失了军长郝梦麟、第54师师长刘家麒和数千官兵，余部在太原外围仓促组织防御，又被日军击溃，困顿中沿太汾公路（太原至汾阳，在汾河以西）撤退。第54师第161旅第322团第1营营长翟洪章回忆，"中途虽遇敌机轰炸、敌骑袭击，所幸伤亡不大"，只

是"两日来，人未吃饭，马未喂草，人困马乏难以行进"，几经收容只剩下4000余人。

这2个军遵照卫立煌的命令抵达汾西、霍县一线，第14军进驻该线以南、同蒲铁路沿线的赵城、洪洞整理补充，第9军军部及第54师撤退到襄城、乡宁整补。第9军第47师原在河北保定作战，归建途中忻口即告失守，只得调头南撤，之后在闻喜、绛县担任守备任务。忻口会战时配属第9军的独立第5旅，原本有3000余名官兵，战斗中伤亡1300余人、旅长郑

▲在汉口迎接郝梦龄、刘家麒两位将军灵柩的队伍。

廷珍战死，残余部队在完成汾西警备任务后，也南撤至侯马整补。

孙连仲的第2集团军同样损失惨重。这支部队是冯玉祥西北军的余脉，素以战斗力强劲著称，颇受南京国民政府的重视，其第27师是战前充实的20个调整师中仅有的2个非嫡系部队之一。七七事变以来，孙连仲率部参加华北历次作战，从北平城南的良乡一路转战到山西娘子关，又撤退到卫立煌指定的灵石以南，才获得休整的机会。第27师原辖第79旅、第80旅，计2个旅4个步兵团，在战斗中兵力损失极大，有1个营只剩6名士兵，全师只能缩编为2个步兵团，由第79旅旅长黄樵松率领，划归同样缩编为一个旅的第31师，由第31师师长池峰城统一指挥。第42军军长兼第27师师长冯安邦率编余人员前往河南洛阳、信阳接收新兵。

邓锡侯的第22集团军从四川远道而来，命运更加曲折。根据七七事变后颁布的战斗序列，第22集团军归第1战区节制，在北上途中临时拨隶第2战区，开赴娘子关参战。事发仓促，举凡被服鞋袜的供应、弹药器械的补充、粮秣副食的准备、伤病官兵的治疗运输全都没有预案。入冬之后，气候日渐寒冷，冬装却没有着落，邓锡侯只得默许官兵闯入晋绥军仓库寻找裹身之物。向晋南撤退时，川军各师没有车辆运输伤兵，也没有钱雇请民夫抬运，很多重伤官兵遭到遗弃。这些军人知道今生已经不能再回到家乡，逢人便高喊"弟兄们，我们是来打鬼子的呦！带了伤

就没人管了吗？""天呀！打国战就是这样打的吗？"还有些人在悲愤之中自杀身亡。第41军原辖第122师、第124师2个师共4个旅，退出战斗后进行整编，只能将每个旅所余官兵编为1个团留在前线，编余军官作为另1个团开回四川接收新兵。

虽然同属客军，作为"邻居"的陕西部队要从容一些。按照卫立煌的部署，原属杨虎城部的第17师要随第27路军前往汾西、霍县一线以北的灵石县南关村，系出同源的第177师第529旅按命令应当随第17军在汾阳担任警戒。但第529旅旅长杨耀认为反正补给要靠自己采买，不如和老大哥第17师共同行动，免得被同属陕西乡党的第17军吃掉。结果，第529旅听从第17师师长赵寿山指挥，一起西撤到晋陕交界的黄河边。第17师从黄河东岸的临县碛口渡河，回到陕西绥德进行补充。第529旅退到了黄河上的另一个渡口离石县交口，将所属士兵编组为一个团后，派遣剩余的军官渡河补充新兵。

第17军军长高桂滋也没有理会迫不得已时须在吴城镇发动游击战的指示，径直撤往离石整顿补充。这个军仅有1个第84师，辖2个旅共4个步兵团，此时每个团只剩下300多人。高桂滋一边组织收容、一边派人到对岸征募之后才恢复了战斗力。

东道主晋绥军参战时间最长，消耗也最严重。第19军和第61军所辖各师、旅，参加了雁北、平型关等会战后，又经过忻口这座血肉磨盘碾压，官兵、枪弹均所剩无几，多数步兵团只剩下200到500

人不等。晋绥军第70师第215旅第430团撤出忻口时，只剩下团长马凤岗和几十名士兵了。阎锡山原想用这两个军担任太原北线防御任务，以第19军军长王靖国、第61军军长陈长捷分别担任正、副指挥，在风阁梁、阳曲湾、蝎子寨、郭家窑一带占领预设国防工事抵抗日军。但是，在撤退中疲惫不堪、零散稀落的晋绥军与日军稍一接触就溃不成军。陈长捷的指挥所一度被日军堵在阳曲湾的一个寨子里，夜深后掘开寨墙才逃了出来。

被卫立煌特别要求"所余战斗官兵完全编为作战部队"的新编第2师和第85师

是损失最大的部队。以第85师为例，该师原有9000余人，战后所有士兵加起来只能组成1个营。师长陈铁只好将这个营交给第14集团军总部调配，自己带领编余军官去接收新兵。

当然，也有撤退比较从容的部队，中央军的第21师不但撤出了部分伤兵，连在忻口会战中俘获的日军武器都带了出来，送到西安办了个主题展览，还把战斗中胸部被子弹贯穿、正在医院养伤的师长李仙洲请来观看。

在南撤的洪流中，也有逆向而行的队伍。从河南安阳出发的第13军，由第20军

▲装备精良的第20军团。

团军团长汤恩伯指挥，正沿清漳河谷经涉县、东阳关、黎城进入山西，继而沿长治到太谷公路向北挺进。在今人的印象中，汤恩伯总与"保存实力""逃避作战"联系在一起，但查考史料并非如此，这次北上参战便是一个例子。当时汤恩伯正在筹建第85军，并获准将第13军所辖的第4师、第89师拨隶第85军序列，第13军只保留1个骑兵团以备接收新部队。第85军成立的正式命令在11月6日下发，如果汤恩伯想要保存实力，大可派遣只有一个骑兵团的第13军到山西虚晃一枪，没有人能够指责他什么。但汤恩伯却没有这样做，而是率领全部家当——2个师及骑兵团北上参战。

汤恩伯部的先头部队第89师第265旅第529团乘汽车于11月5日抵达子洪镇，并以1个营进驻同蒲铁路沿线的太谷县城。由于车辆缺乏，其他部队只能步行前进。11月7日夜，日军第20师团千余人突然进攻太谷县城，城内守军仓促应战。经过4个小时战斗，到11月8日凌晨，第529团守城的1个营损失殆尽，只有营长张志等寥寥数人逃了出来。

1个步兵营这么糊里糊涂地牺牲掉，汤恩伯异常震怒，下令将张志枪决。参谋处长苟吉堂后来评论：太谷城位于平坦的盆地之上，面对拥有优势火力的日军，原本就不是1个步兵营能守得住的。当时，各师长、旅长也以张志之败非作战不力为由向汤恩伯求情，希望能免其一死，戴罪立功。但"殊不知汤氏以军令如山，不但

不肯收回成命，且对说情的将领们痛加申斥"，最后还是执行了枪决。

这件事背后还有一层原因。苟吉堂认为，汤恩伯与张志不仅是浙江武义同乡，还是中学校友，关系一贯亲近。这次如果饶过张志，军中势必会有人认为他偏爱私人，在此准备扩军之际，一旦产生先例、形成舆论，日后从严执行军纪就更困难了。

苟吉堂的评论都是后话，杀张志时他不在现场。行进途中，汤恩伯曾向太原守军致电，告知还有3天即可抵达，并派苟吉堂持自己写给阎锡山和傅作义的亲笔信前往接洽。苟吉堂抵达子洪口，才从第529团团长罗芳珪那里得知太原城陷的消息。

此时，第2战区司令长官部及各部队都在撤退，情况十分混乱。地方上的县长也不知道阎锡山、傅作义撤退到了哪里。除了苟吉堂外，汤恩伯派往长官部领取作战地图的两位参谋谭瑛、汤江汉也因此滞留于子洪口。为了完成使命，苟吉堂等3人决定一同沿同蒲铁路南下，寻找阎锡山和战区司令长官部的行踪。途中，两位参谋找到了长官部，获取了所需要的部分地图，急忙返回部队复命。苟吉堂始终没有打探到阎锡山的行踪，只得返回驻在沁县的汤恩伯指挥部。

在此期间，卫立煌已经与汤恩伯取得了联系，对这支劲旅进入山西增援表示欣慰。11月9日，卫立煌所发布的作战部署中，第1项便是发给汤军团。汤恩伯立即

汤恩伯抗战简历

汤恩伯，浙江省武义县人，原名汤克勤，以字行。出生于1900年9月9日。1926年7月毕业于日本东京陆军士官学校中华队第十八期步兵科。1935年4月8日任陆军中将。1946年2月15日加陆军上将衔。1954年6月29日在日本国东京市病逝。他获得的勋章有：青天白日勋章、二等宝鼎勋章、三等宝鼎勋章、四等宝鼎勋章、一等云麾勋章、二等云麾勋章、三等云麾勋章、胜利勋章、忠勤勋章。

1931年9月时任第4师少将副师长兼第10旅旅长。12月26日调升第2师中将师长。

1932年3月1日调任第89师中将师长。

1934年2月13日升任第3路军第10纵队中将指挥官。3月3日兼任第4师师长。

1935年9月7日调任第13军中将军长。

1937年10月16日升任第20军团中将军团长。

1938年6月8日升任第31集团军中将总司令。同月21日兼任第98军军长。7月27日辞去军长兼职。4月辞去教育长兼职。

1939年1月24日兼任军事委员会游击干部训练班教育长。

1940年12月升任鲁苏豫皖四省边区游击总指挥部中将总指挥兼第31集团军总司令。

1942年1月14日升任第1战区上将副司令长官兼鲁苏豫皖四省边区游击总指挥、第31集团军总司令。

1943年9月24日兼任第19集团军总司令，辞去第31集团军总司令兼职。

1944年6月20日辞去第19集团军总司令兼职。12月调任黔桂湘边区总司令部上将总司令。

1945年3月5日调任第3方面军上将司令官。5月21日当选国民党中央执行委员（至抗战胜利）。

遵照命令在子洪口至榆社一线展开部队，　在这场大溃败中构筑起第一道防线。

第二十一章　三位上将的心思

陆军一级上将阎锡山离开太原，也离开了人马众多的第2战区司令长官部，带着参谋处长楚溪春及少数随从、警卫撤往晋南。沿着同蒲铁路南下的荀吉堂等人找到了长官部，却找不到司令长官，是因为阎锡山没有选择大道，而是在吕梁山区中沿小路蜿蜒南行。

按中国人的传统算法，阎锡山已经55岁了，在太原失守前不久刚刚过完生日。他出生在1883年10月8日，即农历九月初八。在1937年，九月初八是10月11日。

就在这一天，晋北原平镇被日军混成第15旅团攻陷，守城的晋绥军第196旅5000余人仅有数百人突围，旅长姜玉贞阵亡，身首异处。阎锡山为此口占七言"全区原平战最烈，三团只还五百人，据守三院十一日，玉贞旅长兼成仁"。

这个生日也成为他颠簸的起点。阎锡山原本判断，日军大举进犯晋北，意在打通并利用同蒲铁路，因此他将全部的本钱都押在晋北，全力支持卫立煌在忻口组织会战，希望用这场防御战阻截、消耗并最终击溃来犯的日军。

然而，华北战局的变化出乎阎锡山的预料。10月10日，日军第20师团攻占了平汉铁路与通向太原的正太铁路交会点石家庄，当面的第1战区部队在不到1个月的时间里，就从河北省中部的滹沱河一线撤退到了河北省南部的漳河一线。日军第1军司令官香月清司中将得以从容抽调兵力，以第20师团沿正太铁路向西进犯娘子关，直逼太原，正打在全力向北防御的第2战区侧肋上。结果，娘子关失守、忻口

▲黯然撤离太原的阎锡山。

战局崩溃、太原沦陷。

失去这座经营了20多年的城市，阎锡山不免有些难以接受。从辛亥革命开始，无论国家元首是在南京的临时大总统孙中山，还是在北京的"洪宪皇帝"袁世凯、大总统黎元洪、执政段祺瑞、大元帅张作霖，他始终在太原号令全省。他也在这里决定参加北伐，从北洋政府的督军变成国民革命军的集团军总司令和国民政府的省主席。他的一切事业，无论军事、政治、文化、教育、经济、实业，全都以这座城市为中心。所有以他为长官的军政机构，无论是北洋时代的督军署、北伐时代的国民革命军第3集团军总司令部、还是抗战时期的第2战区司令长官司令部，始终设立在太原。

当然，中间不是没有波折。辛亥革命时，清廷得知山西有变，立即调遣军队攻破娘子关，兵临太原城。但阎锡山和副都督温寿泉引兵离城、分别出击，将反清火种播撒到北至归绥，南至临汾的广大战场，不到半年就杀了回去。1930年，阎锡山领衔冯玉祥、李宗仁、白崇禧、张发奎等人组织联军反蒋，在中原大战中失败，作为盟主的阎锡山被迫下野，借日本人的掩护避居大连。次年，九一八事变爆发，他在山西各路军政官员的呼吁恳请之下返回五台，继而在1932年一二八上海之战后出任太原绥靖公署主任，重新成为这座城市和这个省份的主人。

阎锡山与日本人的关系，不仅为他的敌人所指责，也曾为他的盟友所非议。北洋时代，阎锡山确实得到过日本军方和政界、企业界人士的支持。他筹办工厂、矿山所需要的设施多从日本进口，开采出来的煤、铁等矿产也以日本为主要出口对象。但从1932年回到太原后，阎锡山便一直以反日面貌示人，还曾公开支持抵制日货运动、保护闹事的学生。1935年华北事变期间，他破天荒地亲自前往南京，当选为国民党中央执行委员会委员，为他支持国民政府而非日本鼓动的"华北自治运动"做了最明确的表态。1936年，

▲20世纪30年代的山西省银行。

他的部将傅作义在绥远击溃日本人支持的伪蒙古军后，他公开表示嘉奖。显然，在1937年这个时间点上，他并不想再与日本人有什么勾结，也不再是日本人拉拢的对象。

第三次离开太原，阎锡山已经驾轻就熟，做好了许多准备。日军包围太原之前，他已经将家底转移到了运城，仅山西省银行、绥西垦业银号、铁路银号等金融机构转移过去的现洋就达588万元，各种辅币、纸币3800多万，生金2700余两，白银14万余两。

进入晋西南后，他先在隰县大麦郊落脚，之后转往司令长官部和卫立煌前敌总司令部的驻地临汾。但他没有和司令长官部驻在一起，而是在城西北约20公里的东涧北村外西沟一座六孔土窑住下。在这里，他下令各部队收容整顿，建立起一条横跨汾河两岸的防线；下令各级政府官员积极为军队购粮、征夫、征兵；还下令以他为总会长的"山西牺牲救国同盟会"积极活动起来，发挥守土自卫作用。临汾变成了山西的战时省会，也变成了第2战区继续抵抗的核心。

阎锡山曾在日记里安慰自己，"离开太原是战略"。从此后的一系列行动来看，他始终相信自己会杀回太原，这信念像一团火苗，要继续燃烧一段时间才会逐渐衰微。

从太原突围的陆军二级上将傅作义也抱着同样的信念。傅作义素有常胜将军之誉，最后一次失败发生在7年前中原大战

▲傅作义。

时期。不过，虽然在太原再一次尝到了失败的苦果，却有一件事让傅作义稍感欣慰。中原大战时的对手，南京政府军的津浦铁路沿线总指挥刘峙，在前不久的对日作战中一败涂地。不仅打了败仗，还因长距离的撤退被报界冠以"长腿将军"的绰号，成了无能的代名词，可谓身败名裂。自己虽然丢了太原，至少在名声上还是力战而退，没有刘峙那么难看。

藏在傅作义心底的还有一个小秘密。他经营多年、视为基本地盘的绥远，在日军和伪蒙古军的进犯之下已经沦陷大半。省会归绥、重镇包头相继失守，眼看全境不保。更让他担心的是，此刻活跃在绥西、绥南的资深将领颇有其人，江桥抗战

的英雄、东北挺进军总司令马占山，东北军的宿将、骑兵第2军军长何柱国，以及中央军的骑兵第6军军长门炳岳，各个都有竞争省主席的资历，也都有通天的门径，随时可能攫取他的根据地。

太原失守后，傅作义向西南方向退入吕梁山区，在中阳、离石整顿部队。他很清楚，绥远即使只剩下西南一隅，依然是陕西、甘肃、宁夏大后方的屏障。日本人兵力不足，不可能在茫茫草原上投放太多兵力，在这里为日军看家护院的还是他的手下败将——伪蒙古军。依靠多年经营的基础，只要他能够回到绥远，便有机会重整各路部队、联络蒙古王公，与日军、伪蒙古军周旋。有机会还要一展身手，博取更大的胜利。为了这个目标，他正在等待时机。

阎锡山撤退到大麦郊时，曾在日记里写下"十日之间大麦郊，殿后原非畏人嘲，晋绥全军无消息，收容之责岂容抛"，阎锡山虽然负有收容之责，但他对晋绥军之外的部队，更多的只是指导，实际担负起指挥任务的则是卫立煌。

这一年，陆军上将衔中将卫立煌40岁，正是精力最旺盛、进取心最强的年纪。他原是孙中山的卫士，后来逐级晋升，在北伐时已经是一名团长。在随后的征战中，他以功绩和能力取得了今天的地位，与出身黄埔教官的中央军嫡系将领顾祝同、刘峙、蒋鼎文、陈诚并称"五虎上将"。

卫立煌有一个专属绰号"嫡系中的杂

▲卫立煌。

牌"，这句话说的是事实。卫立煌出身行伍，没有上过军校，也没有当过黄埔军校的教官，在以日本陆军士官学校、保定陆军军官学校为主的军界高层中没有同学提携，和中央军的骨干黄埔学生只有上下级关系而没有师生之谊，很难吃得开。或许正因为如此，蒋介石才选派他到山西，用自己中央系小杂牌的身份，来与全国最著名的地方实力派打交道，协调指挥来自四川、山西、河南的各路杂牌军。

卫立煌根据各集团军、军、师汇报的11月9日命令执行情况，于11月15日下达新的作战部署：

一、骑兵第1军，应以一部于文水附近及汾阳东北地区活动，妨害敌由太隰公路及汾阳至离石大道进攻，其主力仍在广武镇（雁门关外）、静乐（忻县西80公里）间服行前任务。

二、第13军，应确占子洪口及其以南地区，与第18集团军及第22集团军切取联络，阻敌由白晋公路南下，以掩护本军右侧，并极力在太谷、平遥间游击。

三、第22集团军，应以一部扼堵三岔沟、平道头、马跑泉以南各隘口，阻敌南下，并极力在平遥、介休间游击。主力限于18日以前集结沁源东、西一带地区。如敌由白晋公路南下，应随时协同第13军夹击之。

四、第2集团军（欠第3军之第12师）附第15军及第34军，应确占韩侯岭东、西之线，拒止沿同蒲路南进之敌。

五、第19军附第61军、第68师、第71师、第73师，及独立第2旅、独立第3旅、独立第7旅各旅，集结（于）石口镇，一部确占兑九峪、大麦郊各隘口，并领有双池镇、石口镇以南地区，阻止沿汾河公路南进之敌，并极力向孝义、汾阳以东之线游击。

六、第17军（欠第21师）附第177师之第529旅及第17师，应确占吴城镇要点及其南、北之线，阻止由汾阳、军渡大道西进之敌。

七、第14军附第94师，集结汾西附近。

八、第47师向赵城集结。

第2集团军、第15军和第34军守备的

韩侯岭，是卫立煌选定的防御主阵地。韩侯岭又称韩信岭，位于霍县以北、灵石县城以南，隔断太原盆地与运城盆地的山岳地带之中。同蒲铁路南下经过介休县城后不久，便会遇到连绵不绝的山峰，越过山谷中的灵石县城，才会抵达这里。

狭义的韩侯岭只是一座山。当地故老相传，西汉初年，高祖刘邦讨平代王陈豨之乱，班师途中行经此地时，收到皇后吕雉送来的木匣，里面装着淮阴侯韩信的首级。韩信与张良、萧何并称汉初三杰，为刘邦帝业立下汗马功劳。刘邦击败项羽之后，对当年的老伙伴特别是擅长用兵的韩信倍加猜忌，先将他由齐王降为淮阴侯，又借故收押在牢里。旧部陈豨叛乱，韩信被留守长安的吕雉认为有呼应的嫌疑，命人杀死在长乐宫中。刘邦检视之后，下令将韩信首级就地安葬，便有了韩侯岭的山名。至今，山上还保留着一座韩信祠，古往今来文人墨客吟咏此山的诗句颇为不少。

卫立煌部署的韩侯岭主阵地以此前第34军修筑的工事——南关镇、韩侯岭、仁义镇一线为核心，向北延伸到灵石以北、介休以南的山区与平原交界地带。由孙连仲第2集团军及第3军担任守备，并向灵石县城及县城以南的孙家山至荡荡岭一线派出警戒部队。在主阵地西北，第15军在秦王岭建立守备阵地。主阵地以东的绵山地带，北部由汤恩伯第20军团在子洪口、王和镇担任守备，南部由邓锡侯第22集团军在沁源县城东西地区守备，以第41军位于

▲韩侯岭。

沁源、三叉沟、马跑泉一线，并向北延伸的章源镇、分水岭一线。整个防线呈反V形的口袋之势，可以对沿同蒲铁路南下的敌军予以夹击。第14军、第94师和晋绥军第34军在韩侯岭主阵地以南、汾西以东至霍县以北一线担任纵深守备，第9军在新绛、稷县、赵城担任预备队。

在秦王岭以西，兑九峪、隰县、乡宁等地，由晋绥军第19军、第61军和第71师等部担任守备任务，构成韩侯岭主阵地的左翼，并向北延伸到汾阳、文水。在绵山以东，第47军守备虒亭、长治以及从河北南部进入山西的重要通道东阳关。

太原失守前，日军华北方面军判断平汉铁路沿线的宋哲元第1集团军部队有反

攻石家庄的企图，曾命令从娘子关入晋的第20师团在太谷以北集结，准备返回河北省作战，在井陉集结完毕准备入晋的第108师团第104旅团转回平汉铁路方向。攻占太原后，日军华北方面军于11月15日再次调整部署，明确第20师团负责山西北部作战，改由第5师团沿正太线开赴石家庄，随后又转移到山东参加津浦铁路沿线作战。

1937年12月18日，驻石家庄的日军第1军司令官香月清司根据华北方面军指示，向包括第20师团在内的4个师团下达了发动"河北戡定战"的秘密指示。这里的"河北"并非行政意义上的河北省，而是地理意义上的黄河以北，日军第1军所

185

准备攻占的地域也分为两块，分别是山西南部的运城盆地（日方称之为蒲州平原）和河南北部的新乡平原。接到指示后，各师团立即开始进行作战准备。

在太原失守之后到决心南犯这段时间内，侵晋日军也没有完全停止行动。11月24日，日军第20师团约千人自太谷南下，进攻第89师529团防守的子洪口阵地。汤恩伯接到前线团长罗芳珪的汇报后，下令部队坚决抵抗。他还特别声明，如有擅自撤退者以军法处置，张志便是先例。经过一昼夜的战斗，日军未能突破第529团阵地。战局稍稍稳定后，汤恩伯派第89师第265旅旅长吴绍周带2个营取道子洪口东北，向来犯日军的侧背实施反击。日军这次出击原本只是为了保障占领区的小型攻势，没有投入太多兵力，发现局势不利后便主动撤退了。

随后，吴绍周将所属部队编组为多个轮袭队，接连袭击同蒲铁路沿线各据点的

吴绍周抗战简历

吴绍周，贵州省天柱县人，字子斌。出生于1903年2月3日。1923年11月毕业于贵阳贵州陆军讲武学校第五期步兵科，1934年6月毕业于南京中央陆军军官学校高等教育班第二期。1936年4月1日任陆军步兵上校。1939年6月17日晋任陆军少将。1948年9月22日晋任陆军中将。1966年5月10日在湖南省长沙市病逝。他获得的勋章有：四等宝鼎勋章、三等云麾勋章、四等云麾勋章、自由银质勋章（美）、胜利勋章、忠勤勋章。

1931年9月时任第3师独立旅第3团上校团长。

1932年5月改任第89师第267旅第534团上校团长。

1933年2月21日调任第89师上校参谋长。10月考入中央军校高等教育班学习。

1934年2月9日在学派任新编第11师少将参谋长。6月军校毕业后仍任新编第11师少将参谋长。

1936年3月30日调任第89师少将参谋长。

1937年10月14日调任第89师第265旅少将旅长。

1938年3月调升第110师少将副师长。6月8日升任第110师中将师长。

1942年3月28日升任第13军中将副军长。

1943年10月5日调升第85军中将军长（至抗战胜利）。

▲匍匐前进中的第20军团士兵。

日军。汤恩伯还令第4师对平遥、太谷、祁县一线做出反击的阵势。日军第20师团在不断的袭扰下，向北收缩至太原、榆次一线。协同汤军团作战的川军第122师师长王铭章迅速率部北上，一举收复平遥县城。

在子洪口战斗和收复平遥之前，活动于太原以西的骑兵第1师一度收复交城县城，开入山西的、由中共领导的第18集团军所属部队也在这一阶段取得不少战果。阎锡山眼见游击作战颇有成效，决心"干一票大的"。12月23日，第2战区司令长官部向军事委员会提交了新的作战计划，准备在全省发动游击战。1938年1月3日，军事委员会核准了这一作战方案，其要旨如下：

第1行政区（晋东北阳高、浑源、广灵、灵丘、平定、阳寿、榆次等县）为第1游击区，以开入山西东北部的第18集团军担任，在敌后发动广泛的游击战；

第2行政区（晋西北大同、左云、右玉、朔县、宁武、静乐、保德等县）为第2游击区，以活动于该地区的骑兵第2军及其第1军一部担任，并相机策应绥远方面的作战；

第3行政区（晋东辽县、榆社、沁县、沁源、武乡、襄垣、黎城等县）为第3游击区，以第3军、第169师担任，第3军还要负责破坏子洪口至沁县及祁县至平遥间道路；

第4行政区（晋中及晋西太原、清源、交城、文水、孝义、离石、中阳等县）为第4游击区，以第17军、骑兵第1军一部担任，第17军负责破坏汾阳至军渡间道路。

第5行政区（晋东南长治、平顺、陵川、高平、长子、晋城、阳城等县）为第5游击区，以第2集团军、第13军担任，并掩护黄河北岸及遮断同蒲路南段交通。第2集团军负责破坏平遥至霍县及高平至曲沃间道路。

第6行政区（晋西临汾、霍县、赵城、洪洞、蒲县、隰县、乡宁等县）为第6游击区，以第35军担任，并负责掩护黄河东岸安全；

第7行政区（晋西南安邑、侯马、汾城、河津、闻喜、平陆、临晋等县）为第7游击区，以第14军、第47师、第94师担任，负责掩护陇海路交通。第14军负责破坏霍县至洪洞间道路。

除此之外，还规定了第61军破坏洪洞经临汾至闻喜间道路，第19军破坏交城经汾阳、石口、隰县、蒲县至临汾间道路，第47军破坏东阳关迄晋城及沁城至长治间各段道路，第9军破坏曲沃至禹门间道路，第85师破坏闻喜至运城间道路，第21师破坏运城至永济至风陵渡间道路等一系列破路任务。

这个计划气势磅礴，却欠缺实施的具体方略，甚至被批评为异想天开。但是，从鼓励新败之师恢复士气的角度来看，也不失为一个积极的谋划。只是这一计划还未来得及实施，便被军事委员会新的作战方案所代替。更可惜的是，后者也很快被日军的行动摧毁了。

第二十二章 战 平 遥

1937年12月13日，日军攻占中国首都南京，大举屠杀无辜居民。12月28日，蒋介石通知在中日两国之间奔走调停的德国驻华大使陶德曼（Oskar Paul Trautmann），国民政府拒绝日本政府提出的4项"和平条件"。1938年1月17日下午，日本首相近卫文麿发表声明，"帝国政府尔后不以国民政府为对手，而期望真能与帝国合作之中国新政权之建立与发展，并将与此新政权调整两国邦交"。中日战争无可挽回地继续扩大。

1938年的春节是1月31日，山西百姓度过了一个看似平静的新年。表里山河之外其他省份的老百姓却没有这样的福气。1937年底，日军沿津浦铁路进犯山东，第3集团军总司令韩复榘率部在鲁北组织抵抗，但被日军突破第一线后，就像丢了魂一样大举撤退。12月26日，日军不费吹灰之力，占领山东省会济南。随后，名城泰安、曲阜相继沦陷于日军之手。

韩复榘官拜陆军二级上将，在军事上是第5战区副司令长官兼第3集团军总司令，在行政上是山东省政府主席，守土抗战本是他不容推卸的责任，日本人打来了却望风逃窜，引得全国舆论哗然，纷纷指其为卖国贼。1938年1月11日，韩复榘奉命前往河南开封参加军事会议，刚下火车便被扣押，随后被解送到武汉接受军法审判，以"不尽其守土职责及抵抗能事"被判处死刑。13天后，韩复榘遭到枪决，成为抗日战争中第一位也是唯一一位被处决的陆军上将。

▲被枪决的第5战区上将副司令长官韩复榘。

韩复榘之死震动军界，却无法改变日益崩坏的战局。1月间，日军华北方面军以第5师团、第10师团进犯鲁南，华中方面军以第13师团攻略皖北。陇海铁路与津浦铁路交会点、同时也是中国军队第5战区司令长官驻地的徐州成为日军下一个目标，一场大战迫在眉睫。

为了缓解第5战区的压力，国民政府军事委员会于1月29日发布新的作战指导意见，根据日军南北对进围攻徐州的情况，下令第1战区所属各部队向津浦铁路北段的德州、沧州，第2战区所属各部队向正太铁路沿线的太原、石家庄，第3战区所属部队向沪杭之间的湖州、嘉兴迅速出击，牵制并迟滞日军其他部队向徐州方面增援。

此时，第1、第2、第3战区都处于休整期，没有能力快速实施如此大规模的反攻，但都对军事委员会的意见做出了相应部署。2月3日，第2战区下达了本战区的作战指导方针：

一、战区以主力保有晋城、陵川、东阳关、韩侯岭、汾阳、吴城镇，及绥西后套地区，相机推进。

二、一部向平汉、正太、同蒲、平绥各路出击，破坏交通，并扫荡残敌，伺机规复石家庄、太原各要点。

"相机"、"伺机"的表达，将这份作战指导方针的避重就轻表现得淋漓尽致。仔细分析，向平汉、正太、同蒲、平绥各条铁路出击破坏交通，看上去来势汹汹，实际不过是此前全省游击战的翻版。至于不仅要收复省会太原，还要打出太行山区规复石家庄，只能说是壮志可嘉，或者是难以实现的梦想。

然而，即使是这样一个作战指导方针，也在日军抢先一步的攻击下落空了。

1937年12月25日，日军第1军通过了参谋部提出的"河北戡定战"作战计划，于次日下达各师团。第1军的计划要旨是，"首先以第14、第108师团攻占新乡平原及潞安平原，然后以数个兵团的有力部队向曲沃及临汾平原追击"，赋予第20师团的任务更加明确"与上述部队联系南进到同蒲沿线地区，攻占临汾、曲沃及蒲州平原"，第109师团的任务为追随第20师团前进，并接替其守备勤务，并对离石方向作战做好准备。简而言之，第1军的作战目标是占领第2战区正在组织抵抗的晋南地区，并一路追击到黄河北岸。这一作战的预订实施时间是2月11日至3月10日。

担任作战主力的日军第20师团番号虽然比攻占太原的第5师团要靠后许多，但同属日本陆军13个常备师团之一，在装备和兵员充实程度上相差无几。但是，与参加过日俄战争的部队不同，第20师团在1915年才出现在日本陆军的序列中，长期担任朝鲜殖民地的驻防任务，没有什么大规模战争的经验，直到七七事变时，才以"第一个动员参战的师团"博得一点声名。1937年7月下旬，第29军南苑驻地遭

香月清司简历

香月清司，日本佐贺县人，出生于1881年10月6日，1902年11月毕业于日本陆军士官学校第14期步兵科，1912年11月毕业于日本陆军大学第24期。1950年1月29日病逝。他获得的勋章有：功二级金鸱勋章。

1921年7月20日任陆军大学教官。

1923年8月6日晋升陆军步兵大佐。

1924年4月10日调任步兵第60联队联队长。

1925年5月1日调任步兵第8联队联队长。

1926年3月2日调任陆军大学教官。

1927年7月26日调任军务局兵务课课长。

1929年1月28日晋升陆军少将，调任步兵第30旅团旅团长。

1930年8月1日调任陆军大学教官。12月22日调任陆军大学干事。

1932年4月11日调任陆军步兵学校干事兼教育部长。

1933年3月18日晋升陆军中将，调任陆军步兵学校校长。

1935年3月15日调任第12师团师团长。

1936年3月23日调任近卫师团师团长。

1937年2月1日调任教育总监部本部长。7月11日调任中国驻屯军司令官。8月26日改任第1军司令官。

1938年5月30日调任参谋本部附。7月29日转预备役（直至日本投降）。

日军袭击，副军长佟麟阁、第132师师长赵登禹牺牲，其元凶之一便是第20师团。

日本作为亚洲唯一一个现代工业化国家，第20师团在火力、机动力等方面远胜于中国军队。该师团所辖步兵第39旅团辖第77联队、第78联队，步兵第40旅团辖第79联队、第80联队。在这4个步兵联队之外，师团还直辖骑兵第28联队、野炮兵第26联队、工兵第20联队和辎重兵第20联队。为了这次作战，第20师团还得到了第1军直属部队的加强，获得的配属部队计有轻装甲车1个中队、山炮1个联队、150毫米榴弹炮1个联队（欠1个中队）、100毫米加农炮1个大队、迫击炮1个大队、高射炮1队、独立工兵1个联队等。

第20师团师团长川岸文三郎中将和参谋长杵村久藏大佐，都是毕业于日本陆军大学的"秀才"。川岸以尉官身份参加日俄战争时就到过中国东北，日后在参谋本部担任部附时，又到华南、东北等地进行参谋旅行，在日军中算是半个中国通。杵村曾被日军送往美国考察军事，被视为陆军中的明日之星。两人在侵华战争爆发以来的一系列作战中合作顺利，这一次也准备在"河北戡定战"中大显身手。

第20师团的高级军官中，最为中国读者所熟知的当属步兵第77联队联队长鲤登行一大佐。他曾在1937年10月的娘子关之战和1941年11月的郑州之战中，两次被中国军队宣布击毙。实际上他一次也没有阵亡，而是晋升到陆军中将的职务并活到了日本投降之后，1972年81岁时才病死。

在第20师团西侧，配合其作战的是第109师团。这支部队是1937年七七事变爆发后，才以留守第9师团为基础动员起来的特设师团。步兵实力和第20师团相同，其步兵第31旅团辖有第69联队、第107联队，步兵第118旅团辖有第119联队、第136联队。但该师团的骑兵仅有1个大队，番号为骑兵第109大队，炮兵则为与师团番号相同的山炮兵联队，另外还辖有工兵第109联队、辎重兵第109联队。

第109师团得到了独立机关枪1个大队、150毫米榴弹炮1个中队、高射炮1队、后备步兵3个大队、后备骑兵及野炮兵各1个中队等部的加强。对中国人来说，第109师团的师团长山冈重厚中将、参谋长仓茂周藏大佐和两位旅团长谷藤长英少将、本川省三少将都很陌生，远不如师团司令部中的1名中佐参谋声名狼藉——此人便是1933年1月策动榆关事

鲤登行一简历

鲤登行一，日本福井县人（本籍群马县），出生于1891年3月27日，1912年5月毕业于日本陆军士官学校第24期步兵科，1924年11月毕业于日本陆军大学第36期。1972年11月16日病逝。他获得的勋章有：功三级金鵄勋章、功四级金鵄勋章。

1936年8月1日晋升陆军步兵大佐，任步兵第77联队联队长。

1938年3月31日调任兵器本厂附。

1939年3月9日晋升陆军少将，调任留守第6师团司令部附。4月1日调任熊本幼年军校校长。

1940年11月30日调任第35师团步兵团团长。

1941年11月6日晋升陆军中将，调任第7师团师团长（直至日本投降）。

山冈重厚简历

山冈重厚，日本高知县人，出生于1882年11月17日。1903年11月毕业于日本陆军士官学校第15期步兵科，1912年11月毕业于日本陆军大学第24期。1954年3月27日病逝。他获得的勋章有：三级金鵄勋章。

1925年12月2日任陆军军官学校学生队队长。

1926年3月2日晋升陆军步兵大佐。

1927年7月26日派赴法国考察。

1928年3月8日调任步兵第22联队联队长。

1929年8月1日调任教育总监部第2课课长。

1931年8月1日晋升陆军少将，调任步兵第1旅团旅团长

1932年2月29日调任军务局局长。

1934年3月5日调任整备局局长。

1935年8月1日晋升陆军中将。12月2日调任第9师团师团长。

1936年12月1日调任参谋本部附。

1937年3月1日待命。3月29日转预备役。8月26日派任第109师团师团长。

1938年11月9日调任参谋本部附。

1939年1月1日解除召集。

1945年4月1日派任善通寺师团管区司令官。6月10日调任四国军管区附（直至日本投降）。

变，鼓动日军占领山海关，拉开中日热河、长城之战序幕的前日本中国驻屯军山海关守备队队长落合甚九郎。

2月12日，第20师团离开榆次、太谷集结地，开始沿同蒲铁路南侵，第一个目标便是此前丢掉的平遥。此时的平遥城内混杂着散兵游勇、各部队的采买人员和谍报人员，鱼龙混杂。原本驻防的川军第122师奉命撤走之后，县长魏允之及地方官员也无力维持秩序，直到接防的第17军军长高桂滋派第501团团长吕晓韬带领1个步兵营和1个骑兵营抵达后，会同县政府和公安局清查户口、实施戒严，才将局面稳定了下来。

高桂滋认为，沁源、子洪口、王和镇才是第17军的主阵地，平遥只能算作临时前进据点，一个消息源而已。所以当谍报人员报告平遥以北的祁县"城内的敌人仅

▲平遥西门。

高桂滋抗战简历

　　高桂滋，陕西省定边县人，字培五。出生于1891年9月20日。1914年毕业于西安陕西陆军讲武堂，1945年6月毕业于重庆陆军大学将官班甲级第二期。1935年4月10日任陆军中将。1959年1月6日在北京市病逝。他获得的勋章有：四等云麾勋章、胜利勋章、忠勤勋章、国民革命军誓师十周年纪勋章。

　　1931年9月时任正太护路军第1师中将师长。10月4日改任第84师中将师长。

　　1937年8月7日升任第17军中将军长兼第84师师长。

　　1941年10月24日升任第36集团军中将副总司令兼第17军军长、第84师师长。12月1日辞去师长兼职。

　　1944年6月6日调任第38集团军中将副总司令兼第17军军长。

　　1945年2月带职入陆军大学深造。5月当选国民党中央候补委员（至抗战胜利）。

百余名，城门紧闭"，他也不感兴趣，没有想过予以收复。同样，他也没有要求第501团在平遥建立坚固的阵地，做好死守的准备。12日下午，第17军第251旅旅长高建白被派到平遥布置防务，巡视一番并听取汇报之后，也对日军为什么不切实占领富庶的祁县深感疑惑。

答案很快揭晓了。2月13日天刚刚亮，平遥城北的五里店的第501团前哨部队遭到日军攻击。战斗中，第501团判定对方超过1500人，还拥有火炮支援。消息向上传达，高建白和高桂滋逐级上报战区，准备将部队撤出平遥。前敌总指挥卫立煌却认为日军的进攻和上一次攻击子洪口一样，只是试探袭扰性质，下令对平遥"务须固守，不能放弃"。卫立煌还告知高桂滋，他将派出第83师驻张兰镇（位于介休县以北，距离平遥县城约14公里）的1个团前来支援。

卫立煌判断错了。来犯的日军是第20师团步兵第80联队，这个联队不仅拥有师团配属的山野炮，还得到了航空兵的支援，很快就突破五里店守军阵地，一路追击到平遥城下。日军此前已经侦察到守军兵力不大，无意采取围城之后再进攻的传统战法，而是决定集中炮火于城墙薄弱地段猛烈轰击，打开突破口之后大举攻城。面对日军的优势火力，城墙上的第501团官兵无法立足，只能退到城墙内侧的临时掩体里躲避。

午后3时，平遥东南城角在炮火的倾泻下崩塌。散落的墙砖形成了便于攀爬的斜面，第80联队的步兵开始在重机枪的超越射击掩护下向城内突击。第501团官兵从内侧冲上城墙，试图阻拦日军，堵住突破口。但躲在突破口外侧的日军士兵以掷弹筒向突破口内发射，压制住守军后续部队的增援，很快将这道斜坡牢牢掌握。占领突破口后，日军以中队为单位分路挺进，一部向城内突破，另一部沿城墙分别向平遥东门、南门进攻，在城墙上架以掷弹筒和重机枪打击守军阵地和集结地。

由于缺乏工事掩护，第501团官兵被来自头顶的枪炮压得无法抬头，只能贴着屋墙行动，战斗组织能力被大大削弱。更痛苦的是困居城内的骑兵营，因为街道被日军火力封锁，完全没有施展威力的空间，官兵只能徒步参战，与日军逐屋逐巷地争夺。被集中起来的军马成了城墙上日军的显著目标，多数惨死在掷弹筒的轰击之下。

增援的第83师1个团还没有赶到，平遥守军已经难以支持。日军突破城防1个多小时后，城内已经陷入混乱。骑兵营营长史殿丞战死，部队失去掌握，纷纷溃散。步兵营各连、排之间也失去联系。高建白事后曾回忆"我指挥巷战，处处敌我肉搏，死尸遍地，血流遍地"，眼看已经无力挽回局势，他和20多名随从跨上战马，从还在守军掌握中的西门飞驰突围。谁料城外已经是日军天下，无论战斗兵还是有枪的辎重兵，只要看到这支骑兵便举枪射击。高建白冲出西门后向西、向南突围都未成功，索性绕道城北再折往西南，

高建白抗战简历

高建白,陕西省米脂县人,原名高崇勋,以字行。出生于1896年10月14日。1922年毕业于北京内务警官高等学校。1935年4月30日任陆军步兵上校。1937年5月7日晋任陆军少将。1948年11月30日退役。1977年4月15日在陕西省西安市病逝。他获得的勋章有:五等云麾勋章、胜利勋章、忠勤勋章。

1931年9月时任正太护路军第1师第3团上校团长。10月改任第84师第501团上校团长。

1934年4月升任第84师第251旅少将旅长。

1940年9月升任第84师少将副师长。

1941年12月1日升任第84师少将师长。

1943年12月27日升任第17军中将副军长(至抗战胜利)。

兜了一个大圈子才返回第17军防区。下马时,"衣裤都被子弹穿成乱孔",跟随他的官兵只剩下了6个人。

据战后统计,平遥战斗中国军队伤亡480余人,损失军马100多匹。第20师团则称日军战死6人、负伤26人,并判断中国军队损失1500人左右。日军最大的收获是第80联队山根大队缴获了一份卫立煌签发的作战命令,其中记载第2战区即将实施反攻太原作战。

日军在攻城的同时便开始屠杀平民。据在平遥县大阎村抗日区公所工作的高仪卿回忆,"日寇一路从南门进城,不论男女老幼,见人就杀,把一条南街杀得尸体遍地,血流成河。一路是从小东门城角打

开的缺口,仅在第十街就杀了百姓40多人。这股日寇,沿着城壕向北进犯,走到上东门北面尹吉甫庙前,碰到20多个逃生的百姓,将他们刺死。搜到在炭市场房间躲藏的进城买东西的70多人,又将他们刺死",被枪弹打死的"至少有七八百人"。

战后,平遥成为第20师团的集结点。休整2天之后,川岸文三郎下令编组先遣队和右侧支队。前者以第80联队为主体组成,由第40旅团旅团长上月良夫指挥,继续沿同蒲铁路南下攻击介休。后者以第77联队为核心组成,由该联队所隶属的第39旅团旅团长高木义一指挥,渡到汾河以西集中后与先遣队并肩南下,攻击孝义。2

月16日午后2时，上月先遣队攻占介休。黄昏时分，孝义也落入高木支队之手。这一天的战斗中，第20师团战死1人，负伤3人，声称打死打伤中国军队500余人。

日军的南下无疑给第2战区当头一棒，卫立煌也不得不承认日军开始南下的现实，却没能拿出任何应对的方略。充满了投机色彩的反攻太原、石家庄计划虽然难以继续实施，但阎锡山却不肯放弃反攻太原的梦想，只是向军事委员会要求解除反击石家庄的任务，以便集中力量规复太原。对这种小修小补，军事委员会自然从善如流，于2月17日复电"着即向正太路转取攻势，相机规复太原"。随后，第2战区下达了新的作战指导方针和部署：

第一，方针

本战区为导致第1、第5两战区作战于有利态势，以一部沿同蒲路转移攻势，先将太谷以南之敌歼灭，乘势攻略榆次、太原，并进出娘子关、石岭关等地区。

第二，部署

一、右翼军总司令朱德，指挥第18集团军、第3军、第47军、第17师、第94师，及第177之第529旅，以一部固守晋城、陵川、东阳一带；主力袭击榆次、太谷及同蒲路北段之敌，更须彻底破坏交通，阻绝敌军向同蒲路南段增援。

二、中央军总司令卫立煌，指挥第9军、第14军、第15军、第17军、第19军、第85师，及骑兵第1师，俟左右两翼军将正太、同蒲两路阻绝后，主力转移攻势，

先将太谷、交城之敌歼灭，乘势攻略榆次、太原。

三、左翼军总司令傅作义，指挥第35军、第71师、新编第6旅及骑兵第1军（欠骑兵第1师），以一部进出太原以南，破坏交通，扫荡残敌，并阻绝敌之增援与撤退，主力适时向交城、文水之敌进攻，协助中央军之作战。

四、总预备队指挥官陈长捷，指挥第61军及第66师在汾西临汾地区集结，随中央军推进。

五、骑兵第2军、骑兵第6军、挺进军，及绥西各部队，分别向归绥、包头之敌袭击，并破坏交通，以牵制敌军南下增援。

第2战区的计划是，以右翼军固守晋东南太行山脉各通道，袭击同蒲铁路与正太铁路的交会点榆次，以阻绝山西之外的日军向同蒲铁路沿线日军增援，避免再度重演太原会战的悲剧。同时，以左翼军袭击太原以南，截断日军第20师团的后路。待左、右翼两军完成任务，再由中央军转移攻势，出动主力将孤立的第20师团予以歼灭，继而攻略太原，乃至光复娘子关，打出山西去。

虽然在第2战区的眼中只有沿同蒲铁路和汾河河谷南下的第20师团。但第20师团师团长川岸文三郎的行动计划并非只是南下这么简单。日军用于山西的兵力，也不仅仅只有第20师团。策划着歼灭战的第2战区正副司令长官们，很快就将尝到疏忽的苦果。

第二十三章 吕 梁 山 上

七七事变之后，阎锡山出任第2战区司令长官，在蒋介石和国民政府的领导下决心"守土抗战"。蒋介石、阎锡山之间多年的嫌隙，固然已被全面抗战的洪流冲淡不少，但阎锡山对蒋介石及军事委员会的作战部署依然颇多怨言。

日军刚刚露出进攻徐州的势头，军事委员会就将孙连仲的第2集团军、邓锡侯的第22集团军主力和汤恩伯第20军团调

离山西，划归第5战区战斗序列，加入徐州方向作战。孙连仲部战斗力坚强，汤恩伯部更是晋东生力军，这2支部队接连撤走，使第2战区顿失柱石。阎锡山、卫立煌不得不将整补中的部队调往前线，接替空出的防区。第17军接替了第20军团在子洪口、王和镇及第41军在沁源、平遥的防区，第3军接替了第41军在章源镇、分水岭的防务，韩侯岭主阵地则由第14军

▲吕梁山上。

及第47师接替，并派出第83师在介休警戒。

在阎锡山看来，军事委员会一面抽走驻山西部队，另一面却还下令反攻太原、石家庄，简直是存心戏弄人。外来的部队随时可能被调走，留下来的也难免"听宣不听调"，保卫山西还是要靠本乡本土的晋绥军。在这一段时间的日记里，阎锡山不无深意地写下"兵要自练、战要自主"八个字。

可是，决心落在笔下容易，实践起来却相当困难。晋绥军几乎没有1个师能称为健全。为了能"自主"作战，在2个多月的休整期间，阎锡山对晋绥军进行了大规模的整编。

第66师作为阎锡山的警卫部队，原本辖有两个团。这次整编开始，便以原有的两个团组建为第204旅，而以晋绥军补充第1团、补充第2团组成第206旅，编入该师，使第66师成为一个完整的两旅四团制方块师。师长由第66师原师长杜春沂担任，第204旅旅长郭作霖上任不久后因病去世，由赵叔鸿接任，素有猛将之名的孙福麟担任第206旅旅长。1938年1月，阎锡山又将两个新成立的团编入第66师，将该师的结构调整为2旅6团制。第66师驻防于临汾，担任第2战区司令长官部的卫戍任务。

在临汾还有两支新编的部队：以第2战区军官教导团为基础扩编的第201旅，旅长张翼。以第2战区军事教导第1团和第2团改编的第205旅，旅长徐积璋。这两个旅的兵力不多，在一定程度上也属于跟随长官部行动的警卫部队。

在临汾城西，驻有在忻口会战遭到重创的第72师。该师以一部编为第217旅，另以一度只剩200多人的第209旅补入，仍然维持2旅4团制的结构。师长由原第209旅旅长段树华担任，王鸿浦任第209旅旅长，梁春溥任第217旅旅长。

在临汾西南的乡宁，驻有新编组的第69师。该师由原第72师208旅、第196旅、新编第1团编组而成，2旅4团制。师长由原第72师208旅旅长吕瑞英担任，高金波任第196旅旅长，于镇河任第208旅旅长。

乡宁以北，以隰县为中心的地区进行整编的，有第68师、第70师和第71师。第68师前身是独立第8旅，原本计划在1937年10月份完成扩编，但因战事紧张未能实现。太原保卫战期间，独立第8旅参加了外围作战并损失一部。整编时期，以该旅为基干，补充编入独立第2旅、独立第3旅余部，组成2旅4团制师。该师师长为原独立第8旅旅长孟宪吉，刘召棠任第203旅旅长，蔡熊飞任第210旅旅长。

第70师、第71师的情况与临汾的第72师相似，都在忻口会战中遭受严重损失，只剩下两三千人。前者原有2旅6团，整编时编组为1个2团制的旅，另将独立第1旅补充进来，组成2旅4团制师，师长由原第70师215旅旅长杜堃升任，赵锡章任第205旅旅长，马凤岗任第215旅旅长。后者则调第203旅补充缺额，以维持两旅四团的结构，原师长郭宗汾留任，刘光斗任第202旅旅长，赵晋任第214旅旅长。

隰县以北的中阳也有2个师驻防整补，他们都是从太原突围出来的守城部队。其中第73师此前参加过忻口会战，又经历太原一役，已经相当残破，所部缩编为1个旅，另调第211旅编入补充，保持2旅4团制结构。原师长刘奉滨继续担任师长，王思田任第197旅旅长，孙兰峰任第211旅旅长。第101师则由第213旅、第218旅、独立第7旅和新编第3团等部合编而成，也是2旅4团编制。师长是傅作义的爱将——原第218旅旅长董其武，阎应禧任第213旅旅长，姚骊祥任第218旅旅长。

此外，晋绥军的骑兵第1师活动于太原西南的交城，由徐靖夫任师长，骑兵第2师活动于太原西北的宁武，由孙长胜任师长。这2个师在历次战斗中损失不大，自太原陷落之后的游击作战中十分活跃，此次整编之中将2师所属的步兵和无马骑兵抽调出来，组成第200旅，由李庆祥任旅长。

以上便是晋绥军的全部家当。各师、旅整编完毕之后，驻防相近的部队都调整到同一个军部辖下。第19军军长王靖国驻隰县，辖第68师、第70师。第35军军长傅作义驻中阳，辖第73师、第101师。第61军军长陈长捷驻乡宁，辖第69师、第72师。骑兵第1军军长赵承绶驻静乐，辖骑兵第1师、骑兵第2师、第200旅。在临汾的第201旅、第205旅组成第34军，由杨澄源任军长，驻临汾。同在临汾的还有

▲训话中的阎锡山（高立者）。

一个准备用于机动作战的空头军部第33军，军长孙楚。第66师是阎锡山的警卫部队，第71师师长郭宗汾因为还保留着"第2战区第2预备军军长"的名头，直属于第2战区司令长官部。

从地图上看，晋绥军的8个正规步兵师全都摆在同蒲铁路以西，独自担负起吕梁山区的防御重任，阎锡山"战要自主"的想法初步实现。然而自主作战的效果如何，还要看与日军交火之后的表现。

根据日军第1军司令官香月清司的部署，同蒲铁路以西的作战被分为两个部分，以汾离公路（汾阳至离石）作为分界线，线北归第109师团负责，线南归第20师团负责。第109师团还担负警戒守备和掩护第20师团后方交通的任务。

第20师团南下后，第109师团师团长山冈重厚命令第31旅团旅团长谷藤长英指挥第136联队、第107联队第3大队、山炮兵第109联队第1大队、野战重炮兵第3联队第6中队、骑兵第109大队主力及工兵第109联队主力等部组成先遣队，从清源沿太原至汾阳公路南下。

在平遥失守后的第2天，即2月14日，驻防文水的第71师与谷藤先遣队遭遇。第71师师长郭宗汾指挥所部在文水县城以北的开栅镇、龙泉等地逐次抵抗，在日军优势火力和钻隙迂回下节节败退。次日，因文水以南的孝义被第20师团高木支队跨河攻占，第71师后路被切断，郭宗汾只得命令所部向西撤入山区，守文水城的魏振吉营在上午与日军在城外交战后也随

之向西撤退。山冈重厚命令步兵第69联队的联队长佐佐木勇指挥1个半步兵大队和2个山炮中队从开栅镇出发，向西追击第71师。谷藤先遣队继续南下，于2月15日午后3时占领文水县城，2天后又占领了汾阳县城。至此，吕梁山与太原盆地交界处的几个县城都落入日军之手。

进驻汾阳后，山冈重厚派出三个支队，执行打通汾离公路的作战。他以佐佐木勇从东社镇出发，向离石以东的五里铺前进。谷藤先遣队调整为以步兵第107联队为中心的谷藤支队，自汾阳经吴城向离石前进。第118旅团旅团长本川省三率领所部主力编为本川支队，自汾阳经高阳镇、中阳，迂回到离石以西的黄河军渡。

▲被日军第109师团占领的文水城门。

第109师团一旦完成作战任务，吕梁山南北交通就将被拦腰切断。

在汾离公路以南，第20师团高木支队正对晋西南虎视眈眈。2月17日清晨，高木支队从孝义县城向城西的山区地带进发，并于午前10时许开始进攻驻守在白壁关的第68师一个营，到中午时分将其击溃。接着又向白壁关以南的山岳地带继续追击，并对据守在既设阵地的中国军队千余人发动夜袭，以阵亡5人、负伤13人的代价控制了这一地区。

高木义人手中只有1个步兵联队，但

谷藤长英简历

谷藤长英，日本岐阜县人，生年不详。1904年10月毕业于日本陆军士官学校第16期步兵科，1913年11月毕业于日本陆军大学第25期。卒时卒地不详。他获得的勋章有：功四级金鵄勋章。

1928年3月8日晋升陆军步兵大佐，任步兵第63联队联队长。

1929年8月1日调任第6师团参谋长。

1932年8月8日晋升陆军少将，调任步兵第24旅团旅团长。

1934年8月1日调任第2师团司令部附。

1935年12月2日待命。12月26日转预备役。

1937年8月26日派任步兵第31旅团旅团长。

1938年3月1日召集解除。

1943年2月6日派任缅甸方面军军政监部附、陆军司政长官（缅甸掸邦政务厅长官）。6月1日调任东部军司令部附（直至日本投降）。

佐佐木勇简历

佐佐木勇，日本群马县人，生年不详。1909年5月毕业于日本陆军士官学校第21期步兵科。卒时卒地不详。他获得的勋章有：功四级金鵄勋章。

1937年8月2日晋升陆军步兵大佐。9月7日调任步兵第69联队联队长。

1939年12月20日调任名古屋联队区司令官。

1940年8月1日晋升陆军少将。

1942年12月1日待命。12月28日转预备役。

1945年3月31日派任前桥联队区司令官兼前桥地区司令官（直至日本投降）。

本川省三简历

本川省三，日本广岛县人，生年不详。1903年11月毕业于日本陆军士官学校第15期步兵科。卒时卒地不详。他获得的勋章有：功三级金鵄勋章、功四级金鵄勋章。

1928年8月10日 晋升陆军步兵大佐，任冈山联队区司令官。

1931年8月1日 调任步兵第48联队联队长。

1933年3月18日 升任步兵第18旅团旅团长。

1935年3月15日 待命。3月30日转预备役。

1937年9月3日 派任步兵第118旅团旅团长。

1938年7月15日 召集解除（直至日本投降）。

他却不打算等待后续部队，而是企图趁第19军还没有摸清楚情况时迅速展开进攻。高木义人的计划是，利用日军在机动力、火力和小部队独立作战能力上的优势，依托情报部门积累的详细地图和航空兵实时反馈的侦察情况，采取正面突击配合侧翼突击的办法击溃第19军。

2月18日，高木义人命令步兵第77联队联队长鲤登行一率领主力向双池镇方向行进，攻击位于大麦郊东西一线的第19

高木义人简历

高木义人，日本长野县人，出生于1886年4月10日。1907年5月毕业于日本陆军士官学校第19期步兵科，1914年11月毕业于日本陆军大学第26期。1956年8月15日病逝。他获得的勋章有：功二级金鵄勋章。

1931年8月1日 晋升陆军步兵大佐，任靖江联队区司令官。

1932年5月20日 调任福井联队区司令官。

1933年3月18日 调任步兵第26联队联队长。

1935年3月15日 调任第8师团参谋长。

1936年3月7日 晋升陆军少将，调任步兵第39旅团旅团长。

1938年3月1日 调任第2师团司令部附。7月15日调任留守第2师团师团长。

1939年3月9日 晋升陆军中将。

1940年10月31日 转预备役。

1945年4月1日 派任仙台师管区司令官（直至日本投降）。

军阵地。另以该联队第1大队大队长羽鸟长四郎指挥2个中队及配属的师团骑兵一部，在联队主力以西向西南方向前进，目标直指第19军军部驻地石口镇。

高木在赌博，赌注有2个。一是第19军没有将单独行动的2个中队包围歼灭的能力；二是王靖国也没有胆量坐看日军向自己的后方突击而毫不动摇。虽然战斗发生在山西，虽然对手是熟悉乡土的晋绥军，不幸的是，高木义人赌赢了。

得知与日军高木支队交火之后，王靖国便将第19军的第68师展开于大麦郊一线守备，此处是从孝义至白壁关一线南下到石口镇至双池镇一线的必经之路，几个月前就开始修筑防御工事。

但是，部队布置的失误和临阵指挥的慌张葬送了几个月来的努力。2月19日，在大麦郊以东、以北地区的第68师首先与高木支队交战。战斗中，第203旅第405团的阵地遭到日军突破，团长王仁山负伤，部队失去掌握，慌忙后撤。与第405团阵地相连接的第406团还没有与日军交火，也被败兵裹挟着向西、南方向溃退，连预定不得退过的阻击阵地高庙山，也因疏忽大意被日军夺占了。

此时，第2战区总参议赵戴文和军法执行总监张培梅从隰县赶到石口镇督战。张培梅因力主处决丢掉天镇的第61军前军长李服膺，被晋绥军一些将领视为阎罗王，王靖国也被他盯上过。王靖国见到张培梅，急忙表示要与石口共存亡，"否则以脑袋再见"。得知第68师从大麦郊撤退

的消息后，王靖国严令该师立即反击。孟宪吉也知道张阎王不能糊弄，只得以另一个旅第210旅第622团实施反击。团长秦驷以第2营为反攻主力连夜出击，在高庙山附近的山头与日军展开争夺战。战斗中营长刘光耀头部中弹，滚落到山坡下，所部第4连全部牺牲，第5、第6两连损失过半，最后只撤下来了六七十人。

从大麦郊至石口镇有南北两条道路，开战之初，王靖国判断南侧途经川口的道路已被破坏，日军必走北侧大道。谁料日军仅以小部队沿大道挺进，主力在攻占大麦郊后指向川口。在石口镇以北、以东布防的第70师师长杜堃急令其第205旅前往阻击。2月20日上午，第70师第205旅旅长赵锡章率部抵达川口附近，刚刚布置了防御任务，还没有来得及将工事修筑完毕，从大麦郊南下的日军第77联队先头已经打了过来。缺乏工事掩护的第205旅在日军优势火力的倾泻下伤亡惨重，阵地迅速遭到突破，组织的反攻也屡屡被挫败。到傍晚8时许，第205旅被迫向西撤退到孔家庄、东沟一线，重新组织部队部署防御。赵锡章刚刚站稳脚跟，又收到王靖国派参谋传来的命令，要求第205旅死守阵地，不准后退一步，务必完成掩护第68师转移的任务。

赵锡章怀着必死之心迎来了2月21日的太阳。在这一天的山地村落争夺战中，日军第77联队的掷弹筒、重机枪、步兵炮三样武器充分发挥优势，接连击破第205旅临时修筑的掩体，摧毁其火力点，冲破

赵锡章抗战简历

赵锡章，河北省河间县（现河间市）人，字荣三。出生于1901年4月16日。1923年8月毕业于保定陆军军官学校第九期步兵科。1935年5月24日任陆军步兵中校。1937年5月6日晋任陆军步兵上校。1938年3月28日追赠陆军中将。1938年2月21日在山西省隰县与日军作战时阵亡。

1931年9月时任第70师参谋处中校参谋。

1936年6月调升独立第3旅第4团上校团长。

1937年11月调升第70师第205旅少将旅长。

其防线。赵锡章只能向部队下坚守的死命令，亲自掌握预备队，趁日军攻占阵地后精神松懈、火力也不易协同时从侧面反冲锋，用白刃战的方式以血肉之躯抵消对方的优势。

午后1时，第70师主力对当面第77联队进行了一次反攻，但因组织不力遭到日军击退。日军火力虽然强大，但毕竟只有两个大队参战，面对一个师的中国军队，在兵力使用上分外小心。进攻的小部队受到反击、不能坚持时，便主动撤退，再以火力对刚刚丢掉的阵地实施覆盖。反复的拉锯战让大队长高田喜久人少佐颇不耐烦，为了尽快实现突破，他赶到前线亲自率队冲锋，结果在火线上中弹殒命。

日军不设副职，但有明确的职位接替顺序，高田喜久人被击毙后，很快有中队长宣布代理指挥，继续向守军猛攻。午后5时许，第205旅连孔家庄、东沟一线也

坚持不住，向西退到了山脚下一处叫阳春堡的村子据守。这时赵锡章已经身中七弹，躺在指挥所的一角督战。身边的部下劝赵锡章早日撤退，"留得青山在，不怕没柴烧"。赵锡章的回应是"此即我葬身之所，今日有死无生"。6时许，日军攻入杨树堡，赵锡章为免被俘之辱，举枪自杀，残余的守军星散。

这场战斗，高木支队统计战死17人、负伤46人，特别是大队长高田喜久人的战死，成为"河北戡定战"开战第1位阵亡的佐级军官，战斗之激烈可见一斑。

突破第205旅后，日军第77联队主力连夜西进，抵达石口镇以东不到5公里的丁家塌附近。向第19军军部及第70师其余部队发起进攻。此前，羽鸟大队已经突破了第19军多次阻截，前进到石口镇以北。王靖国和第70师师长杜堃正指挥部队进攻羽鸟大队，没有料到日军会从东面

如此之快地袭来，一时无所适从。面对第77联队进攻方向的第215旅第420团团长钟有德逃避战斗，致使第70师师部在毫无预警的情况下遭到日军袭击，杜堃几乎被俘，幸亏第215旅旅长马凤岗率部"硬冲硬打"，才把师长和师部救了出来。王靖国就没这么好的运气，羽鸟大队直接打到了第19军军部，王靖国连夜翻山西逃。2月21日晚8时，日军占领了石口镇。从大麦郊撤下来、还没有抵达石口镇的第68师退路被切断，只得调头向还没有日军动向的西北方向撤退。

第19军接连败退之际，第61军奉命从吉县北上增援。陈长捷以第69师为左纵队、第72师为右纵队，挺进到隰县至石口公路上的上下均庄一带占领阵地。第61军号称2个师16000千余人，但富有战斗经验的士兵不过二三千人，面对1个联队的日军只能防御，无力进攻。张培梅对陈长捷同样大放狠话，"你这次迎击敌人，只许胜、不许败。如果你随便退下来，小心你的脑袋"。

2月22日下午，第61军北上之一部与从石口镇向隰县进发的第77联队第1大队及炮兵一部交火。2月23日，日军第77联队先后夺取上下均庄，并挺进到下李村、后峪村一线，不断向隰县进逼。第61军面对日军的攻击节节败退，包括陈长捷在内的各级长官都赶赴一线督战，第72师第217旅第434团团长刘崇一阵亡，第209旅第418团团长娄福生负伤，但还是无法挽回失败。

自平遥失守后，吕梁山区频频传来战斗消息，同蒲铁路当面却音讯寥寥，日军似乎是在专门追杀晋绥军。2月23日，阎锡山口占《敌间》一首，称"同为国军宣劳勤，敌人强把主客分，击破主军客易退，从来专打晋绥军"，还在日记里解释到"第二战区自作战以来，敌方专攻晋绥军，以为主军击破，客军易退，此次敌又专攻隰县，情势紧迫"。

对同蒲铁路正面"客军"无所置喙的阎锡山，正好借此前往蒲县督师。第19军溃退后，张培梅再三报请阎锡山，要依李服膺的先例将王靖国、陈长捷处决，以"明军法、肃军纪、振士气"，还扬言"只要砍掉王、陈军长的两颗人头，太原必能即时收复，否则前途不堪设想"。王靖国怕张培梅六亲不认，不待阎锡山首可直接杀人，躲到了永和县的桑壁镇不敢出来。陈长捷的军部原设在隰县县城，为了躲避张培梅也迁到了城东。

但是，阎锡山此时已经有了新的想法，认为日军集中兵力打击晋绥军，是因为"主军击破，客军易退"，因此对王靖国保存实力的做法颇为认同，于是对张培梅的请示始终不作回复。张培梅在前线气愤已极，派人买来数两鸦片吞服。省主席赵戴文闻讯亲自前来，跪请张培梅服下解药，张也不肯松口。2月25日，在几天作战中损失了8000多人的第61军退守隰县县城，城内机关、居民紧急疏散。2月26日晨，从隰县撤到大宁的张培梅因鸦片毒性发作身亡，时年54岁。同日，隰县失守。

张培梅抗战简历

张培梅，山西省崞县（现属原平市）人，字鹤峰。出生于1885年10月24日。1905年10月毕业于保定陆军速成武备学堂头班步兵科。1938年2月26日在山西省隰县自杀。5月6日追赠陆军中将。他获得的勋章有：国民革命军誓师十周年纪勋章。

1931年9月时在五台赋闲。

1937年8月22日出任第2战区军法执行总监部中将总监。

第二十四章　东阳关告急

日军在同蒲铁路沿线和吕梁山区节节进逼的同时，没有忘记同蒲铁路以东的太行山区。根据第1军作战命令的指示，由驻河北武安的第108师团负责攻占潞安平原——也就是以旧潞安府治长治为中心的晋东南地区。

第108师团与第109师团一样，是七七事变后以留守师团为基础动员起来的特设师团。该师团所属步兵第25旅团辖步兵第117联队、步兵第132联队，步兵第104旅团辖步兵第52联队、步兵第105联队。师团直属部队的情况也与第109师团大致相似，有骑兵第108大队、工兵第108联队、辎重兵第108联队等。不同的是，第109师团的炮兵为野炮1个联队，番号也与师团番号相同。该师团也得到了第1军配属的山炮、野战重炮等部队。

1938年2月13日，日军第108师团师团长下元熊弥中将指挥所部从武安陆续出发。担任先遣队的是第104旅团旅团长苫米地四楼少将指挥的步兵第52联队3个大队、野炮兵1个大队、山炮兵2个中队、野战重炮兵2个中队。另外，在师团西进队列的北侧，还派出了右侧支队，由第105联队联队长工藤镇孝大佐指挥步兵5个中队、山炮兵1个中队为基干组成。2月15日，苫米地先遣队攻占第1战区所属骑兵第4师防守的河北涉县县城，随后指向晋东南的门户——东阳关。

涉县县境的核心是太行山余脉中一块约160平方公里的盆地，县城正位于此地。从县城向西，沿山路跨过南北流向的清漳河，就会进入山西省境内的另一块小盆地，坐落在这里的小小县城便是黎城。东阳关位于黎城盆地的东端，是晋东南防御外敌入侵的第一道防线，在抗战爆发之前，这里就被确定为山西省防工事的七个战略区之一，修筑了一些防御阵地。由于从此向西无险可守，这道关口一旦不保，黎城乃至晋东南核心城市长治都将告急。

在长治、黎城地区担任守备任务的，是四川部队第47军。在四川内战期间，第47军军长李家钰和他后来的上司第22集团军总司令邓锡侯时合时分，2人有过上下级关系，也曾兵戎相见，著名的刘文辉、刘湘叔侄争霸四川之战，源头便是刘文辉会同邓锡侯进攻李家钰的防区。七七事变后，2人再度成为上下级，共同率军

下元熊弥简历

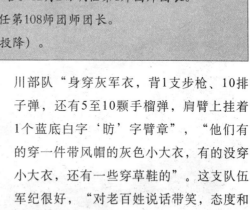

下元熊弥，日本高知县人，出生于1882年6月2日。1903年11月毕业于日本陆军士官学校第15期步兵科，1911年11月毕业于日本陆军大学第23期。1945年9月19日因日本战败自杀。他获得的勋章有：功二级金鸱勋章、功三级金鸱勋章。

1921年11月4日任国联陆军代表随员。

1924年12月15日晋升陆军步兵大佐。

1925年5月1日调任陆军步兵学校教官。

1926年7月28日调任步兵第5联队联队长。

1928年8月10日调任陆军步兵学校教官。

1930年8月1日晋升陆军少将，调任步兵第24旅团旅团长。

1932年8月8日调任陆军步兵学校附。

1933年8月1日调任陆军步兵学校干事。

1934年8月1日调任下关要塞司令官。

1935年3月15日调任第3师团留守司令官。12月2日调任第8师团师团长。

1937年8月3日转预备役。8月26日派任第108师团师团长。

1938年6月22日召集解除（直至日本投降）。

出川抗战。第22集团军被调往第5战区后，第47军脱离其战斗序列，仍然留在山西作战。

根据李家钰的部署，军部及第104师第312旅驻防长治，第104师师长李青廷率领师主力沿沁县以南的新店镇到长治之间布防，第178师师长李宗昉率领所部承担潞城到黎城之间的防御任务。

东阳关作为沟通太行山内外的通道，商旅往来，络绎不绝，关口内外大小商铺有50多家，还有定期的大集和庙会，对外来事物并不陌生。当地居民还记得四

川部队"身穿灰军衣，背1支步枪、10排子弹，还有5至10颗手榴弹，肩臂上挂着1个蓝底白字'昉'字臂章"，"他们有的穿一件带风帽的灰色小大衣，有的没穿小大衣，还有一些穿草鞋的"。这支队伍军纪很好，"对老百姓说话带笑，态度和气，开口老乡，闭口老乡，借东西要还，损坏了要赔"，颇令人称道。

1938年2月4日，卫立煌已经向李家钰发出预警，"敌军如由晋东进攻，东阳关自系主要道路，我阵地之选定，应尽量向前推进，在辽县方面均须构成坚固纵深

李家钰抗战简历

李家钰，四川省蒲江县，字其相。出生于1892年4月25日。1915年毕业于成都四川陆军军官学校第三期步兵科。1936年2月25日任陆军中将。1944年6月22日追晋陆军上将。1944年5月21日在河南省陕县与日军作战时阵亡。他获得的勋章有：三等云麾勋章。

1931年9月时任新编第6师中将师长。

1935年10月改任第104师中将师长。

1936年10月12日升任第47军中将军长。

1939年2月6日升任第4集团军中将副总司令兼第47军军长。10月24日升任第36集团军中将总司令兼第47军军长。

1943年11月15日辞去军长兼职。

▲行军中的第47军。

之阵地带，以保持极大韧性"，同时命令"虹梯关、石窑滩、玉峡关、通林县各道路之堵塞，可即预行办理"。

根据指示，李家钰调整了第178师的守备布局，以该师第1062团团长罗仕英指挥本团附第1061团第2营前出至清漳河一带进行游击，第1063团团长孙介卿率部防守东阳关，第1061团团长杨显名率其主力控制于黎城以东担任预备队，师部留驻长治北门。日军进犯涉县之后，第1062团迅速上报情况，在上下井店准备向日军侧背进击，并将清漳河上船只集中到西岸，以迟滞日军渡河西进。

获悉第108师团来犯的消息后，李家钰下令第104师原在晋东南分散守备的各团集中到潞城，相机加入东阳关战场，并以第620团进驻黎城县城守备。第178师师长李宗昉动身赶赴东阳关，部署迎战日

军事宜。他以第1061团（欠第3营）担任右地区队，占领涉（县）长（治）公路以南的五指山、杨家山及寨脑轿顶山一线阵地；第1062团（欠第3营）担任中央地区队，占领涉长公路河南店、响堂铺一带；第1063团担任左地区队，在后岭村、小曲蛟、福堂沟担任预备队，并派一部于秋树园附近向北警戒。第1061团、第1062团的两个第3营担任预备队，同时破坏道路、设置路障，以减缓日军进攻的速度。

2月16日凌晨，苫米地先遣队以步兵第52联队及骑兵第108大队主力、野炮兵第108大队第1中队等部徒涉清漳河，向第1062团位于河南店、响堂铺的阵地发动攻击，很快将其突破。团长罗仕英派出预备队第2营第4连、第5连进行反击，但在肉搏战中不敌日军，带队的连长黄德威、廖占武先后阵亡，反击因此失败。接

李宗昉抗战简历

李宗昉，四川省彭县（现彭州市）人，字仲曦。出生于1892年2月2日。1913年毕业于成都四川陆军军官学校第一期步兵科。1936年2月27日任陆军少将。1948年9月22日晋任陆军中将。1954年在四川省成都市病逝。他获得的勋章有：三等云麾勋章、四等云麾勋章、胜利勋章、忠勤勋章。

1931年9月时任新编第6师教导旅少将旅长。

1935年10月改任第104师第2旅少将旅长。

1937年8月升任第178师中将师长。

1943年11月15日升任第47军中将军长。

1945年6月2日升任第22集团军中将副总司令（至抗战胜利）。

着，苫米地先遣队又攻下椿树头。罗仕英派第2营仅剩的第6连出击，试图夺回椿树头，但日军在占领阵地之后又立即调整工事方向，做好迎击准备。第6连反击没有收到成效，包括连长孙模在内的大部分官兵都战死在阵地前沿。入夜后，苫米地组织突击队，借着月光攻击第1063团的东山垴阵地，该团第2营营长周策勋发觉日军动向，指挥所部主动出击反攻日军，在黎家山附近与日军掩护部队交火。战斗中，周策勋头、腹部接连中弹身亡，出击队伍见长官战死，只能匆匆撤回阵地。

这一夜，从涉县撤退到索堡一带屏障东阳关侧翼的骑兵第4师，在到达指定位置后又继续向北撤退。日军第108师团工藤支队沿山沟迅速迂回挺进，自北方山区威胁东阳关及黎城县城。李宗昉师长调第1063团第3营营长谭培带领第8、第9两个连前往阻击。

2月17日天未亮，从索堡方向迂回过来的工藤支队前卫刚刚进入龙王庙村附近，遭到埋伏在两边山沟的守军伏击，一排手榴弹炸开后，步枪开始齐射。但是日军毕竟训练有素，前哨士兵受袭后立即分散寻找掩体还击，后续部队架起轻重机枪和掷弹筒，掩护步枪兵向开火方向突击。结果，打伏击的2个连被反击的日军以火力压制在阵地上无法脱身，损失惨重。营长谭培试图组织部队梯次掩护脱离战场，在行动中被日军子弹击中身亡，连长杨庭春也在撤退中战死。残部撤出战场后清点，发现第9连和配属给谭培营的重机枪排几乎全部阵亡。

同一天，苫米地先遣队猛攻东阳关，整个战斗的进行如教科书一般精准有序。凌晨，日军以火炮轰击守军阵地，掩护其

苫米地四楼简历

苫米地四楼，日本青森县人，出生于1885年。1907年5月毕业于日本陆军士官学校第19期步兵科，1914年11月毕业于日本陆军大学第26期。1952年病逝。他获得的勋章有：功三级金鵄勋章。

1930年12月22日任近卫师团司令部附。

1931年3月11日晋升陆军步兵大佐。

1933年3月18日调任步兵第35联队联队长。

1935年6月10日调任第9师团司令部附。8月1日晋升陆军少将，调任步兵第29旅团旅团长。

1937年8月2日待命。8月22日转预备役。9月7日派任步兵第104旅团旅团长。

1940年2月21日召集解除。

1945年4月1日派任津轻要塞司令官（直至日本投降）。

▲作战中的第47军。

步兵接近冲锋线。炮声未落，重机枪、迫击炮的声音便逐次扬起，士兵展开阵形，高呼口号挺枪冲锋。

　　阵地上中国军队官兵的耳朵几乎被炮声震聋了，两人面对面地吼叫，还是听不清对方说的是什么。连、排长们只能在交通壕中匍匐往返，拍拍工事中士兵的肩膀，示意他们坚持下去，准备迎战。

　　第178师作为四川部队，火力十分薄弱。每个团只有4门迫击炮，每个营只有4挺重机枪，连里有3挺轻机枪，每个排只能分配到1挺，比每个分队1挺轻机枪、每个中队都配属重机枪、大队拥有步兵炮的日军逊色许多。第178师的步枪多属四川土造，质量参差不齐，射击中卡壳是家常便饭，手榴弹被认为是唯一可靠的武器，但由于填药偷工减料、破片不均等问题，也不是总能发挥作用。

但是，川军在多年内战中积累了丰富的山地攻防作战经验，东阳关两侧山峦崎岖，到处是绝壁和深沟，恰是第178师官兵们最熟悉的地形。他们巧妙地构筑了一组组防御阵地。日军在突破外围警戒阵地之后，有序的攻击节奏很快被依托阵地的中国军队打乱。以分队为单位冲击的日军在行进时受地形限制，不自觉地挤到了一起，倒在守军迫击炮和手榴弹下。有的日军分队攻占一道山峦，却被躲在反斜面的第178师士兵齐掷手榴弹炸退，还有些日军士兵在向山上攀爬时被手榴弹炸入山沟。

这一场攻防战给当地村民极深的印象，当地甚至流传起"火炮轰来机枪响，不胜川军手榴弹"的民谣。但血肉之躯毕竟熬不过钢铁，经过一天的激烈攻防，位于天主坳主阵地上的守军在几次攻防中几乎消耗殆尽，连护送李宗昉到东阳关督战的师部特务连都投入到了一线。两天战斗中，第178师伤亡达2000余人。

2月17日入夜，黎城传来警讯，从北部山区迂回的工藤支队逼近县城。李家钰急令第187师撤出阵地，退守长治。2月18日凌晨4时，第187师全部撤离东阳关，绕过此前几小时已落入日军工藤支队前卫之手的黎城县城西撤。2月19日晨7时，潞城也落入日军之手。在这一系列战斗中，日军第108师团统计仅为阵亡5人，负伤88人。

东阳关失守之后，李家钰率领军部离开长治，前往长子坐镇指挥，命令增援第178师未成后折回的第104师第312旅旅长李克源率领第624团守备长治，其余部队由师长李青廷率领在壶关占领阵地，准备侧击进犯长治之敌。

李克源率部入城之后，与团长熊岗陵一道，布置第624团第1营营长傅瞩瞻率

李青廷抗战简历

李青廷，四川省安岳县人，字俊臣。出生于1890年2月23日。出身行伍。1936年2月27日任陆军少将。1943年3月在四川省安岳县病逝。他获得的勋章有：四等云麾勋章。

1931年9月时任新编第6师第11旅少将旅长。

1935年10月改任第104师第1旅少将旅长。

1936年10月12日升任第104师中将师长。

1942年10月14日升任第47军中将副军长兼乐安师管区司令。

李克源抗战简历

李克源，四川省蒲江县人，字文渊。出生于1906年。1925年毕业于四川陆军第3师军官教育团。1936年12月30日任陆军步兵中校。1937年11月4日晋任陆军步兵上校。卒时卒地不详。他获得的勋章有：胜利勋章、忠勤勋章。

1931年9月时任新编第6师第11旅第1团上校团长。

1935年10月改任第104师第1旅第1团上校团长。

1937年8月升任第104师第312旅少将旅长。

1940年9月调任第104师少将师附。

1942年10月调任乐安师管区第1团少将团长。

1944年2月调升第104师少将副师长（至抗战胜利）。

部负责东、北两门，第3营营长宋钰光负责西、南两门，第2营营长杨岳岷等部则作为预备队集中于城中心。李克源还命令官兵将县城各门都用砖石堵上，以示死守之决心。

2月19日上午，日军抵达长治城东进行攻城准备。站在城墙上的中国军队士兵可以眺望到日军构筑炮兵阵地、架设通讯线路、焚烧民房的景象，却因其处于射程之外而无可奈何。李克源手中的兵力如此微薄，连进行夜袭骚扰的兵力都拿不出来。午后，日军炮兵开始轰击城墙，掩护步兵接近。这些炮兵早就知道中国军队对炮战毫无还手之力，甚至连转换阵地的动作都省略了，只是在原地不停地射击。守军只能在墙顶和内侧的掩体里面躲避，忍受着砖飞瓦裂的震撼。

晚8时许，北门附近的一处城墙崩塌，百余名日军蜂拥而入。傅瞩瞻营长督率本营士兵奋力迎战，连长杨显模率领队伍和日军展开白刃战，白闪闪的刺刀映着火光，不断地刺出、崩回，很快，这一连中国士兵大部分倒在了血泊之中。杨连长被日本士兵在胸口刺伤五处，和他的部下死在了一起。另一位连长夏抚涛指挥部下反击时头部中弹阵亡，部队哄散。晚12时，日军占领北门。2月20日凌晨2时，东北城角的望楼也陷入敌手。

李克源得知北门失守，急派营长杨岳岷和旅部参谋李浩东带领预备队反攻。但占领了北城墙的日军架起机关枪和掷弹筒，对着街道倾泻火力，压得冲上来的第2营官兵抬不起头。火网散开之后，挺着刺刀的日军士兵和增援的杨营撞在了一起。混乱的巷战之中，杨岳岷腹部中弹身亡，李浩东带领残部撤回旅部驻地，日军衔尾追击而来，向城中心大举突破。

天还未亮，东门、西门失守的消息也传到旅部。李克源、熊岗陵和协助作战的军部高级参谋李光渊分头督战，连旅、团部的勤杂人员都被派上火线。但战局依然无情地指向失败。渐渐地，守城指挥所与各营之间的联系也被切断。位于城外的第310旅原本计划在日军进攻时予以侧击，但遭到日军的牵制攻击，始终未能发挥作用。

混战到2月20日午前，城中已经无法支撑，李克源下令突围，并指示将不能带出的武器全部毁坏。城中残存的守军蜂拥到第3营控制的南门，因城门被砖石麻包堵塞，官兵们只能爬上城墙跳到城外，陆续逃离长治。下午2时许，日军第108师团司令部进驻长治。日军宣称中国军队遗弃的尸体有500具，而中国军队第312旅统计的伤亡约600人。攻下长治城后，第1军司令官香月清司特别致电第108师团，对其"在险峻的山岳地带神速果敢地实施突破"以占领长治表示"衷心的祝意"。

在东阳关战斗期间，长治城多次遭到日军航空兵轰炸，居民死伤颇众。日军攻占长治城后，又多次集体屠杀居民，据不完全统计"集体杀人的场所有北关厢、小北营、玄武庙、东营巷、官正庙、二仙庙、宋家院、东门外等处，共杀了200余人"。

长治失守，晋东南陷入混乱。2月17日反攻太原的命令下达之初，在章源镇、分水岭担任守备的第3军曾向太原以东的寿阳、榆次出击，第94师在第3军以东向平定出击，准备切断正太铁路，堵住日军联通太行山内外的主动脉。东阳关失守后，向北出击的各部因背后门户大开，或调头南下、或退入山区。第3军于2月18日进抵榆社，此时只得调头南下武乡、襄垣，抵抗第108师团的进犯。第94师已经抵达昔阳西南的马坊，也只能向子洪镇方向撤退，与驻守当地的第169师靠拢，试图并肩向子洪镇、太谷方面攻击，以破坏日军的交通线，但遭到其守备部队抵抗后未再继续。

2月22日，第108师团攻占屯留。李家钰判断日军即将进攻长子，急令各部队向西撤入山区。但第108师团只派遣小股骑兵到长子城外撒了些传单便撤走了。究其原因，是第108师团准备向西直捣临汾，截断韩侯岭第2战区部队的退路。为此，师团长下元熊弥将苫米地先遣队调整为临汾支队兼程西进。这个大目标在前，退入山区的中国军队和山间的小县城，已不是日军的目的所在了。

反攻太原中国军队战斗序列

第2战区，司令长官阎锡山，副司令长官卫立煌，参谋长朱绶光

右翼军，总司令朱德

第18集团军，总司令朱德（兼），参谋长叶剑英

第115师，师长林彪/陈光（3月2日代理）

第120师，师长贺龙

第129师，师长刘伯承

第3军，军长曾万钟，副军长唐淮源，参谋长周体仁

第7师，师长李世龙

第19旅，旅长王开桢

第37团，团长陈传经

第38团，团长吴时辅

第21旅，旅长沈元镇

第41团，团长马幼良

第42团，团长杜润

第12师，师长唐淮源（兼）

第34旅，旅长寸性奇

第68团，团长杨玉琨

第69团，团长朱峻德

第35旅，旅长吕继周

第70团，团长梁默诚

第72团，团长黄仙谷

第47军，军长李家钰，副军长罗泽洲，参谋长魏粤奎

第104师，师长李青廷

第310旅，旅长陈绍堂

第619团，团长彭仕复

第620团，团长戴松如

第312旅，旅长李克源

第623团，团长刘吉平

第624团，团长熊岗陵

第178师，师长李宗昉

第1061团，团长杨显名

第1062团，团长罗时英

第1063团，团长孙介卿

第17师，师长赵寿山

第49旅，旅长耿志介

第97团，团长李维民

第98团，团长陈际春

第51旅，旅长陈硕儒

第101团，团长黎之淦

第102团，团长孙子坤

补充团，团长翟济民

第177师第529旅，旅长杨耀

第1057团，团长谢晋生

第1058团，团长贾振中

中央军，总司令卫立煌（兼）

第9军，军长郭寄峤，副军长裴昌会，参谋长杜凤裔

第47师，师长裴昌会（兼）

第139旅，旅长张信成

第277团，团长李铭斗

第278团，团长郭之缙

第141旅，旅长郭贻珩

第281团，团长耿瑞山

第282团，团长杜凌云

第54师，师长孔繁瀛

第161旅，旅长王藻臣

第321团，团长陈洪杰

第322团，团长史松泉

第162旅，旅长李棠

第323团，团长宋邦纬

第324团，团长陈荣修

第14军，军长李默庵，副军长王劲修，参谋长符昭骞（代）

第10师，师长彭杰如

第28旅，旅长刘明夏

第56团，团长张世光

第57团，团长魏人鉴

第30旅，旅长刘嘉树

第58团，团长周淘漉

第59团，团长龙云骧

第85师，师长陈铁

第253旅，旅长陈鸿远

第505团，团长谷熹

第506团，团长糜藕池

第255旅，旅长郝家骏

第509团，团长沈向奎

第510团，团长石鸣珂

第15军，军长刘茂恩，副军长徐鹏云，参谋长赵名玺

第64师，师长武庭麟

第191旅，旅长邢清忠

第381团，团长袁斌

第382团，团长武永禄

第192旅，旅长杨天民

第383团，团长张世惠

第384团，团长朱瓒

第65师，师长刘茂恩（兼）

第194旅，旅长姚北辰

第387团，团长王汉杰

第388团，团长王文材

第195旅，旅长马祺臻

第389团，团长牛正亭

第390团，团长邢国光

第17军，军长高桂滋，副军长无，参谋长金崇印

第84师，师长高桂滋（兼）

第250旅，旅长李少棠

第499团，团长杨世立

第500团，团长李秾藻

第251旅，旅长高建白

第501团，团长吕晓韬

第502团，团长艾捷三

第19军，军长王靖国，副军长方克猷，参谋长梁培璜

第68师，师长孟宪吉

第203旅，旅长刘召棠

第405团，团长王仁山

第410团，团长史泽波

第210旅，旅长蔡熊飞

第622团，团长秦駉

第624团，团长田宝清

第70师，师长杜堃

第205旅，旅长赵锡章（阵亡后由田宝銮继任）

第407团，团长刘谦

第410团，团长孙映天

第215旅，旅长马凤岗

第411团，团长汤家谟

第420团，团长钟有德

骑兵第1师，师长徐靖夫

骑兵第1团，团长吴广润

骑兵第2团，团长赵明

骑兵第3团，团长郑修恭

左翼军，总司令傅作义

第35军，军长傅作义（兼），副军长马延守，参谋长张濯清

第73师，师长刘奉滨

第197旅，旅长王思田

第393团，团长高伟之

第394团，团长王赞臣

第211旅，旅长孙兰峰

第421团，团长刘景新

第422团，团长王雷震

第101师，师长董其武

第213旅，旅长阎应禧

第425团，团长李作栋

第426团，团长郑海楼

第218旅，旅长姚骊祥

第435团，团长李思温

第436团，团长郭景云

第71师，师长郭宗汾

第202旅，旅长郑锡安

第403团，团长魏赓庆

第404团，团长商得功

第214旅，旅长赵晋

第427团，团长温冬生

第428团，团长王恩灏

新编第6旅，旅长王子修（注：该旅仅辖四个营）

骑兵第1军，军长赵承绶，副军长白濡青，参谋长哈金甲（注：所属骑兵第1师配属中央军作战）

骑兵第2师，师长孙长胜

骑兵第4团，团长张甲第

骑兵第5团，团长陈济德

骑兵第6团，团长韩步洲

第200旅，旅长李庆祥

骑兵第7团，团长段炳昌

骑兵第8团，团长魏秉枚

总预备队，指挥官陈长捷

第61军，军长陈长捷（兼），副军长无，参谋长阴诚之

第69师，师长吕瑞英

第196旅，旅长高金波

第391团，团长谷树枫

第392团，团长张振铃

第208旅，旅长于镇河

第415团，团长李修礼

第416团，团长郭唐贤

第72师，师长段树华

第209旅，旅长王鸿浦

第417团，团长张勤增

第418团，团长娄福生

第217旅，旅长梁春溥

第433团，团长曹国忠

第434团，团长刘崇一（阵亡后由孙震东继任）

第66师，师长杜春沂

第204旅，旅长赵叔鸿

第402团，团长刘墉之

第408团，团长李春园

第409团，团长李美

第206旅，旅长孙福麟

第401团，团长常存德

第431团，团长刘效曾

第432团，团长邓崇禧

第2战区反攻太原时日军战斗序列

第1军，司令官香月清司，参谋长饭田祥二郎

第20师团，师团长川岸文三郎，参谋长杵村久藏

步兵第39旅团，旅团长高木义人

步兵第77联队，联队长鲤登行一

步兵第78联队，联队长小林恒一

步兵第40旅团，旅团长上月良夫

步兵第79联队，联队长森本伊市郎

步兵第80联队，联队长铃木谦二

骑兵第28联队，联队长冈崎正一

野炮兵第26联队，联队长细川忠康

工兵第20联队，联队长南部薰

第108师团，师团长下元熊弥，参谋长铃木敏行

步兵第25旅团，旅团长中野直三

步兵第117联队，联队长柏崎延二郎

步兵第132联队，联队长海老名荣一

步兵第104旅团，旅团长苫米地四楼

步兵第52联队，联队长中村静夫

步兵第132联队，联队长工藤镇孝

野炮兵第108联队，联队长今井藤吉郎

工兵第108联队，联队长江岛常雄

辎重兵第108联队，联队长粕谷留吉

第109师团，师团长山冈重厚，参谋长仓茂周藏

步兵第31旅团，旅团长谷藤长英

步兵第69联队，联队长佐佐木勇

步兵第107联队，联队长长泽子郎

步兵第118旅团，旅团长本川省三

步兵第119联队，联队长石田金藏

步兵第136联队，联队长清田悟

山炮兵第109联队，联队长黑泽正三

工兵第109联队，联队长中村仪三

辎重兵第109联队，联队长绪芳俊夫

第14师团酒井支队，支队长酒井隆

石黑支队，支队长石黑贞藏

野战重炮兵第2旅团，旅团长平田建吉

野战重炮兵第5联队，联队长池田凌吉

野战重炮兵第6联队，联队长松下金雄

独立野战重炮兵第8联队，联队长金冈峤

独立山炮兵第1联队，联队长贾岛次郎

独立山炮兵第3联队，联队长月野木正雄

第二十五章　韩　侯　岭

让我们把视线转回同蒲铁路正面。太原盆地的南沿是介休，自此向南便进入山区。南北向同蒲铁路和汾河都在山谷之间穿行，东西向的汾河支流将河东群山逐次分割，恰是一条条御敌的壁垒。

从介休向南入山，翻过第一道壁垒可以抵达静升河谷，灵石县城、静升镇坐落其间，东西相望。向南再翻越第二道壁垒，便是汾河由从北到南转为自东向西之处，河湾向东是一道山谷，霍口村坐落在谷口的北侧。再翻越两道壁垒，才进入仁义河谷，仁义镇、南关镇等村落东西散布，韩侯岭也位于谷南。这一地区便是卫立煌一手布置的韩侯岭主阵地。

韩侯岭地区防务由第14集团军第10师、第54师、第83师、第85师共4个师担任，并得到晋绥军炮兵第23团、炮兵第27团共4个炮兵营的支援，沿着几道壁垒梯次配备，第14军第83师还以1个团前出到介休县城，设立警备司令部。韩侯岭以西的秦王岭仍由第15军守备，东面的绵山、王和镇防务由第17军担任。

▲ 韩侯岭一景。

卫立煌的企图是以一道道壁垒迟滞消耗正面来犯的日军，配合侧翼部队的袭扰，待其在仁义镇、韩侯岭、南关镇一线以北打得精疲力竭、不能突破时再转移攻势，一举将敌歼灭。但是，沿着同蒲铁路南犯的第20师团先遣队，在2月16日攻占介休县城，并击退守城的第83师1个团之后便停下脚步。2天后才派出1个大队附野炮1个中队，前进到介休东南、静升河谷东端，在静升镇、马和村、张嵩村各部署1个步兵中队，向南侦察地形、搜索中国军队情报。先遣队长上月良夫指挥其他部队在介休附近修筑工事、接收补给，就地休整，等待师团主力的到来。

第20师团的姿态让卫立煌有些焦虑。在同蒲铁路正面陷入对峙的这几天里，日军铁路两侧的攻势却日益增强。在路西，第20师团高木支队正在与晋绥军第19军交战。在路东，第108师团攻陷东阳关、黎城、潞城，正在进犯长治。

日军的行动让韩侯岭主阵地显得十分尴尬。如果放弃韩侯岭，此前的准备全部付诸东流，加上晋南无险可守，不仅临汾、运城难以保全，连黄河南岸的中国东西交通动脉陇海铁路都会受到威胁。但如果坚持下去，路东、路西日军一旦对进，便有将韩侯岭主阵地守军包围、截断、歼灭的可能。原本是第2战区部署两翼反攻，配合正面出击歼灭第20师团，现在却变成日军两翼夹击配合正面的第20师团要歼灭第2战区主力了。

卫立煌在作战指挥上，素有能够顶住压力、咬紧牙关坚持原定计划到底的特点。在不同的情境中，这种特点并不一定会成为优点，但也不一定为缺点，很多时候更像是死里求生的赌博。在2月20日这个时间点，卫立煌再度赌了一把，对战区左、中、右三路军下达了攻击命令：

一、右翼军21日拂晓前，以主力击灭由东阳关西进之敌，并规复东阳关，一部夺取子洪口、祁县，以协助中央军之作战。

二、中央军以韩侯岭为枢纽，于21日拂晓转移攻势，保持重点于同蒲路以东，将祁县、交城之敌，压迫于张兰镇以南汾河方面而歼灭之。

三、左翼军于21日拂晓，以主力猛击文水西南之敌，并沿太隰公路急进，协助中央军将敌向汾河压迫，期于介休、汾阳以南地区围歼之。

2月21日晨，位于韩侯岭主阵地的各部开始出击，以第47师、第83师居中，经灵石县城向北进攻；第10师在右侧，攻击位于静升镇的日军；第54师在左侧，协同呼应位于秦王岭的第15军进行反击。在主阵地以东的第17军也派出部队前进至介休县城东南的赵壁村，呼应主阵地的出击。

很不幸，卫立煌的攻势在一开始就注定不会成功。反攻开始之前，日军通讯部队已经截获了卫立煌与各部队之间的往来电报，得知其反攻部署和开始的时间点。

李默庵抗战简历

　　李默庵，湖南省长沙县（现长沙市）人，字霖生。出生于1904年9月9日。1925年2月毕业于黄埔军官学校第一期步兵科。1935年4月9日任陆军中将。2001年10月27日在北京市病逝。他获得的勋章有：三等宝鼎勋章、四等宝鼎勋章、二等云麾勋章、三等云麾勋章、胜利勋章、忠勤勋章。

　　1931年9月时任第10师第28旅少将旅长。10月2日升任第10师中将师长。

　　1937年9月7日升任第14军中将军长。

　　1938年6月21日升任第33军团中将军团长。

　　1939年2月8日升任第14集团军中将副总司令。4月调任军事委员会游击干部训练班中将教育长。10月2日调任第26集团军中将副总司令。12月11日调任第38集团军中将副总司令。

　　1940年1月调任湘赣边区挺进军中将总指挥。

　　1941年12月调任陆军突击总队中将司令。

　　1942年9月28日升任第32集团军中将总司令。

　　1945年5月当选国民党中央执行委员（至抗战胜利）。

前线上月先遣队一部也在侦察战中射杀了一名中国军官，劫取中国军队在韩侯岭的布防情况图。日军对韩侯岭守军可谓了如指掌。

　　第20师团对攻破韩侯岭做了充分准备。在攻占介休的第2天，原属师团直接控制，在平遥修筑飞机场的步兵第78联队立即向孝义以东地区前进。2月18日，第20师团司令部形成了攻取韩侯岭的初步计划，准备以上月先遣队的主力第80联队担任中央队，取道介休至灵石正面进攻守军阵地；第80联队派往静升镇的一个大队担任左翼队，南进霍口村，从东侧突入守军阵地；小林恒一大佐指挥第78联队附骑兵、炮兵各一部担任右翼队，从孝义西南的阳泉曲南下，攻击秦王岭的中国守军。师团司令部计划于2月20日进入介休县城接替前线指挥。担任预备队的步兵第79联队准备在平遥集结后加入战场。前线部队计划于2月22日午后开始行动，23日继续跃进，24日拂晓突破灵石东西一线阵地，25、26日突破南关镇、韩侯岭、仁义镇一线阵地，27日开始追击。

　　2月22日，第10师师长彭杰如指挥所

上月良夫简历

上月良夫，日本熊本县人，出生于1886年11月7日。1909年5月毕业于日本陆军士官学校第21期步兵科，1917年11月毕业于日本陆军大学第29期。1971年4月3日病逝。他获得的勋章有：功二级金鵰勋章。

1932年8月8日 晋升陆军步兵大佐，任整备局统制课课长。

1935年3月15日调任步兵第11联队联队长。

1937年7月22日调任第5师团司令部附。8月2日晋升陆军少将。8月26日调任步兵第40旅团旅团长。

1938年7月15日调任整备局局长。

1939年9月12日调任东部军司令部附。10月2日晋升陆军中将。

1940年3月9日调任运输本部部长。6月8日兼任船舶输送司令官。9月28日调任第19师团师团长。

1942年7月1日升任第2军司令官。

1943年5月28日调任驻蒙军司令官。

1944年11月22日调任第11军司令官。

1945年4月7日调任第17方面军司令官兼朝鲜军管区司令官（直至日本投降）。

部及骑兵第5团第2营，向静升镇及以北的郝家山、宋家山进击。第83师则越过灵石县城，向城东北方向出击。第47师、第54师也分别发动攻势。同日午后，日军也开始了攻击，双方很快撞在了一起，在山峦之间展开搏杀。

第10师是1937年抗战全面爆发前完成整编的20个调整师之一。以该师第28旅第57团为例，该团士兵王杰仁回忆，进入山西作战之初"我团有3个步兵营，1个

八二迫击炮连，连同团直属部队共2000余人。每营有3个步兵连，1个重机枪连，每个步兵连有9挺捷克式轻机枪，75支中正式步枪。每个重机枪连，有6挺马克沁重机枪，八二迫击炮连有6门。也就是说，每个营的阵地上配备有27挺轻机枪，6挺重机枪，2门八二迫击炮，250支步枪。另外，还有临时配备的德制三七战防炮2门"，装备之精良在第2战区各师中曾经首屈一指。但经过忻口会战之后，全

▲曾经装备精良的第10师。

师仅剩3000余人，经过几个月的整补，虽然兵力有所恢复，但是火力已经不复以往，甚至不如日军一个联队。尽管如此，第10师作为卫立煌的基本部队，也是他当时唯一能拿得出手的反攻主力了。

2月23日晨，位于阵线中央的日军第80联队主力击破了第83师的前卫，前进到灵石以北、延安村以西高地。在静升镇的一个大队突破了静升镇以南的阳家原一线第10师的阵地，开始向霍口村挺进，指向中国军队仁义河谷内线东端的仁义镇。

第2天，从韩侯岭以西南下的小林恒一部接连击破第15军的阻击，深入到对竹镇东南的冯村一线，隔秦王岭与南关镇相望，距离汾西县城不到10公里。第14军军长李默庵为了防止日军突破两翼后将军部及炮兵部队、储存物资堵截在仁义河谷内，命令在霍县的第85师立即前出至河谷西端的南关镇，第10师第30旅向河谷东端仁义镇以北的霍口村前进，阻击日军进犯。刘嘉树率领所部强行军赶到霍口村以北，兜住了南下的日军，双方陷入恶斗。

几天激战下来，卫立煌终于看清，日军并没有按部就班正面进攻的意思。在韩侯岭当面的日军，正面第80联队仅前进到灵石县城、静升河谷一线，但两翼的部队已经向仁义河谷两端突进，有切断主阵地守军退路的企图。在同蒲铁路两侧，第20师团高木支队连续击溃第19军、第61军，正在向隰县挺进；第108师团在攻占长治之后，派出临汾支队向晋南进发。

除此之外，在河南北部的第14师团师团长土肥原贤二，根据第1军作战命令，派遣其步兵第28旅团旅团长酒井隆指挥所部编组为酒井支队，沿济源、邵原、垣曲攻入运城盆地；步兵第27旅团第2联队联队长石黑岩太指挥本联队两个大队、野炮兵第20联队第3大队及骑兵、无线电台编组为石黑支队，从道清铁路终点河南博爱道化镇出发，自南向北攻入山西，指向晋南重镇晋城，大有将第2战区晋南各部一举围歼的架势。

2月25日凌晨2时许，日军占领霍口村，打开了突入静升河谷的通道。但因为第30旅官兵以血肉抢来的几个小时，仁义镇至南关镇一线的守军、炮兵和物资大部分已经撤出。第30旅旅长刘嘉树因在战斗中果敢顽强，负伤不退，完成任务，在1938年4月6日被授予青天白日勋章一枚，成为第2战区反攻太原作战中唯一的受勋者。

韩侯岭主阵地激战期间，阎锡山为了"战要自主"，正在蒲县督师第19军、第61军与日军高木支队作战。卫立煌本想赶去找阎商议撤退事宜，又怕离开防区动摇军心，只得请阎锡山尽快返回临汾。阎锡山在2月25日才回到临汾，两人商议之后，决定放弃韩侯岭进行撤退。当天下

刘嘉树抗战简历

刘嘉树，湖南省益阳县（现益阳市）人，字智山。出生于1905年1月28日。1925年2月毕业于黄埔陆军军官学校第一期步兵科，1937年8月毕业于南京陆军大学特别班第二期。1937年2月22日任陆军步兵上校。1938年11月14日晋任陆军少将。1972年3月3日在辽宁省抚顺市病逝。他获得的勋章有：青天白日勋章、四等宝鼎勋章、四等云麾勋章、胜利勋章、忠勤勋章。

1931年9月时任第52师第155旅第310团上校团长。10月调任第14军驻汉口办事处上校处长。

1934年9月考入陆军大学深造。

1935年10月21日在学派任第10师第28旅上校副旅长。

1937年9月12日派任第10师少将参谋长。

1938年2月调任第10师第30旅少将旅长。6月调任第33军团少将参谋长。

1939年2月调任第14集团军少将高级参谋。

1940年11月4日调任第5军少将副军长兼政治部主任。

1943年1月29日调升第88军中将军长（至抗战胜利）。

午，阎锡山、卫立煌下令第14军向霍县以东之平镇转移，第15军向汾河以西之乡宁转移，第19军在石楼、永和整备，第61军附第66师向大宁转移，第9军第54师向蒲县转移，第85师向汾西以西山地转移。在韩侯岭以东担任守备的第17军第84师仍在王和镇、沁源间山地坚持作战。入夜后，各军开始行动，脱离了与日军的接触。

这一场信誓旦旦的反攻，最终还是以败退告终。庆幸的是，卫立煌虽然没有取得预想的成果，但也没有让日军实现合围的企图。对日军来说，攻占韩侯岭可以视为完成了"河北戡定战"山西部分的主要任务。

在进攻韩侯岭之初的2月23日，第20师团曾向第1军汇报，称自平遥战斗以来，共战死官兵55人、负伤191人。结束韩侯岭战斗之后的2月27日，这个数字变成了战死350人、负伤950人。以此计算，进犯韩侯岭的第20师团主力，及进攻第61军的高木支队共战死295人、负伤759人，考虑到高木支队方面的战斗记载多是在夸耀对手不堪一击，这些伤亡应该主要发生在韩侯岭作战期间，可以看出韩侯岭当面中国军队抵抗之顽强。

可惜的是，中国方面反攻太原作战的回忆和史料十分稀少，我们难以描述韩侯岭作战的全部过程，对第2战区统计的自身伤亡也无从得知。唯一能够参考的，只有日军宣称的"中国军遗尸12000人，据此判断其伤亡达到30000人"。

短暂的出击被日军击溃，战火继续向南燃烧。阎锡山终于醒悟，反攻太原不是短期可以做到的事情，长期抗战已经难以避免。2月28日，第2战区司令长官部向各部队下达了新的作战指示：

一、右翼军各部队，就原状况阻止晋东敌之活动。

二、中央军转移于同蒲路东西山地，继续袭击同蒲路之敌军。

三、左翼军向离石以北静乐以南山地转进，相机袭击同蒲北段及汾西以西之敌军。

这道命令彻底放弃了反攻太原的企图，连"相机"的表述都不复存在。然而，日军并不因为阎锡山的偃旗息鼓而停止行动，完成"河北戡定战"还有最后的冲刺。

运城盆地，亦即日军所称"蒲州平原"，是日军第1军在"河北戡定战"中所要占领的区域。为了实现既定的计划，第1军司令官香月清司在第20师团突破韩侯岭后，立即命令各部队转入追击。

在运城盆地的西北端，第20师团高木支队占领隰县之后继续南下，准备沿大宁、蒲县、吉县、乡宁等地，从河津县北部地区突入盆地，连支队的名称也准备从"右侧支队"调整为"河津支队"。在高木支队南下路线以东，第20师团主力从韩侯岭主阵地南下，沿同蒲铁路向霍县、赵县、洪洞等地进攻，意在自北向南直捣临汾。在盆地东部，第108师团临汾支队取道屯留、安泽，即将穿山而出。在盆地南部，第14师团石黑支队从晋城西转，沿阳城、沁水逼近翼城；酒井支队则从济源、垣曲指向闻喜、绛县。这五路侵略军如同五根手指，要将第2战区剩余的部队攥在手心里。

▲巷战中的日军士兵。

第二十六章 最后的"反攻太原"

临汾作为第2战区司令长官部驻地，堪称运城盆地头号重镇。但在军情紧急之际，连阎锡山的警卫部队第66师都开赴隰县以南地区参加阻击高木支队，留守在城内的除了少数城防、警卫部队，只剩下兵力不足的第205旅一个团，没有什么战斗力可言。

前线鏖战之时，后方的临汾也未能幸免，日军战机经常前来扫射、轰炸，城中不时燃起大火，连临汾火车站也被炸毁。车站机务员刘道生曾看到，"一路全是死人，从前线撤退下来的军人居多。这些军人没死在抗日战场，却死在撤退的军车上……"

韩侯岭撤守后，临汾城内的司令长官部率先得到消息。很快，政府机关、军队留守机构和普通市民也都知道日军即将到来。撤离的人群把街道堵得水泄不通，几个城门前塞满汽车和马拉大车，上面坐着大小军政官员及其家眷。没有车辆马匹的人只能背着包裹步行撤离，汇聚成一股股人流。在临汾东门，城防部队撤走前将城门锁闭，连钥匙也没有留下，逃难的人们拥堵在城门洞里，直到有人用石头砸开了大锁才一拥而出。

2月27日午后3时，第108师团临汾支队前卫占领火车站。4时许，临汾支队不费一枪一弹，占领了已经不见一兵一卒的"帝尧故都"临汾。日军缴获了大批中国军队来不及运走的军事物资，包括10万发步枪弹、5万发山野炮弹，以及149门迫击炮、18挺机关枪、1门山炮等。第二天，沿同蒲铁路一路追击而来的第20师团，也在占领霍县、赵城、洪洞之后，进入临汾休整，并将攻击韩侯岭时组成的各队重新调整为各追击队，准备向黄河沿岸挺进，目标是占领禹门渡到潼关渡一线的黄河各渡口。

日军在运城盆地横冲直撞之际，中国军队也上演了一出自相惊扰的戏码。在第108师团临汾支队从长治挺进到临汾之后两天，丢了长治的第47军竟然也一路西撤到了运城盆地、抵达同蒲铁路沿线的侯马火车站附近。第47军的西撤路线，夹在第108师团临汾支队和第14师团石黑支队西进路线之间，敌我三支部队平行西进互不扰乱，各自抵达目的地，也算是战争史上的奇迹了。

但第47军的好运到此为止。军长李家钰在侯马得知日军已经自西北、北、东多个方向压迫而来,不顾阎锡山、卫立煌的作战指示,决定率部渡过黄河到陕西躲避。3月2日夜,他以第178师在左翼,军部和直属部队居中,第104师在右翼,越过同蒲铁路,急行军到黄河东岸的荣河县。但只见黄河波涛滚滚,沿岸却无船可用。工兵用门板制成木排,试渡三次都被浪打翻。无奈之下,李家钰只得连夜命令部队调头东返,择路向中条山撤退。结果,所部两个师连夜往返行军,在极度疲惫下变成了溃退,连远在武汉的蒋介石,都收到了第47军只剩下不到5000人的报告。

第47军夜奔的那一夜,晋南另一重镇运城内一片喧闹。警备司令部的卫兵和专署卫队、警察,在警备司令秦绍观、专员关民权的指挥下,收缴了盐池缉私营的枪,直奔中条山区而去,城内居民还不明白是怎么回事。第二天,被爆炸声惊醒的居民发现守军正在爆破同蒲路铁桥,才在惊恐之下纷纷逃亡。3月4日夜,日军占领运城以北的安邑。3月5日,日军从运城东、北两门入城。一个在城中心钟楼摆小摊的老人,不幸成为第一个牺牲品。

第20师团从3月4日开始向黄河沿岸进发。3月6日,占领禹门渡,7日午后占领潼关渡,8日占领芮城、平陆,并架起火炮向对岸的潼关和陇海铁路炮轰。这一行动最初只是袭扰示威,随后便固定了下来,演化成抗战史上著名的"抢潼关"。

中国方面的火车沿陇海铁路行进到潼关路段,要放下乘客、减轻载重,以便用最快速度冲过日军炮击的路段,再载客继续前进。

一片失败的混乱之中,还是有胜仗的消息传来。第17师的高平关伏击战便是一例。

2月中旬,第17师师长赵寿山率领本师及第177师第592旅奉命前往晋城,增援长治方面作战。2月19日,赵寿山部赶到晋城县城。次日长治沦陷,赵寿山又奉命率部向长治方向前进,以迟滞日军第108师团追击撤退的第47军等部。2月21日,赵寿山部抵达长治以南的高平,以第98团团长陈际春率领一个营防守县城及西南面的金峰寺、汤王头高地,第97团团长李维民率部在县城以西的野川、杨村依托山势布防。师部及独立营在县城西南的康营、马村。第529旅在高平以南与晋城交界处布防,担任预备队。

3月上旬,第14师团石黑支队一部掉头东返。赵寿山根据其动态,判断石黑支队必将经过高平关。这里山高沟深、形势险要,适合用伏击战打行进中的日军一个措手不及。于是,赵寿山部署了三个营担任阻击任务,以独立营在高平关西北的虎头山及前坡埋伏,第98团第1营两个连在高平关正面及北面占领制高点,第97团第2营一个连守备高平关以南、老坟沟东北的一座小山岭。第529旅一个连在独立营对面的山地埋伏。

石黑支队于3月8日晨9时许沿公路进

赵寿山抗战简历

赵寿山，陕西省鄠县（现户县）人，原名赵生龄，以字行。出生于1894年12月17日。1915年毕业于陕西陆军测量学校。1936年2月3日任陆军少将。1938年6月16日晋任陆军中将。1965年6月20日在北京市病逝。他获得的勋章有：四等云麾勋章、胜利勋章、忠勤勋章。

1931年9月时任第17师第51旅少将旅长。

1937年5月5日升任第17师中将师长。

1938年6月21日升任第38军中将军长。

1944年2月1日升任第3集团军中将总司令（至抗战胜利）。

抵高平关下。第17师待其车队进入伏击阵地，由位于高平关以南的第97团一个连率先开火，两侧的伏击部队枪炮齐鸣。前哨日军虽然立即就地阻止抵抗，并组织突击队向沟北虎头山实施反击，试图抢占制高点，但几次突击都没有成功。战斗到下午时分，眼看无法打破伏击圈，日军退出了山沟。据第17师统计，这一战击毙日军100余人，击伤200余人，缴获山炮3门、枪支150余支。

3月10日，日军第1军宣布"河北戡定战"基本结束。第1军的战报写道

"作战行动开始以来的二十又六天里，面对着三十余万敌军，在新乡平地、潞安平

▲作战中的中国军队士兵。

235

地或是灵石、离石一带险峻的山地，我军勇战奋斗，随着将敌人击灭，长驱百数十里，一举进出大黄河沿线。如今，敌军的退路已被我掌握，且完全切断了陇海线，指呼间意气冲天"。

据第1军统计，整个"河北戡定战"期间，担任主要作战任务的第20师团战死362人，负伤1621人，当面"敌遗弃尸体"15285具，缴获迫击炮8门、机关枪约130挺、步枪1000多支、弹药1500000发、团旗3面等；战斗任务较轻的第109师团战死54人，负伤259人，当面"敌遗弃尸体"4050具，缴获机关枪约10挺、步枪若干、弹药数万发、汽车7辆等，物资比第20师团要少很多。第14师团战死176人、负伤1000人，第108师团战死49人、负伤260人，但都包括河北、河南的作战在内，这两个师团在山西境内作战的

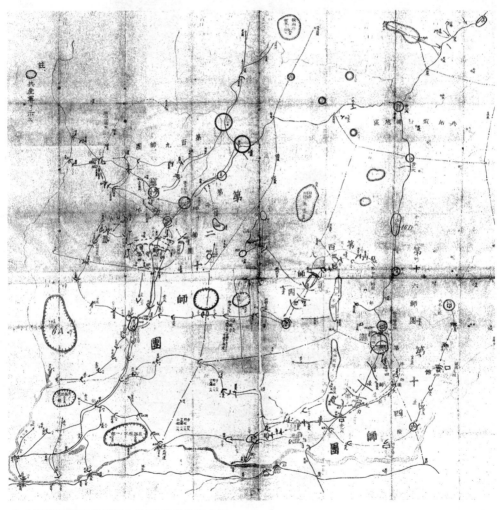

▲日军第1军1938年2月7日至3月10日作战略图。

损失已经无法单独统计了。

同一阶段中国军队第2战区的伤亡情况还没有见到可靠的记载，但"损失惨重"这一结论想必与事实相差不远。只是，日本人虽然宣布"作战结束"，中国军队仍在顽强抵抗。3月上旬，军事委员会向第2战区下达了新的作战指示：

一、第二战区对晋东南之敌应围歼之。

二、万一不能得手，须分向山地转进，全面游击，长期抗战。

三、不准一兵渡过黄河，积小胜为大胜，以挽战局为要。

以此为基础，阎锡山、卫立煌重新确定了第2战区的作战方针，决定：

第一，方针

战区为确保山西，以达成长期抗战之目的，以一部阻敌进占黄河渡口，并破坏其主要交通线；主力迅将东阳关内之敌捕捉歼灭之。

第二，部署

一、原右翼军改为东路军，总司令朱德指挥第18集团军、第3军、第47军、第17师、第94师、第169师（第14军团建制）、第177师之第529旅，以主力歼灭东阳关内之敌，确保太行山，建立游击根据地，待机规复全晋；一部长期袭击正太路之敌。

二、原中央军改为南路军，总司令卫立煌指挥第14军、第15军、第17军、第19军、第61军、第85师、暂编第1师及第14军团（原为第27路军，其第169师暂列入东路军序列），一部于安泽、翼城地区，阻敌向白晋（按即白圭至晋城）公路前进，协力东路军作战；主力以中条山、吕梁山区为根据地，发动全面游击，并竭力袭击同蒲路之敌，适时破坏其交通。

三、原左翼军改为北路军，总司令傅作义指挥第35军、第71师、骑兵第1军、骑兵第2军，以太原、雁门、大同迤西山地为根据地，发动全面游击；并袭击同蒲路北段之敌，适时破坏其交通。

四、第9军及第66师为游击总预备队，控制于大宁及河津附近地区。

只是，在部队极度疲惫的状态下，围歼晋东南日军谈何容易。而在日军大举扫荡晋西南、晋南的情况下，"不准一兵渡过黄河"的指示更难遵守——收到这个作战指示的时候，阎锡山还在黄河以东的山西吉县。不久之后，日军高木支队一部逼近吉县，阎锡山的警卫部队第66师第206旅在旅长孙福麟指挥下阻击两昼夜，牺牲官兵126人，掩护阎锡山和长官部撤走。由于一时无路可退，阎锡山只得渡过黄河，于3月21日抵达陕西宜川桑柏村。司令长官率先打破了"不准一兵渡过黄河"的禁令，第2战区能够坚持的只有"积小胜为大胜"的"全面游击，长期抗战"了。

▲亲自指挥反攻太原的阎锡山。

当阎锡山已经不再期盼能够收复太原的时候，傅作义依然没有忘记这个目标。一部分原因是，这对他来说是一个足够充分的借口，能够让他带领部队北进。在傅作义看来，距离其他晋绥军部队越远越好，距离绥远则是越近越好。

傅作义对"反攻太原"的态度，从作战开始之初他对司令长官部命令的处置方式中可见一斑。根据2月17日下达的反攻命令，傅作义作为左翼军总司令，率领第35军、第71师、新编第6旅和骑兵第1军（欠骑兵第1师）进攻汾河西岸太原至汾

阳公路上的文水、交城，策应汾河东岸沿同蒲铁路北上的卫立煌所部中央军，乘势再攻击榆次、太原，另以一部向太原以南进出，以"破坏交通，扫荡残敌，并阻绝敌之增援"。

按照这一命令，傅作义要从防地向东出击。在日军先行一步、第109师团已经攻占文水的情况下，傅作义势必与打通汾离公路的第109师团正面遭遇。在日军优势火力之下，难免和中央军、右翼军一样遭遇失败。这当然不是傅作义的风格，也不符合他更长远的计划。在接到战区命令后，傅作义根据掌握的敌情做出判断，他决心越过进攻文水、交城这一步骤，乘日军大举南下之时，直接攻击太原。

这是一步险棋，也是一步好棋。在第109师团实现目标之前，傅作义已经率部北上通过汾离公路，只留第71师在沿路担任守备，以主力隐蔽向太原进发。2月19日，傅作义已经抵达距离太原不到15公里的古交、邢家社一线。此时，守备太原的仅有属于兵站警备区域的留守部队，傅作义成功有望。

在2月17日到19日这几天之间，吕梁山区晋绥军迭遭打击，阎锡山、卫立煌接连致电傅作义，要求他执行预定计划，攻击文水、交城，扰乱日军后方交通线，但傅作义始终置若罔闻，直到2月20日才以一部接近交城、文水地区，但此时第19军已经败退至交口县以南的石口镇一线，日军业已追击南下。

2月21日，卫立煌又命令傅作义所部

左翼军沿太隰公路急进，以协助从韩侯岭向北出击的第9军、第14军等部，将日军第20师团"期于介休、汾阳以南地区围歼之"。但傅作义依然在太原以西以南山区游动作战，配合第18集团军在晋北的活跃，一时给日军带来极大压力。第20师团原有一个半大队驻守平遥，在准备进攻韩侯岭期间，被抽调南下归还建制。但随着太原附近战斗情况不乐观，第1军只好又命令担任掩护第20师团后方任务的第109师团抽调部队北上扫荡，并维持同蒲铁路交通。

在卫立煌下达总撤退命令前一天，2月24日，第109师团攻占离石、中阳两座县城，到2月27日，该师团已经完成打通汾离公路、切断吕梁山区南北交通的计划，一部甚至渡过黄河占领了陕西的吴堡。

这给了傅作义一个绝好的理由，当韩侯岭主阵地各军向南撤退的时候，傅作义以此为借口向北撤退，不但没有与战区主力会合的意思，反而越走越远。当然，这不是毫无意义的举措，他从出击到撤退，每走一步，都离绥远更近了一些。

在前线竭力保持独立性的同时，傅作义也派出人员在武汉活动，说服军事委员会做出由他率部收复绥远的决定。3月2日，军事委员会曾向第2战区下达了派遣第7集团军总司令傅作义收复绥远的命令。傅作义也召集全军干部贯彻这一命令，派出侦察人员了解情况，并与活动于绥西、绥南的各路部队进行联络，做好了前期准备工作。只是，那时临汾新败，阎锡山正焦头烂额，傅作义收复绥远的计划没能取得他的认可。

时间进入4月，随着徐州会战规模的不断扩大，日军第14师团石黑支队等部陆续被调离，第2战区各部再度活跃起来，卫立煌指挥的南路军趁着日军收缩防务，一度将隰县、大宁、乡宁、蒲县、吉县收复，还在中条山建立起坚持抗战的根据地。就在这个时候，阎锡山再度命令北路军傅作义所部反攻离石，重新打通吕梁山南北交通线。第19军奉令反攻中阳，协同傅作义行动。

傅作义并不愿意南下攻打离石，再与其他晋绥军部队混在一起。他向全军宣称接下来的行动将是第二次反攻太原。此时的太原"深沟高垒，工事坚固，防守严密，且交通方便，援军瞬息可达，敌人有恃无恐"，以傅作义手头现有的兵力，就算进攻到了太原周边，接下来除了消耗兵员弹药，根本无法取得什么成绩。他经营多年的根据地绥远，在离开七八个月之后已经大部沦陷，但大部分地区都由伪蒙军占领、经营。傅作义认为，同样要调动日军、策应徐州战场，不如直接反攻绥远，这里"西通包头，东至天津"、"西可犯甘新，隔断中苏国际交通线，南可沿同蒲线到达黄河岸边，进窥中原，威胁西安，策应徐海"，打下这里，才是"打蛇之七寸"。

反攻绥远的行动，在反攻太原的障眼法下开始实施。4月8日，第35军所属第

73师、第101师开始向太原挺进，一路突击至古交后，留下第101师小部队骚扰迷惑，主力转头直奔绥南而去。4月18日，傅作义抵达位于晋西北的河曲县，这里位于黄河东岸，对面便是绥远。傅作义在这里下达命令，指挥所部向清水河、和林、包头分路进攻，开始他收复绥远的征程。从文水以北山区经太原到绥远的这一次转兵，成为反攻太原作战的最后一笔，也打开了傅作义在绥远纵横抗日的新篇章。

第二十七章 铁蹄下的太原

民国时代的太原市，并不是今天这座占地6959平方公里、生活着400多万人口的大城市。在阎锡山统治山西前期，作为省城的太原城，实际指的是山西首县阳曲县的城关地带。1927年国民政府定都南京后，通令各省省会驻地改称为市，这才有了"太原市"的概念。但这里的太原市只是阳曲县的城区关厢，实际是个县辖市，连"市长"都没有，由县政府派四个区长负责。在抗战爆发之前，生活在这里的人口，大约有15万人。

八年抗战当中，日本侵略军从未能占领山西全省，却实实在在地统治了整个太原。在1937年11月太原陷落后，日军便成立了太原特务机关，由机关长谷萩那华雄中佐率部进驻前太原绥靖公署秘书长贾景德位于典膳所正街的宅邸"韬园"，筹划建立实行代理统治的行政机关。

日军的当务之急是恢复太原市面秩序和商业流通，目的一是便于长期占领统治，二也是为让太原变成一个适合日军司令部驻屯的城市，便于日军官兵采买副食和日用品、调剂生活。谷萩中佐指挥特务机关的职员和宣抚班逐户寻找能出来为日本侵略军做代理人的角色，先是找出了精营街的街长赵嘉会，由他组织了40多个人组成清道队，打扫守城战时守军在街上筑起的掩体堡垒，和马路上横七竖八的电线杆。接着，做军服生意的五台商人徐炳南也在日军指使下，会同德盛成面铺经理李成、聚新恒面庄伙友侯尊三等人开办了一个公益市场，给日军解决副食蔬菜的供应。

光是有清洁工和生意人，还不能满足代理统治的需求。1937年11月晚些时候，伪太原市商会粉墨登场了。让市民惊奇的是，商会会长不是哪个老字号的东主掌柜，而是战前亨得利钟表行的一个普通店员么伯璋。原来日军宣抚班四处找寻知识分子不得，偶然看到了么伯璋戴眼镜、穿长袍，认为是个知识分子，便抓住不放硬推了出来。么伯璋的能力，在伪政府的同事看来都属于"不学无术"一流，但对日本人而言，他可是大东亚共荣协作在太原的典范。么本人也认为这是得道升天的机会，对日本人死心塌地，于是步步高升，不久便获任为阳曲县知事，一跃成为战前他都不敢抬头看的山西首县之长。

么伯璋全无行政经验，只能拉一个做过河北省无极县县长的"老糊涂"蒋应静帮忙，所谓政务也是胡乱支应。到1942年时，伪山西省长苏体仁曾经下令撤换掉这位眼皮底下的首县县长，但么伯璋已经攀上了日军第1军参谋长花谷正少将的门路，后者直接逼迫苏体仁撤销命令，不但要让么伯璋复任，还要苏给么道歉，搞得这位伪省长毫无面子可言。

日本人并不满足于建立县公署，还开始筹划设置正式的太原市公署，甚至将其提升到了高于县的程度。1937年12月，白文惠出任太原市市长。此人资历很老，是辛亥革命时的营长，还做过阎锡山第3集团军兵站总监部的运输监。太原沦陷后，经太原礼和洋行经理、德国人赖玛斯向日军推荐出任了伪职。在他之后，历任太原市长都是些老官僚，有在前清做过知县的张敬灏、做过候补知州的叶灵原，有辛亥革命武昌起义时驻军第八镇统制张彪的儿子张叔三等等。

日本人建立的伪山西省最高统治机构也设在太原，成立时间仅比阳曲县公署晚一个月。最初，这个机构叫做山西省临时政府筹备委员会，一个月后去掉了"临时"二字。筹备委员会的成员，多是些早与日本人有联系的失意政客或留日学生。最初的委员长是曾任山西省银行经理的高步青，但在1938年6月正式成立山西省公署后，省长换成了北平伪"中华民国临时政府"派来的苏体仁，他曾经担任过阎锡山的日文秘书、绥远省政府财政厅厅长，

▲伪山西省长苏体仁。

投敌前正在北平闲居。

沦陷期间，日本人在山西省公署、太原市公署和阳曲县公署都配置了日本顾问，实际掌握决策大权，中国官僚不过负责执行而已。不仅对行政机关如此，连省立的各学校，也都派遣日本人担任"代表教官"，其职责一是向学生教授日语，二是监视和侦察中国教师学生的动态，随时向特务机关报告。这些代表教官权势之大，连伪学校的校长也要避让三分。沦陷期间曾在省立太原师范学校就读的黄廷璧回忆，因为日本教官的报告，校长郭自励曾被日本宪兵队抓走四十多天，放出来之后，"一个十分和蔼、常和学生谈笑的胖乎乎的老人，变成了瘦骨嶙峋的沉默寡言

的人"。

太原原本是山西工商业的中心，抗战前的15万人口中，从事工商业者就占到了40%。但在太原沦陷之后，日本人对这些产业进行了系统的洗劫和改造，将其完全绑上了"大东亚战争"的战车。

太原最大的工厂，也是当时中国设备最新锐、产能最突出的兵工厂之一，就是阎锡山一手营造的西北制造厂。在太原沦陷之后，该厂来不及撤离的部分损失最大。从12月开始，日本人陆续将各工厂的机器拆迁运往日本，被劫走的机器达3000余部。其中育才机器厂被搬走机器292部，战争中损坏机器19部，房间181间彻底倒塌，940多间受损，形同毁灭。

在省营工厂之外，私营的机器铁工厂也同样损失惨重，19家私营工厂总计丢失设备、材料、现金价值银元3万多元。有5家工厂无力复业，只能遣散伙计，倒闭了事。义成铁工厂的经理魏福成只得带全家老小开了家铁铺，靠打铁为生。后来的日子里，这些铁工厂被绑到了日本人的战车上，专门为日本人生产马车铁件、生产工具，反倒产生了一种畸形的繁荣，铁工厂扩展到35家。到战争末期，这些工厂普遍加入了日本人组织的铁工组合，为其制造弹药。仅1944年，铁工组合就生产了手榴弹1万颗、八二迫击炮弹12000发，还加工炮弹引信8万个。

普通的手工业的情形也差不多，这些从业者多是小本经营，受战争影响最大，因来料、销售渠道切断，只能关门歇业。1936年太原的729家手工业企业，到1936年只剩下116家。与铁工相似，这些行当随着日军扩大战争又产生了畸形的恢复，成为日军军需生产体系的一个环节。到1940年，手工业者又恢复到640多家，以纺织业为主，但全部沦为日本纺织企业的附庸，只能靠领取手工费过活，有时产品被日方判定不合标准，还要付出赔偿。

普通的商号同样损失惨重，战前太原2572家商户在1937年12月开张的仅有669家，两年后才恢复到战前水平。随着战争延续，物资生产供应日益紧张，加上日本人对中国军队控制的游击区、根据地实施经济封锁，造成了工业产品不能下乡、农业产品不能进城的景象，物价飞速上涨，市面日益萧条。太原著名的绸布庄同成信苦撑到1944年，终于歇业，店员都被遣散，只留下些伙计看店。另一家卖衣服的义元生成衣局也是"欲干不行，欲罢不准，坐吃山空，日亏月累"。到1944年5月，全市商户只剩下了1454户。当然，这其中也有畸形发展的产业，如西药业从10户扩展到24户，日货由89户发展到148户，旅店、洗染、餐馆也多了起来，究其实质当然是为了满足日本人的需求。

1938年初，在日本人的支持下，北平伪临时政府财政总署筹建了"中国联合准备银行"，在日本占领区内发行钞票。伪钞"联银券"按规定与银元等价，但在发行之初，太原黑市上要用1元3角到4角才能兑换银元1元。但随着物价上涨，票值越来越低。据统计，抗战八年间，太原物价上涨了354倍。联银券越来越不值钱，1945年发行了票面为孔子和天坛、面值为五百元的巨额钞票，也被市民揶揄为"孔子拜天坛，五百顶一元"。

面对物价上涨的情况，日本人从1940年起，开始对粮食、纸烟、食盐、煤油、火柴、白布、食糖等生活必需品实施配给。1942年冬天起，太原市又下令禁止粮食自由交易，口粮由伪政府通过配给点的粮店发放。市民杨若愚回忆，"从此市民口粮就是掺土的黑面、带皮的高粱面、又粗又碜的混合面，几个月见不到一斤白面"。

维持这样的局面仅靠伪政府是不行的，还要有更强力的机构。日本人的方法是动用宪兵。1939年，日军成立了太原宪兵队，本部驻东缉虎营街四号，战前傅公祠旧址。这支宪兵队的队长只是一名中佐，但管辖范围先是山西省北部，之后合并临汾宪兵队，成为控制全省的宪兵机构，并在各地设置了宪兵分队。

以太原为例，太原宪兵分队是原第109师团宪兵分遣队在1939年春改编而成，这个宪兵分队下设警务、司法、特高三个班。其中，警务班负责纠察军纪风纪、巡逻街道，并在城门、车站设点检查；特高班负责邮件检查、摄影检查、出版物检查、侦查扣捕、破坏抗日组织；司法班则负责被捕人员的预审和关押。宪兵的工作对象原本是国共两党的地下人员，

如1940年宪兵侦破了军统太原站，1944年又以地下活动的借口抓捕太原各级伪政府工作人员一百多人。但在1940年后，工作重点又增加了经济管制，并特别增设经济巡回班负责此事。

宪兵拥有武装，又搜罗了许多汉奸担任密探，工作起来效率极高。1941年5月，宪兵以倒贩银元、法币的罪名，逮捕了太原兴华银号总经理武紫珊、经理刘雨亭。同年冬，又以投机倒把逮捕榆次四十多家商号经理带回太原审讯，一下勒索伪币4万余。太原茂盛永粮店掌柜罗尚彬，从晋南贩卖小麦到晋北，也被日本人抓了起来。

沦陷期间的太原城内，还有一个机构令人胆寒，这便是位于太原小东门内东北角的"太原工程队"。这里是一座三进大院，虽然外面挂着工程队的牌子，沿院墙周围却架设了铁丝网，还有持枪的日伪军守卫巡逻，对任何试图接近的人都会斥退，甚至直接开枪。这里实际是日军在太原设置的集中营，关押的全是侵晋日军在战斗中俘虏的中国军人，最多时达3000余人。人多时，院内临时搭建的砖瓦大棚乃至大席棚都住满了人，"晚上睡觉，个挨个，身擦身，人与人之间很难找到一线空隙"。伙食也极其恶劣，都是些苞谷米，且每人供应量不超过半斤。

这些战俘的命运相当悲惨，大部分被送到山西各煤矿挖煤，甚至还有被送到辽宁抚顺去的。还有被送到日本经营的铁厂、电厂、火柴厂担任苦力的，有些人还

▲日军在太原设立的战俘营。

▲被日军俘获后关押在太原的中国军人。

被送到了日本。1942年7月26日，220余名俘虏被运到了小东门外赛马场，由日军新兵对其进行真人刺杀练习，不到半个小时，这些被俘的官兵全都倒在了血泊当中。这也成为太原沦陷八年史上最血腥的一幕。

第二十八章　光复太原

　　1945年8月15日，日本的广播电台第一次向全国乃至全世界播出天皇裕仁的声音，"玉音放送"的是《终战诏书》。

　　虽然在一番"忍所难忍，耐所难耐，以为万世之太平"的发言之中，并没有"降"字出现，但所有的听众都明白，最后一个顽抗的轴心国投降了，第二次世界大战结束了。

　　此时，驻防各地的中国军队纷纷向沦陷区开进。当天，中国陆军第2方面军司令长官张发奎所部收复了广西梧州，第12战区司令长官傅作义所部进入包头。而最令媒体惊奇的是，第2战区北路作战军总指挥兼第8集团军副总司令楚溪春所指挥的骑兵第1、第2、第4师及暂编第47师等部，已经于当日抵达距离太原仅10公里的小店镇，其前锋抵达太原城郊。眼看太原即将成为第一个光复的省会。一年之后，北路作战军的战史中还宣称自己在"全国各处国军中首屈一指，海外侨胞听到国军抵达太原之新闻多不

▲通过广播宣布无条件投降的日本天皇裕仁。

楚溪春抗战简历

楚溪春，河北省蠡县人，字晴波。出生于1896年4月13日。1918年9月毕业于保定陆军军官学校第五期步兵科，1937年8月毕业于南京陆军大学特别班第二期。1936年8月26日任陆军少将。1937年5月6日晋任陆军中将。1966年9月12日在北京市病逝。他获得的勋章有：青天白日勋章、二等宝鼎勋章、三等云麾勋章、四等云麾勋章、胜利勋章、忠勤勋章、国民革命军誓师十周年纪勋章。

1931年9月时任平绥铁路护路司令部中将司令。

1934年9月考入陆军大学深造。

1935年11月19日在学派任晋绥军事整理委员会中将督练员。

1937年8月派任第2战区参谋处中将处长。

1939年6月15日升任第2战区中将参谋长。

1941年3月6日调任第8集团军中将副总司令（至抗战胜利）。

置信"。

这是怎么做到的？

让我们回到1945年初，在这中国抗战的第八个年头，日本的败象已经逐渐明显。4月30日，苏联红军攻占德国首都柏林，第三帝国元首希特勒自杀。八天后，德国正式宣布无条件投降。日本成为轴心国中仅剩的一个还在与盟国对抗的国家。6月22日，冲绳岛战役结束，美国消灭了10万日军，占领了进攻日本本土的门户。

通过电报和广播传来的源源不断的消息，中国的各派军事力量都知道，日本人已经坚持不了多久了，他们开始盘算起抗

日战争结束后应该如何应对。一贯以实用主义处事的阎锡山自然也不例外。早在抗战中期，阎锡山就开始与日本人接触，构建了隐秘的联络渠道，甚至与日军山西派遣军签订了至今令历史学者争论不休的《日本军与晋绥军基本协定》。

到了1945年7月，阎锡山与日本山西派遣军达成协议，日军准备逐步撤出山西，阎锡山则负责保护日本在山西的财产和利益。在这种背景下，退居晋西山岳地带的晋绥军逐渐接替了离石、孝义、汾阳等重要城市的防务。阎锡山本人也从吉县到隰县，继而进驻孝义县郊的樊庄。8月5日，阎锡山与日本华北方面军参谋长高桥

坦中将会见，高桥甚至提出要阎锡山建议蒋介石接受"日本单独向中国投降"。这样的奇想已经难以分辨究竟是高桥个人、华北方面军的意见，抑或是日本军政高层的递话。但是，当第二天美军在日本广岛投下原子弹后，会谈已经没有必要继续下去了。

8月8日，苏联对日本宣战，出兵中国东北进攻日本关东军。9日，美国在日本长崎投下第二颗原子弹。就在这一天，阎锡山召集部属举行军事会议，开始拟定进军太原，接收全省的计划。

8月10日，日本政府通过瑞士、瑞典两国政府向中、美、英、苏四国转交接受美英中三国对日共同宣言（即《波茨坦宣言》）的通知。本书主角之一傅作义，此时正担任第12战区司令长官，率部驻在绥远陕坝。傍晚7时许，陕坝奋斗日报社接到了日本乞降的电讯。值班的编辑主任高也彭连忙带上电讯稿跑到长官部，得知傅作义去了绥远省干部训练团，又向东郊绥干团驻地奔去，在路上遇到正骑自行车返回的傅作义。傅作义看完电讯，嘱咐高也彭"叫电台把所有的电讯收一份就译一份，不断给我送来"，兴奋得车都顾不上骑，甩开大步向长官部走去。消息逐渐扩散开来。陕坝城中刚有人燃放爆竹时，还有警察纳闷"谁要枪走了火"？很快街头就涌满了人群，就连小摊贩都宣布水果随便吃，不要钱。

而早在前一天晚上，阎锡山已经命令楚溪春率部从孝义出发，沿汾河及同蒲

▲积极部署返回太原的阎锡山。

铁路向太原挺进，沿途日军毫无阻拦，这才有了上文提到的8月15日的"多不置信"。两天后，阎锡山乘火车抵达太原，召见日本山西派遣军司令官澄田赉四郎中将，商议各种事宜。8月18日，已经抵达太原的阎锡山收到了蒋介石的电报，告知"兹派该长官为受降官，指挥该战区原辖各部并第一战区之3个军，负责接收山西省，该省内为敌第1军"。

随楚溪春部抵达太原的山西省第8行政区行政公署工作队队员刘展回忆，当时太原的繁华地区，桥头街、柳巷、开化市等地，认一力菜馆、乐仁堂药房等老字号店铺依然开业，只是生意萧条，顾客不多。其他地方"污水遍地，垃圾成堆"，"老鼠乱窜，野狗乱跑，海子边的淤泥浊水，更是臭气难闻"。唯一不同的是，

"到处都是摊贩卖日本人的和服、旧家具、鞋帽、玩具等，应有尽有。东西米市，大小仆府、前后铁匠巷、棉花巷、袁家巷、每个十字路口，马路两旁，墙上挂的、地上摆的、手中提的、肩上搭的，都是卖日本破烂货的。多数是日本人、朝鲜人，也有些二道贩子"，"这些货摊上的日本人的脸色，都反映了一种低沉沮丧的情绪"。

从9月9日起，中国陆军总司令部及各战区、各方面军开始接受日本军队投降。在南京，中国陆军总司令何应钦率领中国方面受降代表——海军总司令陈绍宽上将、空军第一路军司令张廷孟上校，东南行营主任顾祝同上将、陆军总司令部参谋长萧毅肃中将，接受了日军代表——中国派遣军总司令官冈村宁次大将、总参谋长小林浅三郎中将、参谋副长今井武夫少

将、参谋小笠原清中佐、中国方面舰队司令官福田良三中将、第10方面军参谋长谏山春树中将、第38军参谋三泽昌雄大佐的投降。9月28日，在越南河内原法国殖民总督府举行的第1方面军受降仪式是中国军队首次出国受降。10月25日，在甲午战争失败割让台湾50年后，中国军队终于在台北举行仪式，接受日本侵略者的投降。10月10日，在北平故宫太和殿举行的第11战区接受日军投降仪式最为隆重，不仅现场观礼者超过10万人，受降官、第11战区司令长官孙连仲还打破同盟国要求，命令投降的日军华北方面军司令官根本博等20多名军官代表在现场缴献了所佩的军刀。

太原的情况则完全不同。阎锡山身为第2战区司令长官和山西受降官，并没有兴趣举办一次盛大的受降仪式。他拒绝了

赵承绶抗战简历

赵承绶，山西省五台县人，字印甫。出生于1892年9月19日。1918年9月毕业于保定陆军军官学校第五期步兵科。1936年1月24日任陆军中将。1966年10月1日在北京市病逝。他获得的勋章有：二等宝鼎勋章、三等云麾勋章、四等云麾勋章、胜利勋章、忠勤勋章、国民革命军誓师十周年纪勋章。

1931年9月时任陆军骑兵司令部中将司令。

1937年8月31日改任骑兵第1军中将军长。

1939年3月12日升任第8集团军中将副总司令。

同月25日调升第7集团军中将总司令（至抗战胜利）。

山冈道武简历

　　山冈道武，日本三重县人，生年不详。1918年5月毕业于日本陆军士官学校第30期步兵科，1926年12月毕业于日本陆军大学第38期。卒年卒地不详。他获得的勋章有：功四级金鵄勋章。

　　1938年3月1日任关东军第2课课长。

　　1939年3月9日晋升陆军步兵大佐。同月20日调任参谋本部俄国课课长。

　　1940年3月9日调任驻苏联陆军武官。

　　1942年4月24日调任陆军步兵学校研究部主事。

　　1943年3月1日晋升陆军少将，调任陆军步兵学校附。

　　1944年7月5日调任东部军司令部附。12月16日调任第1军参谋长（直至日本投降）。

　　美军受降小组提出的在第2战区司令长官部大堂举办受降仪式的建议，确定在日军第1军司令部三楼的会议室举行投降书签字仪式。9月13日，第7集团军总司令赵承绶与日军第1军参谋长山冈道武签署了日军投降书，驻山西第1军司令部及第114师团、独立混成第3旅团、独立步兵第10旅团、独立步兵第14旅团等58000余名日军向第2战区正式投降。

　　对于第2战区的具体受降经过，相关史料记载极少。曾经亲历受降的第2战区参谋处作战课课长贾文波曾经写过一篇专文，该文内容成为目前流传的说法。

　　根据贾文波的回忆，美国方面曾经派遣了1个以少校伊尔拜为首的4人小组，作为参与受降的美方代表。这个小组由第2战区交际处处长宋子征带领前往当时位于太原的最高级饭店——复兴饭店安顿，随后在北厅与第2战区司令长官阎锡山、参谋长郭宗汾以及作战课长贾文波等人会面。

　　美方小组组长伊尔拜提出关于受降的初步工作计划，希望第2战区能够派专人搜集日军的相关罪证，如日军在第2战区使用化学武器的情况、屠杀无辜百姓的情况、破坏非军事设施的情况，以及销毁有关罪证的情况。这些调查信息最好由第2战区参谋处会同有关厅、处负责收集汇编，并制作4份，1份交美军受降小组作为正式资料上报给盟军最高机关用作同日本签订停战书的参考，1份交国民政府军事委员会作为中国向日本提出战争赔款的参考，其余2份留第2战区参谋处备用和归档。

　　3天后，伊尔拜又向阎锡山提出1份受降过程的议案。这份议案有11个流程，分别是：1.在原第2战区司令长官部的大礼堂公开召开受降大会；2.从战区警卫部队抽选200名官兵列阵会场；3.日军第1军司令官澄田赉四郎在大门外下车，由4名中国士兵押至受降台前，向第2战区受降团和美方代表鞠大躬；4.由受降团主席宣读受降书；5.澄田呈递投降书；6.澄田缴呈日本国旗以及本人佩戴的军帽、军衔和军刀；7.澄田垂首承认自己是战犯；8.澄田在投降书上签字；9.阎锡山作为第2战区最高领导人作受降讲话；10.卫队鸣枪；11.将澄田送往战犯营地拘留。

对于美方的这个议案，阎锡山并没有发表什么意见，倒是参谋长郭宗汾提出了几点改进意见。郭宗汾认为，中国军队是战胜者，日军是战败者，在澄田还没有签字投降之前，仍然占据着日军第1军司令部所在的全部建筑。中国军队应该首先占

领这个司令部，并俘虏司令部内的所有日方人员，再接受其投降。

据此，郭宗汾提出将受降会场应改在日军第1军司令部会更加合适。此外郭宗汾还提出了5点意见，1.受降仪式在会议室举行；2.司令室为庆祝胜利宴会厅；3.澄田及所属幕僚迁至2楼安置；4.战区警卫部队抽调的200名官兵列阵院内，会后接管建筑并负责守卫；5.澄田呈缴军旗、军衔、军刀，会后送入战俘营等候处理。至于是不是将澄田作为战犯处理，郭宗汾主张应该在搜集完全部罪证并调查完毕后再作决定。这些提议都得到了美方小组的认可。

贾文波还继续介绍了9月13日受降当

郭宗汾抗战简历

郭宗汾，河北省河间县（现河间市）人，字载阳。出生于1901年6月4日。1923年7月毕业于日本东京陆军士官学校中华队第十四期工兵科。1935年4月19日任陆军少将。1937年11月15日晋任陆军中将。1969年10月18日在山西省太原市病逝。他获得的勋章有：四等宝鼎勋章、四等云麾勋章、自由银质勋章（美）、胜利勋章、忠勤勋章、国民革命军誓师十周年纪勋章。

1931年9月时任第69师第202旅少将旅长。

1936年6月1日升任第71师中将师长。

1937年9月14日升任第2战区第2预备军中将军长兼第71师师长。

1939年7月1日调任第33军中将军长。

1940年5月6日调任第43军中将军长。12月17日调任第2战区高参室中将主任。

1941年3月6日调任第2战区中将参谋长（至抗战胜利）。

天的情况。他说受降仪式是极端秘密地在日军司令部会议室举行的，参与人员中，中方只有阎锡山、郭宗汾和贾文波三人，美方则是伊尔拜少校及所属2名军官。、

仪式开始后，日军第1军司令官澄田赉四郎由门外垂首静步而入，站于受降席前，依次把军帽、中将军衔、指挥刀摘下，呈放到受降席前，随即退后3步，侧立于台前右方。接着，2名跟随入内的日军参谋一左一右各用一手将拉展开的"大日本帝国华北派遣军第一军"的军旗送到受降席前，由澄田将军旗接过鞠躬两手过顶，把军旗缴呈到受降台上。澄田及所属2名参谋随后退步站立在台前。

这时候，阎锡山起身演讲，谴责了日本对中国的侵略行为，并赞扬了第2战区官兵浴血奋战等语。之后双方完成签字，并在合影留念后结束了受降仪式。澄田等

人则被郭宗汾专门安排的小汽车接走，安置到一个秘密场所。

贾文波的文章，十分细致，使读者有如亲临现场。然而，受降仪式并没有开办，阎锡山和澄田赉四郎也都没有参与，签字的分别是代表中国军队的赵承绶以及代表日本军队的山冈道武。为什么贾文波的文章会出现这种反差，或者阎锡山在其他地方举办了受降仪式，恐怕只能留待更多的史料被发掘出来才能澄清。

探究阎锡山不愿举办受降仪式的原因，或许与他想利用日军不无关系。不仅如此，对抗战时期担任汉奸的大小官员，他也持抚慰态度，并将太原地区的伪军收编为山西省防军第1军，委任自己的亲信将领赵世玲担任军长。对于战败的日军，阎锡山更是大量留用，甚至被明确列为战犯的澄田赉四郎也被阎氏保护起来，并委

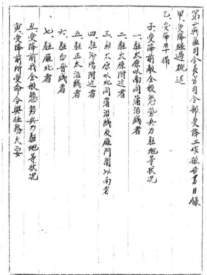

▲太原受降的相关档案一、二。

以总顾问之职。对于日军作战部队，阎锡山也大量留用，作为今后的可战之兵。

8月31日，在"欢迎阎长官胜利归来大会"上，阎锡山即席发表讲话，其中最为人们瞩目的是这样一段"行者居者一样有功，千万不能自划鸿沟，自行隔难"。

也许在阎锡山看来，山西即将面临的局面，已经让他来不及庆祝了。

▲阎锡山重返太原后检阅军队。

抗战胜利时第2战区所属各部战斗序列

第2战区，司令长官阎锡山，副司令长官朱德、杨爱源，参谋长郭宗汾

第6集团军，总司令杨爱源（兼），副总司令吕瑞英，参谋长艾子谦

第19军，军长史泽波，副军长崔杰，参谋长李桢

第68师，师长郭天辛

暂编第37师，师长杨文彩

暂编第42师，师长阎俊贤

第23军，军长许鸿林，副军长鲁应禄，参谋长马德骥

暂编第40师，师长武世权

暂编第46师，师长郭溶

暂编第47师，师长王维桢

第7集团军，总司令赵承绶，副总司令彭毓斌，参谋长阎应禧

第33军，军长于镇河，副军长陈震东，参谋长施国宪

第71师，师长卫玉昆

暂编第38师，师长温冬生

暂编第41师，师长田尚志

第34军，军长高倬之，副军长赵恭，参谋长曹近谦

第73师，师长祁国朝

暂编第44师，师长王楫

暂编第45师，师长王为征

第8集团军，总司令孙楚，副总司令楚溪春，参谋长谢桢祥

第43军，军长刘效曾，副军长韩步洲，参谋长王益轩

第70师，师长郑继周

暂编第39师，师长周志仁

暂编第43师，师长张景舜

第61军，军长梁培璜，副军长娄福生，参谋长祁应午

第69师，师长赵向斗

第72师，师长王熙明

暂编第48师，师长曹国忠

第13集团军，总司令王靖国，副总司令刘奉滨，参谋长温怀光

第83军，军长孙福麟，副军长田树梅，参谋长张连仲

第66师，师长李佩膺

暂编第49师，师长张宏

暂编第50师，师长雷仰汤

骑兵第1军，军长沈瑞，副军长商得功，参谋长于耀先

骑兵第1师，师长韩春生

骑兵第2师，师长卢鸿恩

骑兵第4师，师长燕登榜

政卫第2师，师长刘元

政卫第3师，师长张荣汛

第196旅，旅长贾绍棠

宪兵司令部，司令樊明渊，副司令徐应统（注：辖四个队）

炮兵司令部，司令胡三余，副司令高斌

炮兵第23团，团长侯殿成

炮兵第24团，团长李翰斋

炮兵第27团，团长阎作霖

炮兵第28团，团长郑仪

炮兵干部团，团长郭如彬

独立工兵第21团，团长程继宗

独立工兵第22团，团长任秀林

驻山西日军投降时战斗序列

第1军，司令官澄田赉四郎，参谋长山冈道武

第114师团，师团长三浦三郎，参谋长高桥康雄

步兵第83旅团，旅团长大井川八郎

步兵第84旅团，旅团长菱田元四郎

独立混成第3旅团，旅团长山田三郎

独立步兵第10旅团，旅团长板津直俊

独立步兵第14旅团，旅团长元泉馨

第5独立警备队，队长佐久间盛一

注：上述各部队所属无联队编制，皆直辖大队

鸣　谢

在本书的编写和出版过程中，不少朋友给予了帮助和支持，他们是（排名不分先后，按姓氏笔画为序）：马雷、马民康、于浩洋、王戬、王睿、王仕豪、王祖诚、叶泉宏、冯杰、朱晓明、朱颖玥、刘致、刘小诣、孙仲卿、苏海、余戈、杨葆森、杨家宏、杨晓鹏、杨镇毓、吴勇、吴京昴、陆强、金一鸣、林唯圣、唐毅、赵良宇、高明辉、郭东风、黄勇、戚厚杰、章骞、蔡朋岑、谭飞程、霍安治、薛斌、戴峰、瞿元超。

主要参考资料

档案类：

中国第二历史档案馆：《中华民国史档案资料汇编第五辑——军事卷》，江苏古籍出版社1999年版。

四川省档案馆：《川魂——四川抗战档案史料选编》，西南交通大学出版社2005年版。

胡全福编：《国共两军忻口抗战揭秘》，中央文献出版社2005年版。

中国第二历史档案馆：《抗日战争正面战场》，凤凰出版社2005年版。

《国民政府公报》，河海大学出版社影印。

《军政公报》（未刊稿）。

《国民革命军总司令部公报》（未刊稿）。

第7集团军总司令部参谋处：《第7集团军南口会战迄太原守城战斗详报》，中国第二历史档案馆。

第14集团军总司令部参谋处：《第14集团军太原战斗详报》，中国第二历史档案馆。

第9军司令部参谋处：《第9军忻口会战战斗经过概要》，中国第二历史档案馆。

第35军司令部参谋处：《第35军太原战斗概要》，中国第二历史档案馆。

[日]第1军参谋部第1课：《第1军作战经过概要》，亚洲历史资料中心档案。

[日]第1军参谋部编：《机密作战日志》卷8、9、10、11，亚洲历史资料中心档案。

[日]第1军司令部参谋部第1课编：《战时旬报》第16、第17、第18号，亚洲历史资料中心档案。

[日]第5师团司令部：《第5师团作战机密日志》，亚洲历史资料中心档案。

[日]第20师团司令部：《第20师团作战机密日志》，亚洲历史资料中心档案。

[日]步兵第21联队：《步兵第21联队太原附近战斗详报》，亚洲历史资料中心档案。

[日]步兵第30联队：《步兵第30联队太原附近战斗详报》，亚洲历史资料中心档案。

[日]步兵第42联队：《步兵第42联队太原附近战斗详报》，亚洲历史资料中心档案。

[日] 步兵第78联队：《步兵第78联队太原平地攻略战战斗详报》，亚洲历史资料中心档案。

战史类：

《抗日战史（20、21、91、92、93）》，台湾"国防部"史政编译局1981-1982年版。

蒋纬国总编，《国民革命战史第三部——抗日御侮》，台湾黎明文化事业股份有限公司1978年版。

田琪之、齐福霖译：《中国事变陆军作战史》，中华书局1979年版。

马宣伟、温贤美：《川军出川抗战纪事》，四川省社会科学院出版社1986年版。

王辅：《日军侵华战争》，辽宁人民出版社1990年版。

郭汝瑰、黄玉章：《中国抗日战争正面战场作战记》，江苏人民出版社2002年版。

军事科学院军事历史研究部：《中国抗日战争史》，解放军出版社2005年版。

胡博、王戡：《傅作义军事集团史略稿》，2005年自印版。

洪小夏：《抗日战争时期国民党敌后战场研究》，2007年自印版。

王戡、冯杰：《烽火边关——华北抗战》，武汉大学出版社2010年版。

军史类：

耿成宽、韦显文：《抗日战争时期的侵华日军》，春秋出版社1987年版。

姚杰：《抗日战争中的第十七路军》，中国文史出版社1997年版。

《陆军各部队成立沿革纪要》，1933年。

《第二战区各部队沿革》，1946年。

《中国陆军第三方面军抗战纪实》，1947年。

《陆军第十三军简史》，台湾"国防部"史政编译局1960年版。

[日]《浜田联队史》，步二一会刊1973年版。

[日]《山口步兵第42联队史》，山口步兵第四十二联队史编纂委员会1988年版。

[日]《支那驻屯步兵第2联队志》，支那驻屯步兵第二联队志编纂委员会1975年版。

人物类：

孙仿鲁先生九秩华诞筹备委员会编：《孙仿鲁先生述集》，自印1981年版。

樊真：《抗日战争中的傅作义》，山西人民出版社1985年版。

董其武：《戎马春秋》，中国文史出版社1986年版。

徐永昌：《徐永昌将军求己斋回忆录》，台湾传记文学社1989年版。

林泉访问：《郭寄峤先生访问记录》，台湾近代中国出版社1993年版。

陕西户县政协文史委员会：《赵寿山

将军》，中国文史出版社1994年版。

李默庵：《世纪之履——李默庵回忆录》，中国文史出版社1995年版。

刘茂恩：《刘茂恩回忆录》，台湾学生书局1996年版。

黄绍竑：《五十回忆》，岳麓书社1999年版。

史松泉：《抗日战争回忆》，台湾自印版。

山西政协文史资料研究委员会：《阎锡山统治山西史实》，1981年版。

全国政协文史委员会：《傅作义将军》，中国文史出版社1985年版。

国史馆编：《国史馆现藏民国人物传记史料汇编》，台湾"国史馆"1988年版。

山东滕县政协文史委员会：《爱国将军孙兰峰》，中国文史出版社1993年版。

全国政协文史委员会编：《晋绥抗战（原国民党将领抗日战争亲历记）》，中国文史出版社1994年版。

董其武：《董其武日记》，解放军出版社2001年版。

全国政协文史资料委员会：《文史资料存稿选编》，中国文史出版社2002年版。

文闻编：《晋绥军集团军政秘档》，中国文史出版社2009年版。

王石安、王石臣、王石平：《王雷震将军文稿》，山西人民出版社2010年版。

胡博、王戡：《碧血千秋——抗日阵亡将军录》，武汉大学出版社2014年版。

《山西文史资料》编辑部：《山西文史资料全编》，山西省政协1999年印。

《山西文史资料》编辑部：《山西文史精选——山西抗日五大战役》，山西高校联合出版社1992年版。

政协平遥县委员会文史资料委员会：《平遥文史资料》。

政协临汾市委员会文史资料研究委员会：《临汾文史资料》。

长治市政协文史处：《长治文史资料》。

政协介休县委员会文史资料研究委员会：《介休文史资料》。

文水县政协文史资料委员会：《文水文史资料》。

政协汾阳县委员会文史资料研究委员会：《汾阳文史资料》。

政协汾西县委员会文史资料研究委员会：《汾西文史资料》。

政协霍县委员会文史资料研究委员会：《霍县文史资料》。

政协灵石县委员会文史委员会：《灵石文史通讯》。

工具类：

戚厚杰：《国民革命军沿革实录》，河北人民出版社2001年版。

曹剑浪：《中国国民党军简史》，解放军出版社2010年版。

胡博：《国民革命军将官总览》（未刊稿）。

胡博：《国民革命军军史总览》（未

刊稿）。

胡博：《国民革命军师史总览》（未刊稿）。

［日］外山操：《陆海军将官人事总览》，芙蓉书房1981年版。

［日］外山操、森松俊夫：《帝国陆军编制总览》，芙蓉书房1987年版。

［日］椎野八束：《日本陆军联队总览》，新人物往来社1990年版。

［日］近现代史编纂会：《陆军师团总览》，新人物往来社2000年版。